JN223966

歴史的大発見

3千年前の哲学が教えてくれる

中国語
四声の法則

ホウメイ中国語 塾長

医学博士 陳 鳳鳴
ちん ほう めい

　中国語を長い間教えていてずっと悩むことがありました。

　ご存じのように、外国語を習得するには、文法と発音という二大課題の克服が必要です。

　なぜ文法が必要か。
　私は、それを外国語習得のための効率化ツールと見ています。

　しかし、中国語の発音には、練習ツールがあっても、効率化ツールはありませんでした。
　中国語の四声(発音のアクセント)を、一個ずつ、バラバラに学習者に覚えてもらうのが現状でした。

　時々、思いました。

　なぜ、中国語は4つの声調なのか。
　自然的に、それとも、人為的にそうなったのか？
　十万近くの漢字が四つの声調に分けられるわけだから、何らかの法則、あるいは手がかりがあってもおかしくないのではないか。

　法則があったらいいなあ！
　法則がわかったら四声勉強がどんなにか楽になるなあ！
　法則をみつけたら中国語はうんと習得しやすくなるなあ！

夢のような話ですが、諦めることはできませんでした。

私は、本気で、中国語四声の秘密の探索を始めました。

しかし、悶々とした日々が待っていました。

それは当然なことでした。

何しろ、中国語史上初の挑戦です。

そればかりか、踏み込まなければならない「言語の起源」の領域は、1866 年パリ言語学協会では討論を禁止する条文を設けるほど、「科学の最難問」とされていました。

私は、この「科学の最難問」に挑もうとしたのですから。

四声と睨めっこをして十数年。

ある日、授業中、突然、中国語四声の秘密の扉がわずかながら開いたのです。

ほら、身体の部位名称の声調を見てごらん！
そう、言語起源頃の人々の目でみるのよ！

中国語四声に法則がある！

そのベースに古の中国人の哲学がある！

私は、確信に至りました。

本書は、**中国語四声をランダムなものでなくグループで覚えられること、及びグルーピングの手法を伝えるための本で**

す。

　従いまして、本書を、中国語四声を効率よく、なおかつ、楽しく習得したい・教えたいと思っている世界中の中国語学習者・中国語講師に捧げたいと思います。

　本書は、**四声という切口から、誰かに話したくなる中国歴史や漢字の雑学を用いて、歴史人物・歴史書などの名づけの秘密、類似語のニュアンスの違い、多音字の見方を明らかにします。**

　従いまして、本書は、中国語が好きな方のみならず、歴史・漢字が好きな方にも楽しんでいただけると思います。

　本書は、**3 千年も前の中国古代の哲学である易の考えについて、中国語四声という切口から横断的に層別的に分析し、易の考えの真髄を伝える本でもあります。**

　従いまして、本書は、中国語研究者・中国社会研究者、易学研究者の研究に何らかのヒントをご提供できるかと思います。

　四つの声調を持つ中国語は言語起源頃の情報をより豊富に持っていること、中国語四声は身近な哲学であることを実感していただき、より本格的な言語学的、考古学的、心理学的、人類学的な研究を加えて頂ければ、言語の起源という人類共通課題の解決に大きく一歩近づくことができると信じています。

　そういう意味で、言語学研究の世界に一石を投じることも、本書の楽しみにしているところです。

史上初の『中国語四声の法則』を明らかにする本書ですが、中国語四声の秘密を探訪する気持ちで楽しく面白く読んでいただけたら幸いです。

　さあ、**中国語四声の秘密**の世界へようこそ！

目次

まえがき

1 中国語四声学習方法の現状 ……1

2 中国語四声には法則あり ……3

2-1 手^{shǒu}、腿^{tuǐ}、脚^{jiǎo}……五体は第三声！ ……4

2-2 肩^{jiān}、腰^{yāo}、膝^{xī}……大関節は第一声！ ……7

2-3 眉^{méi}、睫^{jié}、瞳^{tóng}……頭の細部の名称は第二声！ ……8

2-4 泪^{lèi}、汗^{hàn}、尿^{niào}……生理的なものは第四声！ ……9

2-5 痰^{tán}、瘤^{liú}、癌^{ái}……病理的なものは第二声！ ……10

3 中国語第三声の秘密 ……13

3-1 あなたが中国語原人だったら？ ……15

3-2 なぜ、「腑」に落ちないのだろう？ ……17

3-3 第三声の言葉で一生を過してみよう！ ……19

　　なぜ、喊^{hǎn}、吼^{hǒu}、嚷^{rǎng} は第三声にそろうのだろう？ ……19

　　なぜ、類似語は同じ声調をしないのだろう？ ……25

　　飲み食いの動詞も第三声だった？ ……27

　　なぜ、感^{gǎn}と想^{xiǎng}、喜^{xǐ}と恐^{kǒng}も第三声にそろうのだろう？ ……29

　　欢^{huān} と喜^{xǐ}の違いとは？ ……30

　　なぜ、育児関係の言葉も第三声にそろうのだろう？ ……31

　　なぜ、躺^{tǎng}、老^{lǎo}、死^{sǐ}も第三声にそろうのだろう？ ……31

　　なぜ、「用を足す」を解手^{jiěshǒu}というだろう？ ……32

　　まとめ ……34

3-4 龍山文化発祥地の第三声現象は偶然？ ……34

3-5 母系社会人称の第三声揃いは偶然？ ……36

3-6	なぜ、第三声独占現象が起きたのだろう？	……39
	中国語も起源頃声調が一つ？	……39
	なぜ、起源頃の中国語が第三声であったのだろう？	……40
3-7	なぜ、第三声転入の入声がわずかだろう？	……43
3-8	ほかの言語にも第三声現象が存在か？	……45
3-9	まとめ——中国語第三声の法則	……46

4 中国語第四声の秘密 ……49

4-1	「重要」「強調」系の漢字を見よう	……50
	教(jiāo)と教(jiào)の違いとは？	……51
	数(shǔ)と数(shù)の違いとは？	……55
4-2	意思系の漢字の四声を見よう	……58
	暦法関連の漢字を見よう	……58
	組織の意思系の漢字を見よう	……62
	個人の意思系の漢字も見よう	……64
4-3	衣食系の重要な場面の漢字を見よう	……67
	なぜ、裤(kù)と袜(wà)は第四声だろう？	……67
	なぜ、酱(jiàng)や醋(cù)は第四声だろう？	……70
4-4	財物系の漢字で第四声の感覚を磨こう	……71
	なぜ、币(bì)は第四声だろう？	……72
	なぜ、贸易(mào yì)は第四声だろう？	……73
	なぜ、票(piào)は第四声だろう？	……74
	なぜ、物(wù)は第四声だろう？	……76
	支払い関連の漢字を見よう	……77
	財産減関連の漢字を見よう	……79
	財産増関連の漢字を見よう	……81
4-5	強い感情・気持ちの言葉を見よう	……85

4-5-1　　　ポジティブな感情の漢字群を見よう　　　……86

　　　　　　kěn　yuàn
　　　　　　肯と愿の声調違いを楽しもう　　　　　　……86

　　　　　　qiān　xùn　gōng　jìng
　　　　　　謙と遜、恭と敬の声調違いを楽しもう　　……87

　　　　　　xǐ　liàn　ài　mù
　　　　　　喜、恋、爱、慕の声調違いを楽しもう　　……88

　　　　　　xǐ　hào　shì
　　　　　　喜、好、嗜の声調違いを楽しもう　　　　……88

　　　　　　sī　diàn　niàn
　　　　　　思、惦、念の声調違いを楽しもう　　　　……89

　　　　　　xī　qǐ　pàn　wàng　yù
　　　　　　希、企、盼、望、欲の声調違いを楽しもう　……89

　　　　　　sī　xiǎng　yào
　　　　　　思、想、要の声調違いを楽しもう　　　　……90

　　　　　　　　　zàn
　　　　　　なぜ、赞は第四声だろう？　　　　　　　……91

　　　　　　huān　yú　xǐ　lè
　　　　　　欢、愉、喜、乐など9つの喜びの違いとは？　……92

　4-5-2　驚き感情の漢字群を見よう　　　　　　　　……95

　4-5-3　ネガティブな感情の漢字群を見よう　　　　……97

　　　　　　kǒng　bù
　　　　　　恐と怖の違いとは？　　　　　　　　　　……97

　　　　　　téng　tòng
　　　　　　疼と痛の違いとは？　　　　　　　　　　……100

　　　　　　nǎo　nù
　　　　　　恼と怒の違いとは？　　　　　　　　　　……106

　　　　　　jí　dù
　　　　　　嫉と妒の違いとは？　　　　　　　　　　……107

　　　　　　mí huò　xiū kuì　ráo shù
　　　　　　迷惑、羞愧、饶恕の声調違いを楽しもう　……110

　4-6　人生重大関心事の漢字を見よう　　　　　　　……112

　　　　　　なぜ、個人重大関心事はそろって第四声だろう？　……112

　　　　　　なぜ、家族の重大関心事もそろって第四声だろう？　……117

　　　　　　なぜ、運命関連の漢字はそろって第四声？　……119

　4-7　まとめ　　　　　　　　　　　　　　　　　　……120

5 中国語第一声と第二声の秘密　導入　　　　　　……123

　5-1　第一声と第二声のベースに古代哲学があった？　……124

　5-2　易における陰陽の考えとは？　　　　　　　　……128

5-3　陰と陽のそれぞれの属性とは？ ……132

5-3-1 陰陽の考えにおける日と月❶ ……132

5-3-2 陰陽の考えにおける内と外❷ ……135

5-3-3 陰陽の考えにおける動と静❸ ……136

　　　太陽と地球、どちらが動的だろう？ ……136

　　　なぜ、天（tiān）は第一声だろう？ ……138

　　　なぜ、江（jiāng）は第一声だろう？ ……139

　　　長江（chángjiāng）の名に込めた秦の始皇帝の思いとは？ ……140

　　　なぜ、求（qiú）は第二声だろう？ ……144

5-3-4 陰陽の考えにおける上と下❹ ……145

　　　清（qīng）と濁（zhuó）の易的な見方 ……145

　　　なぜ、高（gāo）も低（dī）も第一声だろう？ ……147

5-3-5 陰陽の考えにおける分と原❺ ……149

　　　なぜ、元（yuán）は第二声だろう？ ……149

　　　なぜ、中国人は数え年だろう？ ……150

6 中国語第一声・第二声の法則 ……153

6-1　陰陽の考えにおける太陽と月❶ ……154

6-1-1 陽 - 太陽と月 ……155

　　　なぜ、烛（zhú）は第二声だろう？ ……155

　　　なぜ、燃（rán）は第二声だろう？ ……157

　　　なぜ、油（yóu）は第二声だろう？ ……158

　　　硫（liú）と硝（xiāo）の声調違いの秘密 ……159

　　　なぜ、陶瓷（táocí）は第二声だろう？ ……160

　　　炉（lú）と灶（zào）の声調違いの秘密 ……161

　　　なぜ、食（shí）、盐（yán）と糖（táng）はそろって第二声？ ……162

6-1-2 月-太陽と月 ······164

なぜ、灯 は第一声だろう？ ······164

なぜ、朝 は第一声だろう？ ······165

なぜ、青 は第一声だろう？ ······168

瞎と盲 の声調違いの秘密 ······170

烧 の第一声の秘密 ······172

なぜ、冰と雹は声調違いだろう？ ······175

6-1-3 死-太陽と月 ······175

なぜ、车は第一声だろう？ ······176

なぜ、孫子は百戦百勝をよしとしない？ ······179

なぜ、凶 は第一声だろう？ ······181

なぜ、扎は第一声だろう？ ······186

6-1-4 終わり - 陰と陽 ······188

なぜ、冬 は第一声だろう？ ······188

なぜ、完は第二声だろう？ ······192

なぜ、丸は第二声だろう？ ······195

盈 亏 の声調違いは偶然？ ······196

まとめ ······198

6－2 陰と陽における内と外❷ ······199

6-2-1 内 - 内と外 ······200

健 康 という言葉の奥義 ······200

なぜ、殷は自称商 だろう？ ······202

なぜ、枢と軸 は声調違いだろう？ ······207

なぜ、香 が第一声だろう？ ······208

なぜ、多（duō）は第一声だろう？ ……211

なぜ、东西（dōng xī）は第一声でものだろう？ ……213

なぜ、亲戚（qīn qī）は親戚なのだろう？ ……217

6-2-2 外 - 内と外 ……220

なぜ、革（gé）が第二声だろう？ ……220

なぜ、国（guó）は第二声だろう？ ……221

墙（qiáng）と壁（bì）の違いとは？ ……223

五岳の名前の秘密 ……224

なぜ、服（fú）は服装で服従だろう？ ……225

なぜ、九（jiǔ）は好かれるだろう？ ……228

官民（guān mín）・官僚（guān liáo）の声調組合せは偶然？ ……230

なぜ、缘（yuán）は第二声だろう？ ……231

なぜ、重（chóng）は第二声だろう？ ……233

なぜ、醇（chún）は第二声だろう？ ……236

なぜ、邮（yóu）は第二声だろう？ ……237

なぜ、长（cháng）は第二声だろう？ ……239

なぜ、挨近（āi jìn）と挨时间（ái shí jiān）は声調違いだろう？ ……241

なぜ、连（lián）は第二声だろう？ ……243

なぜ、观（guān）と察（chá）は声調違いだろう？ ……247

なぜ、情（qíng）は第二声だろう？ ……248

なぜ、谜（mí）は第二声だろう？ ……249

まとめ ……250

6-3 陰と陽における動と静❸ ……251

6-3-1 静 - 動と静 ……251

なぜ、休、歇は第一声だろう？ ……251

なぜ、悄悄も偷偷も第一声だろう？ ……253

なぜ、主要と要求が声調違いだろう？ ……255

行政区画の名称と第一声 ……257

なぜ、弯、曲は第一声だろう？ ……263

6-3-2 動 - 動と静 ……265

なぜ、年と时は第二声だろう？ ……267

なぜ、徘徊は第二声だろう？ ……266

なぜ、拦截は第二声だろう？ ……269

孤と独の違いとは？ ……270

なぜ、精は第一声だろう？ ……274

一堆人、一帮人、一群人、一伙人の違いとは？ ……276

なぜ、和、谐は第二声だろう？ ……278

6-4 陰陽の考えにおける上と下❹ ……280

なぜ、云は第二声だろう？ ……281

なぜ、岩は第二声だろう？ ……282

孔子の名前の丘と尼に込めた願いとは？ ……285

なぜ、石は第二声だろう？ ……288

玉いろいろ ……290

なぜ、神、佛、皇は第二声だろう？ ……293

行動規範関連の漢字群を見よう ……296

描眉と画眉の違いを楽しもう ……296

なぜ、沉と浮は同じ第二声だろう？ ……298

なぜ、攀登は第一声だろう？ ……300

7 生命各ステージの呼び名の秘密
　　——陰陽の考えにおける原と分❺　　……303

7-1　易における生命ステージの呼び名　　……304
　　生命誕生のプロセスで易を実感してみよう　　……308

7-2　第一ステージの原の漢字群を見よう　　……310
　　中原という言葉の本来の意味とは？　　……310
　　なぜ、北京故宮は紅黄藍白に拘るだろう？　　……313
　　なぜ、模と型はそろって第二声だろう？　　……314
　　文と字の違いとは？　　……315

7-3　第二ステージの交の漢字群を見よう　　……318
　　なぜ、希望の希は第一声だろう？　　……318
　　なぜ、输は第一声で負けるだろう？　　……321

7-4　第三ステージの本の漢字群を見よう　　……323

7-5　第四ステージの分の漢字群を見よう　　……326
　　生いろいろ　　……327
　　モノ作り意味の言葉を見よう　　……329
　　なぜ、八は第一声だろう？　　……331
　　なぜ、飞は第一声だろう？　　……333
　　なぜ、声と音は第一声だろう？　　……336
　　なぜ、说は第一声だろう？　　……338
　　讲の第三声の響きを楽しもう　　……340
　　なぜ、聊は第二声だろう？　　……342
　　なぜ、叫は第四声だろう？　　……343
　　なぜ、論語の论は第二声だろう？　　……344

7-6　第五ステージの初（chū）の漢字群を見よう　　……347

7-7　第六ステージの長（zhǎng）の漢字群を見よう　　……350

7-8　第七ステージの成（chéng）の漢字群を見よう　　……353

　　　なぜ、成（chéng）は第二声だろう？　　……353

　　　なぜ、钱（qián）と财（cái）は第二声だろう？　　……356

7-9　その他　　……358

　　　なぜ、花（huā）は第一声だろう？　　……358

8 中国語四声法則を横断して見よう　　……361

8-1　西周発祥地の地名物語　　……362

8-2　水を横断的に見よう　　……366

　　　なぜ、湿（shī）は第一声だろう？　　……367

　　　なぜ、粥（zhōu）は第一声だろう？　　……370

　　　なぜ、枯（kū）は第一声だろう？　　……371

　　　江（jiāng）、河（hé）と川（chuān）の違いとは？　　……372

　　　波（bō）、浪（làng）、澜（lán）、涛（tāo）は何が違うのか　　……374

　　　潭（tán）と渊（yuān）の違いとは？　　……376

　　　水を利用する動作の陰陽感覚を掴もう！　　……378

8-3　女性関連漢字を横断的に見よう　　……379

　　　易の陰陽の考えにおける男と女とは？　　……379

　　　なぜ、中国は姓名（xìngmíng）、日本は氏名だろう？　　……381

　　　女性関連の漢字を見よう　　……385

　　　なぜ、婚姻（hūnyīn）は第一声だろう？　　……388

8-4　生命体の四声を見よう　　……390

　　　8-4-1 動物の名前を見よう　　……390

　　　　なぜ、狼(láng)は第二声だろう？　　　　　　……390

　　　　龙 凤(lóng fèng)の声調違いを楽しもう　　　　　……392

　　　　なぜ、猫(māo)は第一声だろう？　　　　　　　……394

　8-4-2 植物その他の生物の四声を見よう　　　　　　……397

　　　　なぜ、菌(jūn)は第一声だろう？　　　　　　　……397

　　　　なぜ、桃(táo)は第二声だろう？　　　　　　　……398

　　　　樹木の四声を横断的に見よう　　　　　　　　……400

　　　　なぜ、松(sōng)は第一声だろう？　　　　　　　……403

　　　　なぜ、檀(tán)は第一声だろう？　　　　　　　……405

　　　　なぜ、桑(sāng)は第一声だろう？　　　　　　　……407

　　　　なぜ、梅兰竹菊(méi lán zhú jú)は第二声だろう？　　　　……409

　　　　なぜ、来(lái)は第二声だろう？　　　　　　　……412

8-5　建造物の四声を見よう　　　　　　　　　　　……414

　　空(kōng)の第一声を楽しもう　　　　　　　　　……414

　　住居の四声物語　　　　　　　　　　　　　　……416

　　宿泊施設の名称を見よう　　　　　　　　　　……419

　　我的屋子(wǒ de wū zi)と我的房間(wǒ de fáng jiān)はどう違うだろう？　……421

　　なぜ、陵(líng)と坟(fén)は第二声だろう？　　　　……423

　　观(guān)と观(guàn)の気持ちを楽しもう　　　　　……424

　　厅(tīng)と堂(táng)の声調違いを楽しもう　　　　　……427

　　なぜ、窗(chuāng)は第一声だろう？　　　　　　　……429

　　なぜ、亭台楼阁(tíng tái lóu gé)は第二声だろう？　　　……431

9　終章　　　　　　　　　　　　　　　　　　　……433

あとがき

1 中国語四声学習方法の現状

先生：では、「中国語ワイワイガヤガヤ」が始まります。今日のテーマは中国語四声です。いつものように、皆さんの質問から始めましょう。はい、Aさん、どうぞ！

Aさん：先生、四声はヤバイかもしれないと思います。ピンイン(発音表記)を覚えるのにもう精一杯なのに、声調も一つ一つ覚えなければならないと考えるとぞっとします。私の中国語を学びたいという初々しい思いが打ち砕かれそうです。

Bさん：四声は中国語を習う上で避けては通れない関門ですよ。でも、難関は難関ですけど、たくさん聞き、たくさん舌を動かせば、何とかなりますよ。

Cさん：そうですよ。約14億の中国人ができることなので、Aさんも根性を持って臨めば必ずできますよ。

Aさん：気が遠くなります。6500もの漢字の意味とピンインのほかに、さらに四声も無理やりに頭の中に押し込むのですか。

Bさん：中国語の習得は、すべて発音の習得にかかっていると言っても過言ではないし、声調が変われば意味が変わる言語なので、一つずつ覚えるしかありません！

Dさん：四声ばかりは根性で突破してくださいね。日本語の橋、箸と端もアクセントで区別するでしょう。アクセントを確認できる中国語のほうがむしろ易しいと思わなくちゃ。

Aさん：そうですか。

先生：皆さん、ちょっと待ってください。そこで結論を付けないでください。何のために私がいるのでしょうか。

2 中国語四声には法則あり

2-1 手、腿、脚……五体は第三声！
(shǒu、tuǐ、jiǎo)

Dさん：先生、また何かの工夫の発表ですか。

先生：そうです。それでは、皆さん、私は日本語を、皆さん
　　　は中国語を言ってくださいね。辞書やネットなど使っ
　　　ていいですよ。はい、行きます。

　　　　目、耳、口、歯。

一同：眼、耳、口・嘴、齿。
　　　(yǎn、ěr、kǒu、zuǐ、chǐ)

先生：二の腕(肩あたりの上肢)、肘、手、手のひら、指。

一同：膀、肘、手、掌、指。
　　　(bǎng、zhǒu、shǒu、zhǎng、zhǐ)

Bさん：そうか。腿と脚。足首までの足とその先の足です。
　　　　(tuǐ、jiǎo)

一同：不思議！全部第三声です。

先生：はい、頭のてっぺん、顔、首。

一同：顶、脸、 颈 。
　　　(dǐng、liǎn、jǐng・gěng)

Cさん：はい、おっぱいは乳または奶です。なんと、屌、お
　　　　(rǔ、nǎi、diǎo)
　　　　ちんちんも第三声です。

Bさん：驚きました。しかし、Cさん、何を楽しんでいるの。

先生：以上の部位名称は、いずれも五体満足の五体レベルの
　　　ものですね。さらに、五体満足の五体を言い換えると？

Bさん：はい、身体、体育や体重の体です。
　　　　(shēn tǐ、tǐ yù、tǐ zhòng)

先生：これで、骨太の体(身体)の中国語図鑑が完成です！
　　　　　　　　　　(tǐ)

図1. 五体満足の五体レベルの人体図

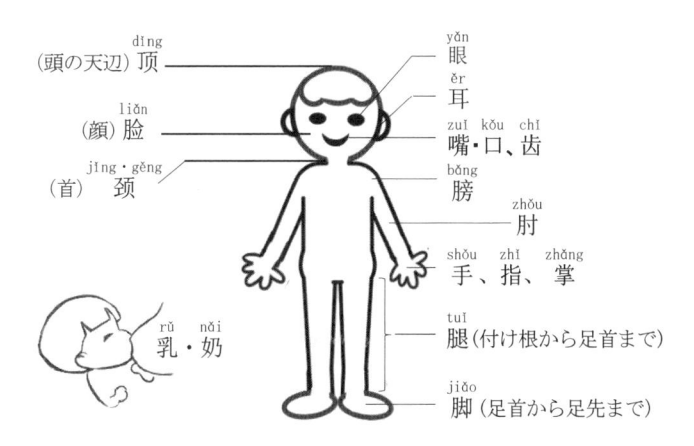

Bさん：先生、鼻、头(人間では頭髪の生えた部分)は？　鼻と头は第
　　　　二声ですよ。

先生：あらら、ほんとうだ。これで「五体満足の五体は第三
　　　声で行こう」の理屈は成り立たなくなりますね。

Aさん：鼻と头は、例外かも……。

Dさん：Aさん、慌てない、慌てない。ここまで第三声がそろ
　　　　っているから、偶然とは考えにくいので、何らかの理由
　　　　があると思います。そうですよね、先生。

先生：ピンポン。鼻、头は第三声でない理由はちゃんとあり
　　　ますよ。理由があるから、鼻と头は第一声でもなければ
　　　第四声でもなく、そろって第二声ですよ。

Dさん：そう言えば、头は首とも言いますね。首は第三声で

す。

Bさん：Dさん、すごい！確かに俯首即是(ざらにある)、蟇然回首(ふと振り返れば)……。首は、暫く普通に頭の意味として使われていたということですね。头はその後に生まれた言葉ですね。

Dさん：可能性が大きい！首は甲骨文にありますが、头はその後の金文にはじめて登場してきました。

Bさん：しかし、なぜ、头は第二声でしょう？

先生：头の第二声については、後ほど確かめましょう。

　　因みに、言葉と文字の関係ですが、言葉はまず生まれて、その記号として文字が生まれたと思われています。この点から、言葉と文字は本来別物というべきですが、現代にいたって、中国語の話し言葉と漢字はほぼ一致になったため、ここでは、話し言葉だけ意味する場合は「言葉」で表していき、話し言葉と書き言葉の両方を意味する場合は「漢字」で表していきましょう。

Bさん：わかりました。はい、头の第二声の謎は残っていますが、とりあえず、頭も最初の頃は第三声だったことは分かりました。後は、鼻の第二声のわけが知りたいです。

先生：Dさん、鼻の甲骨文を説明してくれませんか。

Dさん：はい、『新華字典』はこう解説しています。鼻の甲骨文は 🔥 になっています。隷書(秦の時代)となると、🗑 になりました。もっとも、そのうち、「自分」という意味

に定着したため、鼻という漢字が新たに作られました。

Ｃさん：なぜか、第一波、第二波という言葉が頭をよぎります。もしかしたら、中国語の四声にも第一波、第二波のようなものが存在していたかもしれませんね。

Ｄさん：後で生まれた鼻^(bí)と头^(tóu)はそろって第二声ですものね。

先生：それを楽しみにしてください。

2-2　肩^(jiān)、腰^(yāo)、膝^(xī)……大関節は第一声！

先生：以上、五体、つまり身体の主要部位名称の四声は基本的に第三声だと見てきました。それ以外の部位名称の四声はどうなっているでしょうか。大切な関節である肩、腰、膝と股関節は第何声でしたっけ。

Ｂさん：あ、全部第一声です！肩^(jiān)、腰^(yāo)、髋^(kuān)、膝^(xī)です！

先生：身体を曲げてお辞儀をするのは？しゃがむのは？

一同：鞠躬^(jū gōng)(お辞儀をする)と蹲^(dūn)（しゃがむ）です。

Ａさん：身体の関節を曲げる言葉はそろって第一声です！

Ｃさん：弯屈^(wān qū)(曲げる。曲がる)も第一声です！

Ａさん：なにか目に見えないものが感じられる！

先生：それでは、その目に見えない何かをもう少し実感しましょう。首以上の二次的な部位名称を見てみましょう。

2-3 眉、睫、瞳……頭の細部の名称は第二声！

先生：では、五体以外で首以上の部位名称を見てみましょう。

A さん：初心者の私に先にやらせてください。さっき出てきた头と鼻のほかに、額の额を挙げます。金額の額と同じ発音です。以上です。

B さん：目の部位名称の眉、睫(睫毛)、眸(目玉)と瞳を挙げます。立派な第二声ぞろいです。

C さん：口の部位名称を挙げます。唇、牙(歯)と舌です。ついでに、顔の脸、頬の颊も挙げます。先生、第二声と第三声の部位名称は**部分対全体**の構図になっています！

第二声	第三声
眉、睫、眸、瞳	眼
唇、牙、舌	口・嘴
颊、额	脸

B さん：ついつい聞きたくなりますが、先生、中国語四声は自然形成ではなく、人為的に決められたものですか。

A さん：確かに誰かの手の存在が感じます。

先生：さあ、誰の手でしょう。もう少しその手の存在を感じましょう。

2-4 泪、汗、尿……生理的なものは第四声！

B さん：先生、以上のものをまとめてみます。分かり易く子
　　　　供でもいち早く覚える身体の主要部位名称は第三声で
　　　　した。それ以外のサブ部位は、頸と肩を境に、首以上な
　　　　ら第二声で、肩などの関節は第一声でした。つまり、第
　　　　一声、第二声と第三声は、何らかのルールでグルーピン
　　　　グされていることが分かりました。残りは第四声です
　　　　ね。

A さん：第四声のものも見たいです。先生、第四声にもこの
　　　　ような神の手によるグループ分けがありますか。

先生：勿論あります。こうなります。

　　　泪(涙)、涕(鼻汁)、唾、汗、屁、尿、血、糞・屎(うん
　　　こ)、便、気(呼気)、臭(体臭)、気味(におい、体臭)

A さん：ワオ、全部第四声です！

C さん：梦(夢)も、ある意味では身体から出るものです。

D さん：ちょっと強引だけど面白いです。乗らせて頂きます。
　　　　人間のし尿や足跡などの痕跡である迹も挙げます。

B さん：先生、納得できません、できません！身体の主要部
　　　　位名称は第三声ですね。「身体から出るもの」はどうし
　　　　てそろって第四声なのですか。偶然なのでしょうか。到
　　　　底考えられません。

C さん：ちょっと待って。面白いのを見つけたぞ！

2-5 痰、瘤、癌……病理的な物は第二声！

C さん：先生、身体から出たものは第四声でしたね。それはいずれも人間なら誰でも出す正常のものでした。しかし、身体から病的なものが出る場合はどうなるでしょうか。見つけましたよ。痰、脓（膿）、疣・瘊（いぼ）、疡（できもの）と、これらはいずれも炎症によるものだと考えれば、炎（炎症）です。さらにさらに、なんと瘤（こぶ）、癌も第二声です。

D さん：涎も第二声です！よく考えれば、涎も一種の異常なものと見ることができますね。すごい！古代の中国人は、唾液と涎をきちんと区別していたんだ！

先生：四声の妙なお揃いはほかにもたくさんありますよ。

B さん：先生、これは偶然ですかね。

① 五体レベルの部位名称は第三声である
② 二次的部位の中、首以上の部位名称は主に第二声である
③ 身体の主な関節の名称は第一声である
④ 正常な排泄物のようなものの名称は第四声である
⑤ 病的に出るものの名称は第二声である

　寒気がした！中国語四声は単なる記号ではありませんでした。バラバラの記号ではありませんでした。

C さん：四声は無機質な記号などではなく、四声そのものも何かを伝えようとしていると感じました。僕はうまく

　　　表現できませんが、古代中国人は四声に何かを忍ばせ
　　　ていると感じてしようがないです。

D さん：ふと思ったのですが、地球上に存在する言語は例外
　　　なく一般疑問文には上昇調、つまり中国語の第二声で
　　　す。そしてどの国の人も感情が高ぶったときや強い意
　　　志を表現するときは下降調、つまり中国語四声の第四
　　　声です。ですので、声調は一応言語には普遍的に存在し
　　　ているものだと思います。しかし四声まで揃う言語は、
　　　中国語の影響を受ける言語を除けば、他ではあまり見
　　　られない現象です。このユニーク性はきっと中国の独
　　　特な何かと関係があると思います。

A さん：深すぎる！

B さん：先生、四声のグルーピング現象は、身体がらみのも
　　　のだけではないですよね。ほかにも見られますよね。

先生：勿論。中国語全般にわたり、このような整然としたグ
　　　ルーピングが存在していますよ。

B さん：そうしたら先生、グループが存在する以上、必ずグ
　　　ルーピングの基準が存在しますよね。

先生：グルーピングの基準というか、中国語四声の法則とい
　　　うものは存在していますね。

A さん：すごい！グルーピング基準さえ覚えておけば、莫大
　　　な数の漢字の四声はたったの四つのグループになりま
　　　すね。中国語の勉強はもっと楽になりますね。

B さん：でも古今東西多勢の大言語学者、中国語学者がいる

ではないですか、中国語四声の法則の存在に気づかなかったのでしょうか。

先生：誰も気づかなかったようですよ。あるいはうすうすグループの存在には気づいたけれども、グルーピングの基準を見いだせなかったかもしれませんよ。

Ａさん：では、先生の中国語四声の法則は、本当は中国語四声の秘密なのですね。私はずっと秘密の手の存在を感じていました。

Ｃさん：『ザ・ダビンチコード』に倣って、『ザ・中国語四声コード』と呼びたいですね。

先生：それでは、皆さん一緒に中国語四声の秘密コードを解いてみようじゃありませんか。

3 中国語第三声の秘密

Ｂさん：先生、中国語四声はバラバラなものではなく、グルーピングされている点に関しては納得します。しかしどうして五体レベルの部位名称は第三声でなければならないのか。どうして首以上のサブ的な部位名称は第二声でなければならないのか。どうして大関節の名称は第一声でなければならないのか。頭中クエスチョンマークですよ。

Ａさん：私も。しかも妈麻马骂の時点から、もうクエスチョンマークだらけですよ。漢字、綴り、さらに四声！一つの言葉を覚えるには三つの気配りをしなればならないでしょう？それに一番目立たない四声は、なんと今、この瞬間、中国語の秘密コードに化けました。

Ｄさん：四声が変われば意味が変わる。言葉の意味を決める四声は、身近過ぎて空気のような存在でした。よく考えてみれば、なぜ四声なのか、それぞれの声調にそれぞれの使命があってもおかしくないですよね。その使命は一体何なんでしょうか。

Ｃさん：はい、中国語四声探偵隊の結成です。始動します。

先生：それでは、今から中国語四声の秘密コードを解くのですよ。先ほど五体満足の五体レベルの部位名称を見ましたね。

一同：はい、五体満足の五体レベルの部位名称は第三声でした。

先生：そこで、皆さん中国語原人になって、次の質問を答えてください。「もしあなたが身体の部位名称の言葉を作るならどこから作り始めますか」。

3-1 あなたが中国語原人だったら？

Dさん：先生、少し脱線しますが、言語起源について、どうやら
7万年ほど前の新石器時代の現生人類から言語ができるよ
うになった説が有力のようです(赤澤威 (2005) ネアンデル
タール人の正体 朝日選書)。

先生：この説は、主に頭蓋骨の構造や喉の位置という解剖的な
視点から、分節化した複雑な言葉活動ができたのは現生人
類になってからと語っています。しかし、私は、人類の言
語能力の獲得期とは別に考える必要があると思います。

Dさん：なるほど。人類の言語チャレンジ時期はそれよりずっと
前になるということですね。

先生：言語能力が頭蓋骨の構造に反映されるまで百万年の単位
で数えてもおかしくないし、原人が言語能力を少なからず
手に入れていたことも否定できないと思います。

Cさん：鳥やイルカなど、動物だって自分たちの言葉があるぐら
いだから、程度の差はあるにしても、原人に全く言葉がな
いとは考えにくいですね。

先生：しかも、中国語は、最初から分節ではなく語素と呼ばれる
単音節の言葉でしたね。そうですね。言語起源のことにつ
いてまたゆっくり話しましょう。ここでは、まず、言語的
中国原人になって一番近い身体について言葉のチャレン
ジをしましょう。

Cさん：え〜と、原人ですからね、まず目に見えるものから行く
でしょうし、しかも、どうしても言葉にする必要のある部
位から言葉が生まれると思います。

一同：そうです！身体に関しては、五体満足の五体レベルの部位から言葉が生まれ始めたのです。

Cさん：先生、ふと思いましたが、第三声は中国語の最古の声調なのですね。にわかに信じられませんが、そうですよね！

先生：Cさん、すごいことを言いだしましたね。人類の言語起源の研究分野に大きな一石を投じることになりますよ。

Cさん：そうなの？！

Dさん：そうだと思います。考えてみてください。物なら、紀元前のものであっても掘ったりして何とか手に入れる可能性はありますが、紀元前の言葉は音として手に入れようがないじゃないですか。もし中国語の第三声が最古の声調だったら、それは確かにすごいです。

Aさん：ワア！你好(こんにちは)は生きる音声化石になりますね。

先生：それでは、「第三声は中国語の最古の声調である」という仮説が成り立つのか、皆さん中国語原人になったつもりで、「五体」以外の部位名称の四声を見ましょう。

　ちなみに、ここでいう中国語原人とは原始人を含めますが、それに限る意味ではありませんよ。言葉を最初に作った古代の人々のことです。ということで、中国語原人には、言語起源頃の原始人もいれば、その後時代に応じて語素を作った当初の中国人もいます。便宜的に、まとめて中国語原人という造語で呼んでいきましょう。

3-2　なぜ、「腑」に落ちないのだろう？

先生：まず、五体に準ずる部位名称を見ましょう。

nǎo　sǎng　gǔ　jǐ　suǐ　xiě
脳(腦)、嗓(のど)、骨、脊(背骨)、髄、血

Bさん：ずっと　血（xiě・xuè）　は、どうして単体では第三声、組合せとなると第四声になるか不思議に思っていました。今、なぞなぞが解けました。なるほど、血（xiě）は、言葉が生まれたときの声調でしたね。頭の場合は、首（shǒu）と頭（tóu）は異なる漢字で表わしていますが、血の場合は、漢字はそのままにして声調で使い分けていますね。スッキリしました。

先生：この目で中国語の多音字を見れば、いままでのもやもや感が一気に消えますよ。続けますよ。お腹は？

Cさん：お腹がいっぱいになるかならないかはマズローが言う基本中の基本欲求なので、言葉の生まれる時期も早いと思いますけど、しかし、お腹は肚（dù）と第四声です。

Bさん：辞書に第三声の肚（dǔ）もありますが、動物の胃袋の意味です。

先生：もう少し古い辞書、『康熙字典』を見てください。

Dさん：人間のお腹も肚（dǔ）でした！1710年著書の『康熙字典』の「お腹」は第三声でした！

先生：お腹の中身である「はらわた」はどうでしょうか。

Bさん：ワオ！これも第三声です！腑（fǔ）と言います。でも、先生、脏（臟）（zàng）も「はらわた」の意味なのに第四声です。

先生：腑^{fǔ}と臓^{zàng}は同じ意味のように見えますが、それぞれ漢字の成り立ちを見てください。腑^{fǔ}の旁の府^{fǔ}は、「財物等の集める・集まる場所」が最初の意味でした。一方、臓の右側の藏^{cáng}は「隠れている・隠す」意味です。

D さん：ということは、中国語原人は最初の頃お腹の中身を区別することができなかったが、いろんなものが集まっているのがわかっていたから、「はらわた」を fǔ と呼んで、後に腑^{fǔ}という漢字が作られたと考えられますね。その後、徐々に腑の中に実は心臓や肝臓などの臓器が隠れていることがわかって、それぞれ顔つきのある臓器を表現するには、ごちゃまぜイメージの腑^{fǔ}は不向きになるため、臓^{zàng}という漢字を新たに作ったということも考えられますね。

先生：今の段階ではまだ断定できませんが、大学などのちゃんとしたデータベースで調べれば同じ結論になると思います。個人的には腑^{fǔ}という字を見ると、大腸や小腸のようなものも含めたお腹のすべて、内臓というイメージが浮かびます。しかし、臓^{zàng}となると、心臓、肝臓など具体的な臓器のイメージが浮かびますね。

C さん：なるほど！日本語の「腑に落ちない」表現は、心では納得できないという意味ですね。本来ならば、「腑」ではなく、「心」に落ちないというべきですね。でも、大昔の人たちにとっては、心はまだもや〜と腑の中にごちゃ混ぜの状態だったため、「腑に落ちない」で表現せざるをえなかったのですね！やっと、何で「心に落ちない」でなく「腑に落

ちない」のかについて「腑に落ちました」！

Bさん：先生、新発見です。なんと動物の身体の部位名称まで第
　　　　三声です！目や耳は勿論のことで、人間にない爪、しっぽ、
　　　　角、羽も全部第三声ですよ。こうなります！

　　　zhǎo・zhuǎ　　　　wěi　jiǎo　yǔ
　　　爪（動物の足）、尾、角、羽

Dさん：身体の表だけでなく、腑のように身体の里(中)も、中国
　　　　　　　　　biǎo　　　　　　　　　　　　　　　　lǐ
　　　語原人が認識できた部位名称の呼び名はそろって第三声
　　　で呼ばれています、または、呼ばれていました。確かに第
　　　三声が最古の声調でないと説明ししにくい現象ですね。

3-3 第三声の言葉で一生を過ごしてみよう！

先生：身体に関して部位名称の名詞を見てきました。動詞はど
　　　うなっているでしょうか。中国語原人の一日の「基本の動
　　　作」を通して見てみましょう。誰か日本語を言ってくれま
　　　せんか。みんなで中国語を言いましょう。

　　　　　hǎn　hǒu　rǎng　chǎo
✘　なぜ、喊、吼、嚷、吵は第三声にそろうのだろう？

Aさん：やります！先輩の皆さん、中国語をお願いしますよ。
　　　　朝、目が覚めた。起きた。
　　　　zǎo shang　xǐng le　qǐ lái le
Bさん：早上、醒了。起来了と言いますが、言語起源頃は単文
　　　　　　　zǎo　　　xǐng　　　　qǐ
　　　字なので、早(朝)、醒(目が覚める)、起(起きる)になります。

Aさん：そして、顔を洗います。

Ｂさん：原人は毛だらけで顔なんか洗いませんよ！

Ａさん：顔が毛だらけかどうかわかりませんよ。それに原始人は顔を洗わないかもしれませんが、ここでの原人は中国語原人という意味を、Ｂ先輩、忘れないでくださいよ。

Ｂさん：ついつい、忘れました。中国語原人とは中国語語素を作った人達ですね。原始人は当然含められますが、後の時代の、語素を作った人々も含まれますね。

Ｃさん：はい、顔を洗うは洗脸 xǐ liǎn と言いす。原人は顔を洗わないかもしれませんが、何かを洗っていたと思います。

先生：原人は何かを洗っていましたが、どうやら洗 xǐ ではなく洒（撒く）という言葉を使っていました。洗 xǐ は寝る前に足を洗うことをやり始めてからの漢字と言われています。

Ａさん：続けますよ。そして原人達が食事を始めます。その頃ご飯と言ったら、まず果実採取や狩りですね。グループリーダーのような人が群れを連れだすか、みんながその人の動きを見てついていくか、とにかくみんなでどこかへ食べ物を探しに行きます。呼びかけますよね。「行くよ、果実を採りにいくぞ」と叫びます。

Ｂさん：言語起源の頃、「採りに行く」ような複雑な文はまだできません。一文字一文字を出すのに精いっぱいだったと思いますよ。

Ｄさん：僕もそう思います。意味のある音を作ること自体すごい技だったでしょう。今はブランドものを身に着けるのがステータスですが、あの頃はたぶん一つの言葉を他人

より持っていることがステータスだったと思います。その分、一文字一文字に今よりも情報量を持っていて、いわば「あの辺りの動作」を一文字で表現していたのではないでしょうか。こうなります。

喊: 走，采果！
(hǎn) (zǒu) (cǎi guǒ)

Aさん：すごい！全部第三声だ！

先生：喊(叫ぶ)(hǎn)はいつできた字かわかりませんが、喊、吼(怒鳴る)(hǎn)(hǒu)、嚷(わめく)(rǎng)、吵(やかましい)(chǎo)は、動物レベルの言語動作動詞で、いずれも第三声です。

はい、基本動作絡みで、ちょっとだけ質問しますね。下表のX、Y、Zマスに何が入りますか。

表1. 基本動作動詞の一部

基本動作	現代	古代
目が覚める	醒(xǐng)	醒(xǐng)、覚(jiào)(『集韻』1039年)
起きる	起(qǐ)	起(qǐ)
見る、遠くを見る	看(kàn)、見(jiàn)	X
服を着る	穿(chuān)(宋1279年)	Y
話す	说(shuō)(東晋420年)	语(yǔ)(易 -700年)
歩く	走(zǒu)	步(bù)
小走りする	快走(kuàizǒu)、小跑(xiǎopǎo)	走(zǒu)(『韓非子』-400〜-220年)
走る	跑(pǎo)(後漢220年)	走(zǒu)(西周 -700年)
座る	坐(zuò)	Z
跪く	跪(guì)	

※( )内は用例の年代です

Aさん：難しい！そんな古代の言葉なんて！

Dさん：Xには睹か省が入ると思います。省は元々草を観察する意味で、睹はいまでも多くの熟語が残っています。他是每部电影都要先睹为快（彼は新作映画が出たら真っ先に見たがる人だ）の先睹为快（いち早く見たがる）がその例です。

先生：正解です。睹は東周時代の『周易』や『荘子』に活発に使われていた言葉です。ちなみに、『平水韻』という13世紀前半の韻書では、见（見る）も第三声でした。

Dさん：见と见、腑と脏、血と血いずれも第三声から第四声への変化ですね。興味深い！

先生：この現象は四声別义（音変）または破读（破読）と言います。なぜ、中国語に破读が起きたのか、学術的に答えは出ていません。これを念頭に置きながら続けましょう。

Cさん：はい、Yには裹（包む）が入ると思います。裹は『新華字典』によると、最初はあそこやお乳を隠すための言葉でした。うんうん！まだ縫製を知らない中国語原人にとって、服を着るというより何かで身体を包む、纏うという感じでしたね。

先生：これも正解です。裹の時代は更に早く西周からもう使用例が見られています。

Cさん：今も使いますね。僕の後輩ですけど、中国の子会社で頭にタオルを巻き猛烈に働いた時、美人の中国人女の子

がしきりに僕に聞いてきました。那个头 上 裹着白毛巾
nà ge tóu shang guǒzhe bái máo jīn
的人，叫什么名字(あの頭に白いタオルを巻いている人の名前は)？
de rén jiàoshén me míng zi
ちょっと嫉妬した覚えがありましたよ。

先生：確かに頭タオル巻きの男性は仕事男子に見えますね。

C さん：(インターネットを調べながら)あっ、裹がいっぱい出てきた。
guǒ
紐のないブラは裹 胸 と言います。なる
guǒ xiōng
ほど、「ずれ落ちないバスタオルの巻き
方！」はこう言うんだ！

浴巾 怎么 裹 才 不 会掉？
yù jīn zěn me guǒ cái bú huì diào

先生：はい、はい！それでは、最後のZを誰か埋めてくれませ
んか。ちょっと難しいかな。はい、第三声の坐です。
zuǒ

B さん：坐も第三声で発音されていたのですか！？
zuǒ

先生：そうです。実は、中国の古典には10以上辞書のような
ものがあります。ここで私たちが使うものだけ年代順で
挙げておきますね。

『説文解字』(後漢121年)、『唐韻』(唐732年)、『集韻』(宋1029
年)、『平水韻』(南宋末年1270年頃)、『中原音韻』(元1324年)、『字
滙』(明1615年)、『正字通』(明1680年)、『康熙字典』(清1716年)

『説文解字』は部首別の辞書で、声調の説明がメインで
ないためか、"坐"の声調について記述はありません。『集
韻』は、"坐"に第三声と第四声の二つの声調があること
を但書の感じで一筆加えています。『字滙』と『正字通』
は"坐"の「座る」意味での声調は第三声だと明言してい

ますが、面白いことに、『康熙字典』は、それを「間違っている」とコメントしています。

Ｂさん：『康熙字典』が第三声の″坐″を「間違っている」と言うぐらいですから、『康熙字典』の頃、第三声の″坐″がすでに表舞台から消えたということが言えますね。

Ａさん：先生は、第三声で発音された漢字の一部は何かの理由で第四声に変調したと考えていますね。

先生：韻律的に、古代の第三声が一定のルールで今の第四声に変化したことについては、すでに言語学者の王力教授が『漢語史稿』(中華書局出版社)の「上声古今演変(第三声の変遷)」において結論を出されていました。問題なのは、なぜそういう変化をしたのか、謎のままでした。

Ｃさん：私たちは謎解明の最前線にいるわけですね。

先生：はい、そのようです。ちなみに表の( )中の年代は、その文字の最初の用例の著書年代を示すものです。中国古典書籍総合データベースのようなものを利用できれば、簡単に文字の「最初の用例」を調べることができますが、今私の研究環境では限られた手法の調査しかできないので、可能な調査範囲ではこのような結果でした。

　それから、一点注意してほしいのは、用例の年代が遅いからと言って必ずしもその言葉自体が遅く生まれたとは限らないことも言っておきましょう。用例の記録はあくまで有力な証拠にすぎません。

Ｂさん：でも、先生、私たちは研究者ではないし、中国語の四声を楽に覚えたいだけなので、古代の発音を知らなくて

もいいじゃないかと思います。

先生：そうすると、四声法則大辞典のようなものができるまで待つことになります。私一人の力で、中国語四声グルーピングを全部完成させるのは大変な作業になります。時間がかかります。一方、中国語四声の法則の見つけ方を身につけて頂ければ、日ごろの勉強の中で自らグルーピングできるから楽しく覚えられるのではありませんか。

Ａさん：私は一つでも二つでも四声グルーピングができるようになりたい。先生、早く方法を教えてください。

先生：はい、それでは、まず第三声の言葉がどんな場面に使われ、どのような変化をしていたのかを明らかにしましょう。そのために中国語原人の一日を完成させましょう。

✗ なぜ、類似語は同じ声調をしないのだろう？

Ａさん：はい、中国語原人の一日の動作を続けますよ。原人たちは食べ物として果実を採ったり鳥などの小動物を捕まえたりします。手の届かない場所の果実を、棒や石を使って落として拾います。小動物を追い込んだり猛獣から逃げたり魚を捕ったりします。食べられる草を選んだりします。

先生：はい。ここまでの動作動詞をまとめましょう。

表2. 果実や小動物を採る・捕る場面の基本動作動詞

日本語	今	古
果実等を探す	找 zhǎo	找 zhǎo
果実を採る	采 cǎi	采 cǎi
棒を挙げる	举 jǔ	举 jǔ
高所の果実を落とす	打 dǎ	打 dǎ

果実を拾う	捡 jiǎn	捡 jiǎn
動物を捕る	逮 dǎi	逮 dǎi
動物を追い囲む	赶 gǎn	赶 gǎn
魚を獲る	捕 bǔ	网 wǎng、捕 bǔ
走る	跑 pǎo	走 zǒu
避ける	躲 duǒ	躲 duǒ
選ぶ	选 xuǎn	选 xuǎn

Aさん：今も昔もそろって第三声です。

Bさん：でも、ここに上がっている動詞は確かに今もよく使う第三声の漢字ですが、采取 cǎi qǔ（採用する）、逮捕 dǎi bǔ（逮捕する）以外、寻找 xún zhǎo（探す）、抬举 tái jǔ（人を見込んで称賛・抜擢する）、殴打 ōu dǎ（殴る）、拾捡 shí jiǎn（拾う）、追赶 zhuī gǎn（追いかける）、行走 xíng zǒu（歩く）、躲避 duǒ bì（避ける）と挑选 tiāo xuǎn（選ぶ）のように、みんな類似語がありますけど。

Dさん：類似ということは同じでないということです。ニュアンスが異なるから、それぞれの生まれる理由があり、当然生まれる時期も違っていたはずと思います。

Cさん：確かにニュアンスが違いますね。例えば、寻 xún（尋ねる）の対象は学問の師や機会などで、獲物は考えにくいです。找 zhǎo（探す）はそんな限定感はなくもっと幅が広いですね。ここも第三声との関係で、部分対全体の構図が見られます！

先生：はい、類似語についてそれぞれの声調セッションで詳しく見ましょう。ここでは、一点だけ、常に意識して下さいね。それは「なぜ、中国語は声調によって意味が変わるの

だろうか」ということです。

✘ 飲み食いの動詞も第三声だった？

Aさん：中国語原人一日の続きです。果実を採ってきたら、その
　　　　まま食べたり、棒や石などでつき砕いて食べたりします。
　　　　小動物や魚は焼いて食べます。

Dさん：大きい動物ならある程度解体して食べていたと思いま
　　　　す。その頃、人々が石斧などを使い始めたので、解体はた
　　　　たき切る動作でやっていたと考えられます。

Aさん：はい、肉を食べたら喉が渇きます。水を汲んだりします。

Bさん：道具を使って水を汲む前に、両手で水を
　　　　掬って飲んでいたと思います。

Aさん：はい、原人は水を掬って飲んでいまし
　　　　た。食事中、骨に当たったら吐き出しま
　　　　す。呼吸もします。美味しかったら、う
　　　　んうんと頷きます。食べながら、風景を
　　　　見たり獣を警戒したりするから、頭を挙げたり周りを見
　　　　たりします。

先生：はい。いったんまとめましょう。

表3. 食べる・飲む・呼吸等の基本の動作動詞

日本語	今	古
(火を)つける	diǎn 点	diǎn 点
たたき切る	kǎn pī pī 砍、劈・劈	kǎn pī 砍、劈
つき砕く	dǎo zá chǔ 捣、砸、杵	dǎo chǔ 捣、杵

焼く	kǎo 烤	kǎo 烤
食べる・かじる	chī dàn 吃、啖 kěn yǎo 啃、咬	rǔ dàn kěn 茹(西周)、啖、啃、 yǎo 咬
喉が渇く	kě 渴	kě 渴
(水を)掬う	pěng 捧	pěng 捧
(水を)汲む	yǎo 舀	yǎo 舀
飲む	hē 喝	yǐn shǔn 饮、吮
満腹する	bǎo 饱	bǎo 饱
吐く	tǔ tù 吐、吐	tǔ 吐
呼吸する	hūxī chuǎn 呼吸、喘	chuǎn 喘
頷く	diǎn 点	kěn 肯
仰ぐ・挙げる	yǎng tái 仰・抬	yǎng jǔ 仰・举
顔の向きを変える	zhuǎn niǔ 转・扭	zhuǎn 转

Aさん：わっ！このグループも第三声の古感がたっぷりです。

Cさん：ところで、先生、こんなに第三声なのに、なぜ、日常的によく使う「食べる」「飲む」「呼吸する」言葉がそろって途中で変わったのでしょう。しかもこぞって第一声に変わったのですか。不思議です。

先生：それについて深い話がありますよ。後ほど(P202をご覧ください)。

🧍 なぜ、感と想、喜と恐も第三声にそろうのだろう？

〈gǎn〉〈xiǎng〉〈xǐ〉〈kǒng〉

Cさん：はい、中国語原人はお腹がいっぱいになったら、上機嫌になります。歌ったり舞ったり踊ったりキスしたり子づくりしたりしたと思います。また原人なりに明日のことを考えたりもします。その頃、原人の脅威と言ったら、主に虎などの猛獣だと思います。それを警戒したり火をつけて追い払ったりします。

先生：はい、いったんまとめましょう。

表4. 食事のあとの動作動詞

日本語	今	古
喜ぶ	喜 xǐ	喜 xǐ
歌う	唱 chàng	可 kě
舞う	舞 wǔ	舞 wǔ
踊る	跳 tiào	蹈 dǎo
キスする	亲 qīn、吻 wěn	吻 wěn
思う	想 xiǎng	想 xiǎng
感じる	感 gǎn	感 gǎn
虎	虎 hǔ	虎 hǔ
怖がる	恐 kǒng	恐 kǒng
警戒する	警 jǐng	警 jǐng
獣を追い払う	撵 niǎn	撵 niǎn

Cさん：可（kě）は歌う意味だったんだ！

Bさん：ここでも前と同じで、声調違い類似語がありますね。

欢喜（歓喜）〈huān xǐ〉、亲吻（キスする）〈qīn wěn〉、感觉（感じ）〈gǎn jué〉、思考〈sī kǎo〉、恐惧（恐れる）〈kǒng jù〉、警惕（警戒する）〈jǐng tì〉です。

✿ 欢(huān)と喜(x1)の違いとは？

D さん：欢(欢)(huān) と喜(x1)の違いを調べたことがあります。両方とも喜ぶ意味ですが、欢(huān)は、小躍りするとか声が出るとか、身体全体で喜びを表現するイメージがします。一方、喜(x1)はそのような動きのイメージはないですね。

C さん：だから、それぞれ欢呼(huān hū)(喜んで大声を上げる)、暗喜(àn x1)(ひそかに喜んでいる)のような組合せができますね。

先生：それなら、もうすこしそれぞれの組合せ言葉を見ましょう。本当の違いが分かってくるかもしれません。

C さん：わかったぞ！男欢女爱(nán huān nǚ ài)(男女の愛欲)、寻欢作乐(xún huān zuò lè)(異性を求めたり快楽を求めたりすること)。肉体の喜びの意味を持つのは欢(huān)です。一方、喜(x1)の場合は、喜事(shì)(結婚などめでたいこと)、有喜了(yǒu x1 le)(妊娠した)のように、人生の営み上、原始的なめでたい気持ちを表すのに用います。欢(huān)は、言い方が悪いが、次元が違いますね。

先生：良く気づきました。ということで、類似語はよくよく調べれば、それぞれのツボがわかります。因みに、なぜ、欢(huān)が第一声なのか、詳しくは後程(P318をご覧ください)。

C さん：類似語がうっとうしいと思っていましたが、実は表情豊かな言葉なんですね。その微妙な違いが判ったとき、なんとなく得した気分です。

☆ なぜ、育児関係の言葉も第三声にそろうのだろう？

Ａさん：原人の一日をどんどん行きますよ！その日に赤ちゃん
が生まれることもあるでしょう。そして、赤ちゃん自身
がお乳を飲んだり、少し大きい子ならお母さんの背中に
しがみついたりするシーンが浮かびます。お母さんも赤
ちゃんにお乳を与えたり抱っこをしたりして、赤ちゃん
を育てます。こうして赤ちゃんは成長します。

先生：はい、いったんまとめましょう。

表5. 子育て関連の動作動詞

日本語	今	古
分娩する	shēng chǎn miǎn 生、产(産)、娩	chǎn miǎn 产、娩
お乳を飲む	chī hē 吃、喝	shǔn 吮
授乳する	bǔ 哺	bǔ 哺
ご飯を与える	wèi 喂	
しがみつく	bǎ bā 把、扒	bǎ 把
抱く	bào 抱	bǎo 抱(正韻)
養う・育てる	yǎng 养	yǎng 养
成長する	zhǎng 长	zhǎng 长

☆ なぜ、躺、老、死も第三声にそろうのだろう？

Ａさん：はい、楽しんだ後、中国語原人たちは寝ます。寝る前
に大や小をします。寝る時、横になって寝るか寄り添っ
て寝ると思います。服などは着けっぱなしで寝ると思い

ます。その日に、老いて倒れる人もいれば、死ぬ人もいると思います。そして一日が終わります。

先生：では、「寝る準備と寝る」動作動詞を見ましょう。

表6.「トイレに行く」関連動作動詞

	大便をする		小便をする
今	ē lā shǐ 屙、拉屎	dà xiǎobiàn jiě shǒu 大・小便、解手	sǎ sāniào jiěsōu 撒・撒尿、解溲
古	sǒu 溲(『国語』約-475年。『廣韻』1008年)		

表7.「寝る」関連動作動詞

	脱ぐ	寄りかかる	横になる	寝る	老い・死ぬ
今	tuō 脱	yǐ 倚	tǎng 躺	shuì wò qǐn 睡、卧、寝	lǎo sǐ 老、死
古	jiě 解	yǐ 倚	tǎng 躺	qǐn 寝	lǎo sǐ 老、死

Aさん：戦国後期では溲(sǒu)、現在では溲(sōu)！第三声は第一声にも変化していますね。先生、第二声への変化もありますか。

先生：あります。しかも個別現象ではありません。これに関して「上声」でインターネット検索して確認できます。また別の機会に話しましょう。

✪ なぜ、「用を足す」を解手(jiěshǒu)というだろう？

Bさん：用を足す意味の解手(jiěshǒu)と解溲(jiě sōu)・解溲(jiě sōu)は音的にも近いですね。手(shǒu)は溲(sǒu)のなまった言い方のようにも思えます。

先生：解手(jiěshǒu)という言葉はちゃんと由来があるようですよ。

Dさん：はい、解手(jiěshǒu)は明の時代に数十年にわたり行われた山西

から河南や江蘇などの土地への大規模移民と関係していると言われています。強制移民だったので、逃亡防止に、移民の手は縛られていました。用を足したいとき、最初は役人に"我要撒尿，解开我的手(用を足したいので手を解いてください)"とちゃんと言ったらしい。そのうち略して解手(手を解いて)だけでも通じるようになり、のちに俗語として中国のあっちこっちに聞こえるようになったと言われています。

Aさん：言葉って本当に歴史と密接に関係していますね。解手という一見面白い表現ですが、背後にこんなつらい歴史があったのですね。

Dさん：当初、移民が集められ連れ出された場所である「山西洪洞大槐樹」は今史跡となりました。毎年清明節になると盛大な先祖祭が行われ、観光名所になっています。

先生：Dさん、ありがとう。

Cさん：先生、溲と溲、それから、脱(脱ぐ)、吃喝(飲み食い)、呼吸の第一声をすごく不思議に思っています。日本語の平板化を思いだしました。言葉の平板化は、もしかしたら古代か現代か、中国語か日本語か、国と関係なく時代と関係なく、人類の起源の頃からずっと進んでいるかもしれませんね。

先生：Cさんも大の研究家ですね。日本語には言葉の平板化は存在しているかもしれませんが、中国語の吃喝(飲み食い)、呼吸と脱の第一声は、大きな、大きな別の理由が存在し

ています。それは後程(P123 第五章をご覧ください)。因みに、遅くても『呂氏春秋』の頃から、解の「脱ぐ」意味（jiě）の用例がありました。解衣（jiě yī）の言葉は今も現役中です。

✿ まとめ

先生：皆さん、私たちは「どうすれば効率よく声調を覚えるか」というところからスタートし、まず身体の部位名称を声調グループで見ました。そして、❶古の中国人は、五体満足の五体レベルの部位名称も、❷原人にもわかりやすかった「声を出す・食べ物を飲み込む部位の嗓（喉）（sǎng）、骨（gǔ）、脳（腦）（nǎo）などの部位名称も、❸喜、警（jǐng）、恐（kǒng）、感（gǎn）、想（xiǎng）（xǐ）など心と脳の基本活動も、❹五体の基本動作の睹（見る）（dǔ）、喊（叫ぶ）（hǎn）、啃（齧る）（kěn）、走（歩く）（zǒu）、采（採取する）（cǎi）、逮（dǎi）、烤（焼く）（kǎo）なども、❺产（産）（chǎn）、养（養う。育てる）（yǎng）、长（成長する。伸びる）（zhǎng）と躺（横になる）（tǎng）、寝（qǐn）、老（lǎo）、死（sǐ）など人間のライフサイクルの大まかな言葉も、いずれも第三声で賄うことができることを確認しましたね。

Ｂさん：しかも、この奇妙な現象は第三声しか見られません。

先生：皆さん、もうすこし四声研究者ごっこをしませんか。

3-4 龍山文化発祥地の第三声現象は偶然？

先生：第三声言葉は今日に至ってかなり減りましたが、幸いに

辞書や韻書に残されたりしているので確認できます。実は
もう一つ大きな音声記録媒体が存在しています。

Ｂさん：へえ？それは何ですか。テープやボイスレコーダーなど
もない時代にどんな音声記録媒体がありますか。

先生：音声は確実に存在していますが、漢字を持たないという
言葉もたくさん存在しています。

Ｂさん：先生、方言のことですか。

先生：はい、方言に括られています。方言の中に古代の共通語と
思われる言葉も含まれていることが、多くの研究により明
らかになっています。

中国の方言はいくつかブロックに分けられていますが、
山東省エリアでは、現代標準語よりはるかに多くの第三声
言葉が現役中です。語学勉強的に四つほど挙げますね。

日本語	標準語	山東省方言
ご飯を食べる	chī fàn 吃饭	dǎi fàn 逮饭
お酒を飲む	hē jiǔ 喝酒	hǎ jiǔ 哈酒
かゆい所を掻く	náoyǎng yang 挠 痒 痒	kuǎi yǎng yang 蒯 痒 痒
転んだ	shuāi le yī jiāo 摔 了一 跤	kǎ le yì jiāo 卡了一 跤

Ｃさん：逮饭（dǎi fàn）はリアルですね！小動物や魚を獲って食べる原人の
姿が浮かびます。

Ｂさん：そう言えば、僕の中国人友人はハルビン人ですが、ハル
ビンの標準語は哈尔滨（hā ěr bīn）なのに、彼女やご両親は、哈尔滨（hǎ ěr bīn）と
言っていましたよ。ハルビンの人はみんなこう言うらしい

です。僕は、ハルビンの方言だと思いましたが、なんとずいぶん離れた山東省でも哈(hǎ)と言いますね。

Dさん：そう言えば、山東省は、後李文化(こうりぶんか)(‐6500〜‐5500年)、北辛文化(ほくしん)(‐5300〜‐4100年)、大汶口文化(だいぶんこうぶんか)(‐4100〜‐2600年)、そして大汶口文化(だいぶんこうぶんか)からの発展と言われる龍山文化(りゅうざんぶんか)(‐3000〜‐2000年)など新石器文化が続々と確認された大地ですし、伝説の夏の天下の中心とされる青洲も山東省にありますね。その後も、幾度か殷の首都になり、その大地で、中国の歴史に強く影響を与えた道教と儒教が生まれています。

Bさん：山東エリアの第三声現象は決して偶然ではないですね。

先生：では、第三声が中国語の最古の声調であることを言い切れるようにもう少し実例を見ましょう。

3-5 母系社会人称の第三声揃いは偶然？

先生：皆さん、第三声の古のイメージを十分持つようになったと思いますが、もう少し見つめましょう。

Aさん：はい、你(nǐ)(あなた)と我(wǒ)(私)、早(zǎo)(朝)・午(wǔ)(昼)・晩(wǎn)(夜)を挙げます。いずれも中国語を習う時、真っ先に出てくる言葉で、基本中の基本表現ですね。

Cさん：ふと思いましたが、你(nǐ)と我(wǒ)は第三声なのに、どうして她、他と它(tā, tā, tā)(彼女、彼とそれ・あれ)は第一声なのか、わかるような気がします。少なくとも、她、他と它(tā, tā, tā)は、你(nǐ)と我(wǒ)と同時期に生まれた言葉ではないと推測できます。

先生：你と我が出たので、もう少し人称を見ましょう。皆さん、母系社会の人間関係を想定して、対人関係の呼び名を挙げてください。

Dさん：母系社会は父親の存在がまだ薄いので、呼び名と言えば、母子、你我、それから伙(仲間)くらいでしょう。

Aさん：伙の仲間の意味が分かりやすい。同じ焚火を囲んで魚や小動物を焼いて食べるシーンが浮かびます。

Bさん：中国語原人は、母以外の同族の人をすべて伙と呼んでいたかもしれません。

先生：可能性は十分あると思います。とくに初期の段階では人間関係がごく簡単なもので、性別、成人と子供、それ以外の仲間という認識で十分やり取りできたと考えられます。

表8. 母系社会の人称

原義		現在	
中	日	中	日
母	1. 女子名のマーク (金文) 2. メス	女	女
父	男子名のマーク (金文)	男	男
子	人を含む動物の子、 植物の種子、動物の卵	子	子供
伙	仲間	伙	仲間

Bさん：へえ、父も最初は男の意味で第三声でしたか！？

先生：そうですよ。『康熙字典』にも載っていますよ。

Ｂさん：じゃ、今の「男女」は昔どういう意味でしたか。

先生：男という漢字の原義は、白川静先生の『字統』によると農地の管理者でした。ほかの説もありますが、「田」というパーツを見る限り、農耕と関係があり、もしかしたら農耕が始まってからの漢字だと分かります。

Ｃさん：農耕が始まってから、男を表す言葉がはじめて生まれてくるなんて、男としての僕は不満です。遅すぎです。それより前に、絶対男を表す言葉があるはずです。

先生：それが第三声の父です。石器の代表格である石斧の斧と第三声の父が同じ発音です！偶然ではないと思いませんか。

　旧石器時代の後期から新石器時代まで、暫くの間、斧は男性の象徴でした。いや、暫くの間ではありませんでした。斧は、王権のシンボルとして清の時代まで続いていました。

　それから、女ですが、メスの意味もある母より、範囲がぐっと狭くなり、母より後に表れてきた言葉だとわかります。

Ａさん：女は、母の一部の意味に特化した言葉ですね。

Ｄさん：なるほど、姥（母方のお婆さん）、母、女の第三声はすごく母系社会の響きがしますね。

Ｃさん：そう、そう。祖（先祖）という言葉も入れましょう。

3-6 なぜ、第三声独占現象が起きたのだろう？

☆ 中国語も起源頃声調が一つ？

Bさん：先生、私の頭の中がまた？？？だらけになりました。なぜ、第三声なのか？なぜ、第一声でもなければ、第二声、第四声でもないのか？父系社会より前の社会では、第三声だけで生活上のコミュニケーションができてしまうなんて、やはり普通と考え難いです。誰かに第三声で発音しなさいとでも命令されたのでしょうか。

先生：ある意味では命令されたようなものだと思います。物事の起源には必ずきっかけというものがあります。言葉も、最初は「みんな聞いて！」「狼が来たよ！」のような呼びかけというか、そのようなものを出す必要にせめられて生まれたものと思います。

Bさん：そうすると、中国語は、最初いろんなところから生まれて最終的に集約されたというより、最初から発信者がいて、広げた、と先生は考えていますね。

先生：考えてみて。人類の誕生は最初に何千人、何万人もいたと思いますか。遺伝子でさえたどってみれば、私たちはどこかで同じ祖先にたどり着きます。言語も同じでしょう。最初の頃は発信源が限られていたと思います。

Aさん：こういう感じですかね。伙(huǒ)(同火共食の人々)の中に、まず「みんな聞いて！」「オオカミが来た！」と言葉を出す必要を感じた原人がそれなりにいました。しかし実際に行動を起こし、言葉となる音をクリエートした原人といったら数はぐっと減りました。それから、決まった場面に

決まった一定の声を出した原人がわずかに残り、その声がサインとなり、言葉となっていくということですね。

Ｃさん：一定の場面に一定の声を出す考え方を持って実践できたこと自体、かなりの IQ＋EQ ですね。エリートですね。

先生：言葉を作り出した原人は群れの生存を気にかけ思考力がある、と容易に想像できます。その人からのサインが幾度も仲間を危険から守ったことも想像できます。そうすると、その人が出した声なら、周りの原人も真剣に聞くでしょうし、いち早く聞き取れた原人は、素早く反応できた分メリットがあったことも容易に想像できますね。自分の利益につながるから、真剣に聴いて真似る原人も増え、やがてその声が広げられ一定の意味を伝える言葉として確立してきたと思います。

Ｃさん：言語がカリスマ原人により作られたものだから、第三声に揃っていてもおかしくないということですね！

Ｂさん：でも、言語がカリスマ原人により作られたものであることを以って、最初の中国語が一つの声調に集中していたとの説明ができても、どうしてほかの声調でなく、第三声に集中していたのかの説明にはなりませんよ。

✿ なぜ、起源頃の中国語が第三声であったのだろう？

先生：それでは、なぜ、中国語が最初の頃第三声になっていたかを探ってみましょう。皆さん、想像してみてください。言語起源頃、言葉の創出をチャレンジしている人々がどんな状態にいましたか。もっと直截に言うと、中国原人が自由に四声を操ることができたのでしょうか。

Ａさん：無理、無理。今の私でさえも「少しずつ」「徐々に」
　　　　「試行錯誤」でやっと狙った声調を出していますよ。

Ｄさん：人類の複雑な言葉ができたのは7万年前の話がありま
　　　　したね。遅くて北京原人の時から数えても、70万年前〜7
　　　　万年前の長い間、中国の原人も一つの言葉を作ることに
　　　　はかなりの苦闘があったと思います。

先生：喉の筋肉の発達度合などの制約から、意味を伝える声を
　　　出すためには、原人は「力む」必要があったと思います。
　　　さらに、一定の意味を伝えるためには、発音を、ほかの
　　　動物や原人の本能的な声と区別しなければならないのも
　　　「力む」理由の一つと思います。

Ｃさん：奇声だと思われたら意味はないからですね。

先生：もう一つ重要なのは、言語のカリスマ原人がなぜ言葉を
　　　作り出したかという原点に立ち戻って考えると、言語起
　　　源の頃、言葉は主に相手に働きかけるために生まれたと
　　　いうことです。

Ｄさん：はい、しかもその相手は「言語とは何ぞや」の言語未
　　　　経験者たちですね。

先生：そのために、発音はある程度の熱意やパワーを相手に感
　　　じさせる必要があったと思います。大変な試行錯誤を経
　　　て第三声に落ち着いたと思います。

Ｂさん：パワーと言いますと、第四声だと思いますけど。

先生：平山久雄教授が「唐詩の韻律――漢文訓読の彼方におい
　　　て引用された四声の調子に関する古代文献を見ましょう。

沈約の命名	平声	上声	去声	入声
空海『文鏡秘府論』天巻引劉善経『四声指帰』中沈約「答甄公論」（興膳宏訳注『文鏡秘府論』104頁）	春為陽中、徳澤不偏、即平声之象。	夏草木茂盛、炎燎如火、即上声之象。	秋霜凝木落、去根離本、即去声之象。	冬天地閉蔵、万物尽收、即入声之象。
『文鏡秘府論』西巻引『文筆式』（興膳訳注726頁）	平声哀而安。	上声厲而挙。	去声清而遠。	入声直而促。
『楽府詩集』「上声歌」注引釈智匠『古今楽録』		上声歌者、因上声促柱得名。		
安然『悉曇蔵』巻五の表（袁）	平声直低。	上声直昂。	去声稍引。	入声径止。

（平山久雄　（2016）　唐詩の韻律――漢文訓読の彼方――　東京大学中国語中国文学研究室紀要　19, p. 189）

Ｂさん：うん、確かに、沈約（441-513年）の生きる梁の時代では、第三声は「力む」声調でした。関係個所のみ訳しますね。

沈約の命名	第一声と第二声	第三声	第四声	入声
…沈約（441-513）の『答甄公論』…	徳澤偏らず	夏の茂る様、燃炎のごく	秋の木の葉が散りゆく如く	冬の万物すべて活動停止の如く
…『文筆式』…	悲しくて平穏である	激しく挙げる	清らかで遠ざかっていく	まっすぐで詰まる
…『古今楽録』…		喉を絞る甲高いから名付けられ…		

先生：喉を絞る声調と言いますと第三声ですね。平山教授も六朝から唐代中頃の四声を考察なされ、第三声の「緊喉」現象を上の文章の中で言及されました。

Ｃさん：「緊喉」とは喉を絞る発声方法ですね。うんうん。第一声と第二声は自然と出せる音ですし、第四声はあんな寂しい調子でしたし、今だってトップダウン的ですし。うんうん。最古の声調として、情熱的で積極的に挙げていく第三声が一番相応しい！僕が決めました。

Ａさん：賛成です。確かに最初に何かを操ろうとするとき、つ
　　　　いつい変な力を入れてしまうものです。ピアノなどの楽
　　　　器は特にそうでした。中国語原人たちも、喉という楽器
　　　　を今までにない使い方を使い始める頃もかなり余分な力
　　　　を入れて苦労したことに間違いないと思います。

3-7　なぜ、第三声転入の入声がわずかだろう？

Ｄさん：「力む」と言ったら入声も一つですね。力み方は違うけ
　　　　ど。日本語促音のような発声方法と言われていますね。
　　　　今の標準中国語から姿が消えましたが、中国の南のほう
　　　　ではまだそれなりに現存しているそうです。

先生：そのようですね。入声は古代の音韻の話になると必ず出
　　　　てくるほど、中国語歴史上の重要概念の一つです。しか
　　　　し入声は言語学でいう声調そのものではありませんので、
　　　　あえて第三声と並列に話したくありませんでした。

Ｄさん：先生、入声は声調ではないとは？僕は、古代の四声の
　　　　一つと教えられていましたよ。

先生：はい、調べましょう。

Ａさん：「ウィキペディア」はこう言っています。

　　　　入声は、古代中国語の声調のうち、音節末音が内破音で構成さ
　　　　れ、短く詰まって発音される音節を調類としたものをいう。

Ｂさん：「調類とした」ですね。本来の調類ではないですね。音

　　　　節の末音を短く詰まって発音するという発音の仕方が声
　　　　調の一種として扱われていたということですね。

C さん：たしかに、ほかの声調は、韻の構成と関係なく、調子
だけでグルーピングされていますが、入声は「内破音」
という韻的な共通性でグルーピングされていますね。

先生：そこで、入声は韻である以上、調もついていると思っ
て、入声が残っていると言われるエリアの人の生の声や
インターネット上で音声を検証してみました。初歩的な
印象ですが、入声にも四声がついていました。

D さん：だから、入声が言葉として消えたのではなく、内破音
だけ消え、それぞれの声調に従って標準中国語に融け込
んだのですね。

先生：D さん、「それぞれの声調に従って」とはすごい発言だと
思いますよ。見ましょう。「百度百科」のデータをまとめ
ると、入声の標準中国語への転入具合はこうなります。

表9. 入声から標準中国語への転入

入声 →	標準中国語			
	第一声	第二声	第三声	第四声
	131 文字	238 文字	47 文字	366 文字

多音字により各声調グループの数字は多少の誤差がある

B さん：入声から第三声への溶け込みは圧倒的に少ないです。
逆に第四声への変化が圧倒的に多いですね。

D さん：圧倒的に少ないということは、入声と第三声の間に
「特別な」関係があるということを物語っていますね。

先生：入声も古の言葉とされています。

C さん：もしかして、入声も第三声の仲間？

先生：それについてまた別の機会に話しましょう。

3-8 ほかの言語にも第三声現象が存在か？

Bさん：先生、僕にはもう一つ疑問があります。もし「力む」
　　　　が言語起源頃の第三声の理由であれば、ほかの言語にも
　　　　似たような現象が見られるのでは？

先生：なかなか鋭い質問ですね。答えるには多言語の知識が必
　　　要です。お手上げです。しかし、英語と言えば……。

Cさん：英語と言えば、Iとyou、beとareはそもそも第三声
　　　　で発音する場合も多いし、five、alsoなどワード単位で
　　　　見れば、第三声っぽいですね。beautifulなどの多音節の
　　　　ワードには第三声の痕跡がたっぷり残っています。しか
　　　　も決して個別現象じゃないような気がします。

Bさん：そうか！中国語は声調が変われば、意味も変わるか
　　　　ら、声調の存在が目立つのですが、ほかの言語の場合、
　　　　声調は変化しても意味は変わらないから、声調感が薄い
　　　　だけかもしれませんね。

先生：そう思いますよ。存在感がしっかりしている中国語の四
　　　声をもう少し深く見れば人類の言語起源の研究に貢献で
　　　きる何かが現れてくるかもしれません。少なくとも、第
　　　三声をヒントに、もっと太古の中国語を知ることができ
　　　ると思います。
　　　　皆さん、ずいぶん研究者ごっこをやってきましたね。
　　　それでは、上に出ていない他の第三声の言葉で第三声の
　　　古の響きを感じながら、第三声の法則をまとめましょう。

中	tǔ 土	huǒ 火	yǔ 雨	xuě 雪	shuǐ 水	hǎi 海	cǎo 草	zǎo 棗
日	土	火	雨	雪	水	海	草	棗
中	luǎn 卵	zhǒng 種	mǐ 米	gǔ 谷	quǎn 犬	jǐng 井	lǔ 卤	lěng 冷
日	卵	種	米	穀物	イヌ	井戸	天然塩	寒い
中	nuǎn 暖	bǎo 飽	kǒng 恐	zhǐ 旨	kǔ 苦	hǎo 好	dǎi 歹	yǒu 有
日	暖かい	満腹	恐れる	旨い	苦い	良い	悪い	ある・いる
中	fǒu 否	jǐ 几	wǔ 五	jiǔ 九	běi 北	yě 也	zhǔ 主	lǐ 里…
日	いいえ	幾つ	五	九	北	も	主	里…

3-9　　まとめ——中国語第三声の法則

先生：皆さん、Ｃさんの「部分対全体」の表を雛型にしたこの
　　　表を見てください。この構図を、第三声の法則を見てき
　　　て、何か言い直したくありませんか?

その他の声調		第三声
méi 眉、jié 睫(睫毛)、móu 眸(目玉)、tóng 瞳		yǎn 眼
	chún 唇、yá 牙(歯)、shé 舌	kǒu zuǐ 口・嘴
é 額(おでっこ)、bí 鼻、quán 顴(ほっぺ)、jiá 颊(ほほ)、hé 颌(あご)		liǎn 脸
	huān 欢	xǐ 喜
	xuè 血	xiě 血

Ｃさん：はい、中国語四声には第一波や第二波のようなものが
　　　　存在し、第三声は第一波だと言いなおします。

先生：はい、それを図式にしますと、こうなります。

図2 中国語第三声の秘密

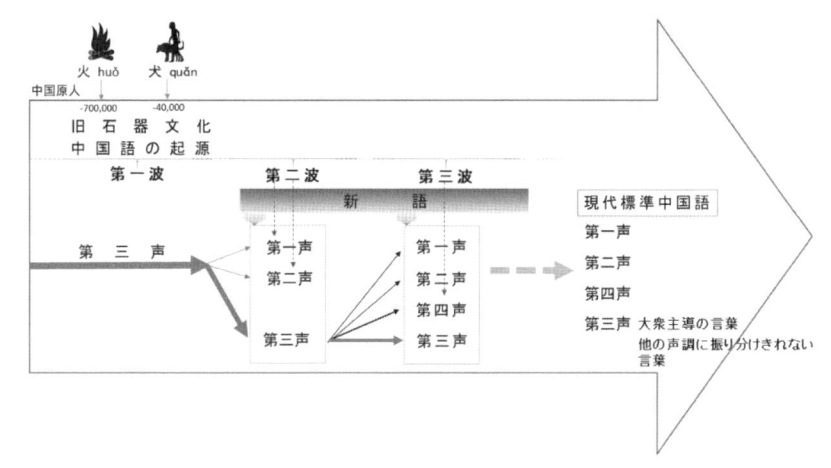

Dさん：なるほど、第二波や第三波、波がやってくる度、新た
　　　　な声調が現れてくるだけでなく、既存の声調にも影響を
　　　　与えていた、と先生は考えていますね。

Bさん：既存の第三声言葉の中、波に乗って新しい声調へ変化
　　　　したものとそうでないものがあり、そして、そうでない
　　　　ものに、先生は「大衆主導の言葉」と名付けています
　　　　ね。

先生：そうです。言葉のクリエーターであるエリートの話があ
　　　　りましたね。言葉の先頭を行くエリートからすれば、自
　　　　分たちが起こしてきた声調の波で既存の声調まで一新さ
　　　　せたいわけですね。しかし、すでに大衆に根付いた言葉
　　　　を変えるのはそう簡単ではありません。

Dさん：この目で見ると、ずっと見てきた第三声の言葉は旧石

器時代にすでに存在していてもおかしくない言葉ばかりですね。第三声対第一声や第二声は、庶民に根付いた言葉対エリートの新語という構図にもなりますね。

先生：はい、中国語第三声の法則をまとめると、「大衆に根付いて、他の声調に変調できなかった言葉」ということになります。略して「大衆主導の言葉」と表現していきましょう。

Ｃさん：先生、第二波や第三波を引き起こしたエリートの新発想とは何でしょうか。早く知りたいです。

先生：はい、その「新発想」を言い換えれば……。

一同：新しい文化でした！

4 中国語第四声の秘密

先生：それでは、まず、第四声の秘密を探ってみましょう。

Cさん：先生、いきなり第四声ですか。

先生：そうです。声調同士の法則性がぶつかり合う時、第四声の法則性が他の声調のそれよりも強く出るからです。

Cさん：第四声の気持ちが強いわけですね。

Aさん：不(いいえ)、要(します)、是(はい)、対(正しい)、错(違う)！これが第四声の「気持ち」ですね。先生はいつも「意思や判断を表す言葉は強く第四声！」と言っていますね。

4-1 「重要」「強調」系の言葉を見よう

先生：第二章で、私たちは「身体から出る生理的なものは第四声！」と体験しました。皆さん、そこから何か第四声のヒントを得られませんか。

Dさん：「主張」「重要」がキーワードだと思います。尿や汗は、いま嫌なものになっていますが、獣から抜け出したばかりの原始人は、こういった身体から出るものを情報収集や縄張り主張などに使っていたと思います。だから、身体から出るものは何一つ無駄なものがなく、今でいうと、名刺のようなもので、自分の存在や他人の存在を知る上で大変重要なものだったと思います。

Cさん：今も「女は匂いで恋をする」とか「相性は体臭で分かる」とか、騒がれていますね。都市伝説と思っていたら、なんとちゃんと科学根拠があるらしい。「HLA 恋愛遺伝子」でしたっけ？どうやら、女性は無意識のうち、男性

の体臭から恋愛遺伝子を感じ取っているそうです。

Ａさん：尿や汗はいまでも目に見えない赤い糸ですね。

Ｂさん：でも、そのような本能的で動物的なことを、原始人
　　　　が果たして言葉にしますか、しかも第四声で！たいて
　　　　い、先生の第三声の法則に従えば、そもそも、第四声は、
　　　　原始人段階の言葉ではありませんよ。

Ｄさん：そうか！血と血、上と上、見と見。血縁関係が重
　　　　要になってから、第四声の血が生まれたのですね。上下
　　　　関係が主張されるようになってから、第四声の上が生
　　　　まれたのですね。

先生：その通りです。ということで、「重要だから強く言いた
　　　い」「大変だから強く言いたい」「○○だから強く表現し
　　　たい」という気持ちになった時、基本的に第四声で発音
　　　します。つまり「第四声は重要性などの強調的な声調で
　　　ある」という法則をまず押さえましょう。

✘　教と教の違いとは？

Ｃさん：先生、「強調したい」気持ちは人それぞれですけど。

先生：それでは、第四声の「強調したい」感覚を中国語多音
　　　字で磨きましょう。

Ｂさん：多音字ですか。厄介なものですね。

先生：厄介でしたか？はい、この練習で好きになってもらい
　　　ましょう。やり方を説明しますね。

漢字欄には多音字、中国語欄には多音字付き単語がそれぞれ入ります。二つの多音字付き単語のうちの一つは第四声です。日本語欄はそれぞれの日本語の意味です。では、日本語の意味を参考しながら、第四声と思う単語を選びだしてください。

表 10-1. 同じ品詞の第四声を持つ多音字の例 1(前)

漢字	中国語	日本語	中国語	日本語
藏	宝藏	貴重な地下資源	矿藏	地下鉱物資源
塞	要塞	要塞	瓶塞	瓶栓
供	供养老人	年寄に生活必需品を供給する	供养菩薩	菩薩を供養する
卷	纸卷儿	巻いている紙	试卷	試験用紙
闷	屋里很闷	部屋の空気は淀んでいる	心里很闷	憂鬱だ
逮	逮捕犯人	犯人を逮捕する	逮小动物	小動物を捕まえる
分	分子	(数学等の)分子	分子	集団・組織の一員
相	相对象	お見合いをする	相面	人相占いをする
空	脑子空	頭は空っぽだ	心里很空	心に穴が開いている
教	教学	授業をする	教育	授業を通じて人を育成する

Ａさん：知らない単語ばかりです。でも同じ地下資源でも、「宝」のつくほうがより強調されそうなので、貴重な地下資源の"宝藏"の"藏"は第四声だと思います。

先生：正解です。宝藏（bǎo zàng）と言います。この感じで宜しいですよ。

Ａさん：それなら、もう一つ当ててみます。同じ"塞"でも、瓶の栓より、要塞の"塞"のほうが第四声っぽいです。

先生：これも正解です。それぞれ瓶塞（píng sāi）、要塞（yào sài）と言います。

Ｃさん：いきなり聞かれたら躊躇うと思いますが、「第四声は

重要だから強調したい」というキーワードで比較しながら探すなら、簡単かもしれません。例えば、一般生活必需品を供給する供給（gōng yǎng）より、菩薩や先祖を供養するほうが重要で特殊な場面なので、供養（gòng yǎng）になりますね。そして、大学受験のことを考えれば、単なる紙の巻きである紙卷儿（zhǐ juǎn r）より、試験問題が載せている紙の巻き、つまり試験用紙の試卷（shì juàn）が第四声になりますね。

先生：正解です。Cさんが良いことを言ってくれました。一般的な場面か特殊な場面かという視点も大切です。

Bさん：僕は類似語も多音字も嫌いでしたが、先生の視点で見ますと、第四声は表情のあるものになりました。もう無理矢理に暗記しなくてもよさそうですね。

先生：まだ締めないでください。

Cさん：はい、"闷"という字ですが、空気が淀んでいて気持ちが沈むぐらいは「悩み苦しむ」よりまだマシと思います。ですので、心里发闷（xīn lǐ fā mèn）になると思います。

先生：正解です。

Cさん：一気にまとめてしまいますよ。こうなります。

表10-2. 同じ品詞の第四声を持つ多音字の例1（後）

漢字	中国語	日本語	中国語	日本語
藏	宝藏（bǎo zàng）	貴重な地下資源	矿藏（kuàng cáng）	地下鉱物資源
塞	要塞（yào sài）	要塞	瓶塞（píng sāi）	瓶栓

供	gòng yǎng pú sà 供 养 菩萨	菩薩を供養する	gòng yǎng lǎo rén 供 养 老人	年寄に生活必需品を供給する
卷	shì juàn 试 卷	試験用紙	zhǐ juǎn r 纸 卷儿	巻いている紙
闷	xīn li fā mèn 心里发闷	憂鬱だ	wū li fā mèn 屋里发闷	部屋の空気は淀んでいる
逮	dài bǔ fàn rén 逮捕犯人	犯人を逮捕する	dǎi xiǎo dòng wù 逮 小 动 物	小動物を捕まえる
分	fèn zǐ 分子	集団の一員	fēn zǐ 分子	(数学など)分子
相	xiàng miàn 相 面	人相占いをする	xiāng duì xiàng 相 对 象	お見合いをする
空	xīn li hěn kòng 心里很 空	心に穴が開いている	nǎo zi hěn kōng 脑子很 空	頭は空っぽだ
教	jiào yù 教 育	授業を通じて人を育てる	jiāo xué 教 学	授業をする

先生：Ｃさん、ありがとう。

Ｂさん：うん、すべての多音字が二つの声調しかないとは限らないにしても、必ず第四声があるとは限らないにしても、このコツで、声調迷いがかなり減りますね。

Ｄさん：このコツで四声の勉強が一気に楽しくなるような気がします。ほら、教 学（jiāo xué）と教 育（jiào yù）を見て！単に知識を教える場合は教（jiāo）で、教 中 文（jiāo zhōng wén）(中国語を教える)や教数学（jiāo shù xué）(数学を教える)ですね。一方、授業を通じて人を育てる場面となると、生徒の心まで入り込む場面もあれば、ある程度の押付けも必要です。この場合、第四声の教（jiào）がぴったりですね。この目で見ると、今の学校教育って、教（jiāo）と教（jiào）のどっち？考えてしまいます。四声って、なんて素敵！

先生：感動はまだ早いです。序の口ですよ。中国語は、すでに発見された新石器文化からカウントしても９千年も

の歴史があります。さまざまな修練を重ねて9千年も生きているものは、世の中にはそう多くはありません。しかも、四声は、中国の古代発明や哲学をどっしり載せているので、これから、驚きの連続が待っていますよ。

Cさん：四声は無機質な記号などではありませんでした！

先生：はい、以上、同じ品詞の多音字を以って、第四声の秘密の一つである「重要だから強く表現したい」という第四声の「気持ち」を皆さんに体験してもらいました。もう少し第四声の「気持ち」を見ましょう。

☥ 数と数の違いとは？

Bさん：先生、多音字は、ほかに、同じ漢字でも、動詞の場合と名詞の場合の声調が異なるものもあれば、動詞・名詞・形容詞によって声調が異なるものもありますね。例えば、数数(数を数える)です。

先生：そうです。それでは、異なる品詞動詞の例も挙げますね。同じ要領で第四声のほうを選んでください。

表11-1. 第四声を持つ多音字の例2(前)

漢字	中国語	日本語	中国語	日本語
数	人数	人数	数人	人数を数える
中	意中人	意中の人	中奖	くじに当たる
重	重要	重要である	重复	重複する
发	发现	発見する	头发	髪の毛
难	大难	大きな災難	太难	めちゃ難しい
喝	喝水	水を飲む	喝采	喝采する
划	划算	採算が合う。得になる	计划	計画。計画する

累	累贅	お荷物。厄介なもの。	累	疲れる
炸	炸弾	爆弾	油炸	フライにする
創	創伤	キズ。ケガ。	創造	創造する

Ａさん：初心者の私でさえできそう。

先生：では、やってみてください。

Ａさん：はい、行きますよ。こうなると思います。

表 11-2. 第四声を持つ多音字の例 2（後）

漢字	中国語	日本語	中国語	日本語
数	rénshù 人数	人数	shūrén 数人	人数を数える
中	zhòng jiǎng 中奖	宝くじに当たる	yì zhōng rén 意中人	意中の人
重	zhòng yào 重要	重要だ	chóng fù 重复	重複する
喝	hè cǎi 喝采	喝采	hē shuǐ 喝水	水を飲む
累	lèi 累	疲れる	léi zhuì 累赘	荷物
炸	zhà dàn 炸弹	爆弾	yóu zhá 油炸	フライにする
創	chuàng zào 創造	創造する	chuāng shāng 創伤	キズ
难	dà nàn 大难	大きな災難	tài nán 太难	めちゃ難しい
发	tóu fà 头发	髪の毛	fā xiàn 发现	発見する
划	jì huà 计划	計画。計画する	huá suàn 划算	採算が合う。得になる

Ｂさん：Ａさん、気まぐれで並べ替えたのではないですよね。

Ａさん：失礼ですよ。第四声の要領と日本語訳があるから、できちゃいますよ。

数は、先輩がすでに数数（数を数える）と言いましたし、

VO 構造なので、数は動詞の数えるになり、数は人数の数とすぐわかりました。"重、喝、累、炸、创"は、二つの中から選ぶなら、迷いさえもしないでしょう？それから、"难"ですが、日常的な「難しいこと」と、天変地異のような「災難」、どちらが強調したいかと言うと、災難のほうははるかに第四声で言いたいでしょう？"发"は、少し迷いましたが、古代では、髪の毛は特別な意味があったこと、清の中国人男性のおさげを思えば、髪の毛の"发"は第四声と推測できます。最後に、見たこともない"划"ですが、「得になる」なんて庶民的すぎですよ。その代わりに、「計画」は国を治めるレベルの言葉にもなるので、第四声と断定しました。

B さん：それは大変失礼しました。でも、A さんを見て、僕は悔しいよ。声調のことでさんざん苦労してきたのに、A さんはいかにも軽々と知らない単語ですら声調がわかってしまうんだから、悔しいよ！

A さん：イェーイ、イエーイ！

先生：はい、はい。ところで、B さん、数数ですが、なぜ動詞の数は第三声で、名詞の数は第四声なのか、説明して。

B さん：説明します。動詞の数は、数钱（お金を数える）にも使うため、重要は重要ですが、「数える」という動作は生活の中でいろんな場面でやることなので、大衆主導の言葉です。一方、名詞の数ですが、钱数（金額）、人数、天数（日数）、次数（回数）など、一見すると庶民的な言葉のように見えますが、よく考えれば、数を出すには計算しな

ければなりません。計算ができる、特に命数(天命)を計算するとは普通の人ではないと推測できるからです。

D さん：周では、数は貴族の六つの教養の一つとされ、もはや数の意味から離れて新たに暦法など国を治めるに必要な術を意味するようになりました。

先生：ありがとう。歴代の辞書を時間軸で見れば、第四声の数が第三声の数の後に生まれたのがわかります。このように、既存の言葉に、新たな意味を付与する際、第四声で発音する言葉が結構あります。

では、「重要であるため強調したい」という目線で多音字という範囲を超え、第四声の秘密を探りましょう。

C さん：先生、ヒントをください。いきなりはちょっと……。

先生：それでは、「暦」関連の漢字から見ていきましょう。

4-2 意思系の漢字の四声を見よう

✿ 暦法関連の漢字を見よう

先生：古代中国では、朝廷が変わるたび、新しい朝廷が真っ先にやることの一つは改元でした。年号だけでなく、暦まで変えてしまいました。夏暦、殷暦、周暦など、一説では、中国歴史上 102 もの暦法が存在していました。

D さん：今こそ、暦は科学ですが、遠い昔では暦は神秘的でしたね。暦を変えることは「天下は俺のものだ」の一番

　　象徴的な出来事ですね。しかも、夏や殷の時代では、皇
　　帝は一年のスタート点を自由に動かしていました。

A さん：なるほど！暦法はその時々の皇帝というか国家の意
　　　　思のようなものでしたね。だから、先生がそれを第四声
　　　　の例に挙げてくれたのですね。

先生：そうです。では、暦法関連の漢字を見ましょう。

A さん：暦なら、まず年_{nián}、月_{yuè}、日_{rì}です。でも年は第二声です！

先生：年_{nián}は周の時代からの言い方です。それより前は、一年
　　　を一歳_{suì}(歳)と言っていたそうですよ。

C さん：歳月という日本語もその名残ですね。

A さん：人間も大自然も一年経てば１歳_{suì}になりますね。

先生：その通りです。なぜ、歳_{suì}から年_{nián}を使うようになったの
　　　かまた別の機会に話しましょう。それから、なぜ、年_{nián}は
　　　第二声なのかについては後ほど(P267をご覧ください)。ここ
　　　では暦法の関連漢字に集中しましょう。

B さん：季節の季_{jì}、昼間の昼_{zhòu}、夜の夜_{yè}も第四声です。昼_{zhòu}、夜_{yè}
　　　　は暦上の概念ではないが、強く表現したい気持ちは何
　　　　となくわかります。

A さん：うん！歳_{suì}、季_{jì}、月_{yuè}、日_{rì}できました。

B さん：歳_{suì}より大きい、世紀の紀_{jì}も第四声です。

D さん：そうでしたら、中国では、古往今来つまり太古から

今までそして未来に及ぶ時間を表す宙<ruby>zhòu</ruby>も挙げます。

先生：はい、確かに、纪<ruby>jì</ruby>や宙<ruby>zhòu</ruby>という大きな時の概念はありますが、ここでは、暦法上のものに限定しましょう。

Ｃさん：すごいですね。分<ruby>fēn</ruby>、秒<ruby>miǎo</ruby>、小时<ruby>xiǎoshí</ruby>(時間) といった細かい時間よりも、大きい時間になればなるほど、第四声揃いがきれいになりますね。これも法則なのでしょうか。

Ｄさん：第四声の法則だと思います。大きい概念であるほど、庶民から離れ、帝王や帝王周辺で考える「でっかいこと」になるので、第四声にそろいやすいからです。

Ｃさん：なるほど！一方、分<ruby>fēn</ruby>、秒<ruby>miǎo</ruby>、小时<ruby>xiǎoshí</ruby>は、細かすぎて、生活のペースがゆったりしていた太古では必ずしも必要な概念ではないとも考えられますね。その分、この辺の言葉の起源も遅くなり、ほかの漢字を借りての表現になっていますね。

Ａさん：星期<ruby>xīngqī</ruby>(週、曜日)も同じですね。二文字で表しています。中国ではどちらかというとまだ若い概念ですね。

先生：7 日間を周期とする概念は中国ではまだ若いです。明の終わり頃の新語と言われています。中国では月と日の間の周期概念は、実は分野によって異なり、複数存在しています。10 日間を周期とする旬<ruby>xún</ruby>のほかに、15 日間を周期とする节气<ruby>jiéqì</ruby>(節気)という概念もありました。春分の日などはその名残です。

Ｄさん：先生、节气<ruby>jiéqì</ruby>と言ったら、もう一つ、候<ruby>hòu</ruby>という周期的に

表れてくる大自然の現象を表す概念もありますね。古代では、五日間を一つの候^{hòu}としていましたね。

先生 : はい、中国古代では、年月日の暦法のほかに、農業のタイミングを知らせるために、補助的な暦法もありました。それを年月日の暦と合わせるとこうなります。

$$1年・岁(年・歳)\overset{nián\ suì}{=}4季\overset{jì}{=}12个月\overset{ge\ yuè}{(12か月)}=24节气\overset{jié\ qì}{}$$

$$(12節+12気)=72候\overset{hòu}{}(5日ずつ一つの候になる)→365日\overset{rì}{}$$

C さん : なるほど！季节^{jì jié}(季節)、气候^{qì hòu}(気候)の言葉はここから来たのですね。

先生 : 候^{hòu}は、時間の言葉としていま日常的でなくなりましたが、候の付く言葉はよく使うので、声調法則に従って第四声で発音されると覚えておきましょう。

　これで、古代暦を表す漢字は一通り揃いましたが、ところで、暦は中国語で何と言いますか？

D さん : 历^{lì}(暦、歴)です。暦を計算する方法は历法^{lì fǎ}と言います。

先生 : それでは、いったん暦関連の漢字をまとめてください。

表 12. 暦を表す漢字

日本語	中国語	説明
暦	历 lì	
年	年 nián、岁 suì (歳)	″年″について P267 をご覧ください。
季節	季 jì	
月	月 yuè	
節分	节 jié (節)	″节″について P267 をご覧ください。
気候の気	气 qì (気)	

週	星期 xīng qī	明の終わり頃西洋から導入
気候の候	候 hòu	
日	日 rì・号 hào	

C さん：立派な第四声揃いですね。先生、暦はいまでも国が決めるものですね。もしかしたら、中国古代では、国で決められるものは、こんな感じで、第四声で発音されるのではないかとふと思いました。

先生：C さん、良いひらめきですね。「国で決められる」言葉を言いかえれば、国家意思ですね。実は、意思系の漢字の声調は、きれいに第四声の法則性に従っています。とりわけ、上意下達系の漢字です。

A さん：先生、じゃ、命令や任務も第四声ですね！

✵ 組織の意思系の漢字を見よう

先生：A さん、凄く乗ってきましたね。命令 mìng lìng 、任務(任務) rèn wù と言いますよ。意思系の漢字は、語素はもちろんのことで、組み合わせまでこのようにほとんど第四声同士です。では、上意下達系の漢字を中心に、組織の意思関連の言葉を一寸見しましょう！

B さん：組織と言えば、会社という組織は一番身近にありますので、会社の例をしましょうか。

先生：そうしましょう。会社組織の運営を浮かべながら、会社という組織の意思を感じる漢字を挙げましょう。

B さん：まず、確定目的 què dìng mù dì (目的を定める)。そのための策划 cè huà (戦略戦

術や計画を立てる)を行います。そして、事業やプロジェクトを立ち上げます。做 項目(zuò xiàng mù)と言います。プロジェクト管理には予測(yù cè)(予測)は欠かせませんし、計画を立てる際、関係者から建议(jiàn yì)(意見・提案)も聞きます。通常は案を提出して経営会議などの会议(huì yì)(会議)にかけ議論して決定します。议定(yì dìng)と言います。そのための預算(yù suàn)(予算)も議論されます。いったん決めたら社内で贯彻(guàn chè)(周知徹底)します。

D さん：貫徹の一環として、布置(bù zhì)(仕事を人に割振る)や下指示(xià zhǐ shì)(指示を下す)を挙げます。

B さん：布置任务(bù zhì rèn wù)(任務・タスクを割振る)とも言います。当然、そのための仕事ルールが作られます。建立制度(jiàn lì zhì dù)(制度を創設する)と言います。

A さん：制度は、秩序を守るためのものでもあり、必ず紀律のようなものがありますね。

C さん：秩序は秩序(zhì xù)と言い、紀律は纪律(jì lǜ)です。立派な組織の意思ですね。

A さん：やった！そう、会社なら必ず人事異動がありますね。

C さん：人事调动(rén shì diào dòng)と言います。これも組織の意思ですね。

B さん：はい、その仕事に誰を出すかとなると、派(pài)という言葉を使います。これも立派な上位者の意思表示です。こんな感じで使います。这个工作派谁去做好呢(zhè ge gōng zuò pài shuí qù zuò hǎo ne)(この仕事

に誰を出したらいいかな)？

D さん：仕事は報告がつきものです。報告と汇报の二つの言
い方があります。どちらも下位から上位への報告です
が、报告は、広い意味での報告で、一定のルールに従っ
て文書化されるものです。汇报は、特定の書式に拘ること
なく、口頭報告にも使える言葉です。

B さん：組織運営上にもモノづくり管理上にも「コントロー
ル・制御」は欠かせないことです。控制と言います。
会社をコントロールしたい人は必ず社内政治をやりま
すね。政治という言葉も意思の一つですね。

先生：皆さん、良く挙げました。組織活動は意思決定の連続
なので、まだまだありますが、続編に譲りましょう。

✗ 個人意思系の漢字も見よう

先生：個人意思系の漢字も代表的なものを見てみましょう。

A さん：我一定要学好汉语(中国語を必ずマスターします)の要を
挙げます。ちなみに、将来、翻訳家になりたいです。

B さん：なるほど。A さんの抱负(抱負)は翻訳家ですね。

C さん：A さん、很有志向(志が高い)！志向は志です。

D さん：A さん、很有毅力, 一定会的(根性があるから絶対なれる)。

A さん：オ！毅力は根性ですね。温かい目で見てくださって、

　　　　ありがとうございます。先輩たちのいい手本があるか
　　　　ら、どんな困難にぶつかっても頑張ります。

Ｂさん：Ａさん、是 一个 意志坚 强 的人(意志の強い人だ)。
　　　　　　　　shì yī gè yì zhì jiān qiáng de rén

Ａさん：意志は意志ですね。
　　　　　yì zhì

Ｃさん：Ａさん、是一个很有信念的人(信念のある人だ)。
　　　　　　　　shì yí ge hén yǒu xìn niàn de rén

Ａさん：オ！信念も第四声です。
　　　　　　　　xìn niàn

Ｄさん：Ａさん、也是一个很有趣味的人(楽しくて味わい深い人で
　　　　　　　　yě shì yí gè hěn yǒu qù wèi de rén
　　　　　もある)。

Ａさん：オ！趣味は、日本語と意味は違いますね。「意思」と
　　　　　　　　qù wèi
　　　　　かけ離れています。

Ｄさん：失礼しました。はい、兴趣(興味、趣味)を挙げます。
　　　　　　　　　　　　xìng qù

Ａさん：ところで、先輩たち、教えてください。私は翻訳家に
　　　　　向いていますか、客観的な判断が欲しいです。

Ｄさん：「翻訳家」「適性」をネット検索すれば、適性チェック
　　　　　のサイトがヒットします。参考に判断してみてくださ
　　　　　い。私はＡさんの翻訳家目指しは間違いなしと思いま
　　　　　す。ちなみに、判断は判断と言い、判断の結果が正しけ
　　　　　　　　　　　　　　pànduàn
　　　　　れば正确といい、間違っていれば错误と言います。
　　　　　zhèngquè　　　　　　　　　cuò wù

先生：皆さん、半分遊びで半分まじめな話、ありがとう。

Ｂさん：先生、要との関連で質問しますが、我要〜(私は〜しま
　　　　　　　　　　　　yào　　　　　　　　　　wǒ yào
　　　　　す)の代わりに、我决定〜(私は〜を決めた)を使ってもいい
　　　　　　　　wǒ juédìng

ですよね。決定も立派な意思決定ですね。なのに、決は第二声です。

先生：はい、まず、決と定の違いを見ましょう。両方とも意思決定に使う言葉ですが、皆さんならもうわかりますね。意味合いは決して同じでないことですね。決は、複数の中から決めるというニュアンスはありますが、定には、そのようなニュアンスはありません。

Cさん：犹豫不决(ためらって決められない)の決ですね。往前迈一步，别再犹豫不决了(その一歩をもうためらわないで)。小田和正さんの『今日もどこかで』のセリフです。大好きです。

Bさん：でも、先生、意思決定に使われている決は第二声です。第四声にならないのはなぜですか。

先生：決のもともとの意味とは？

Bさん：水道を疎通して、水が流れるようにさせる意味です。

Aさん：流れを作るのは決、時の流れは时、同じ第二声です

先生：決の第二声が初義によるものだとわかりましたね。では、なぜその後第四声に変わらなかったのでしょう？

Bさん：決心(决心)、決断(决断)、決計(心に決める)……。わかりました。決は、単体ではなく熟語の形で意思表示に用いられています。そのため、語素としての決は第四声へ変調しなかったと考えられます。

先生：そのとおりです。はい、意思関係の漢字は、一応ここまでにしましょう。ほかに、願望系の漢字は続編にまとめましょう。

4-3 衣食系の重要場面の漢字を見よう

Cさん：へえ？先生、なぜ衣食住ではなく衣食なのですか。

先生：「住」は、最後に皆さんの理解度チェック用に残しておきましょう。ということもありますが、建造物関連の言葉は中国語四声の法則を横断的に見るに持ってこいの材料です。はい、ここでは、まず衣食の衣を見ましょう。

✕ なぜ、裤(kù)と袜(wà)は第四声だろう？

Aさん：はい、衣服は衣服(yī fu)と言います。第一声です。

先生：そうです。衣類も、普段着や正装、部位などによって異なっています。四声法則を一通り見てから挙げたら面白いかもしれませんが、ここでは、胴体以外の身体を保護するための物を見ましょう。

Dさん：はい、袖子(xiù zi)(袖)の袖と裤子(kù zi)(ズボン)の裤を挙げます。なるほど！衣服は、最初の頃、胴体を守る・隠すから始まって、徐々に袖がつけられたり、ズボンに進化してきたのですね。その一歩、一歩は大変重要な変化点なので、第四声で発音されたいわけですね。

Bさん：でも、襟は领袖(lǐngxiù)(リーダー)、领导(lǐngdǎo)(幹部。リードする)、领(lǐng)

路(道を案内する)、领会(心得る)の领で第三声です。襟を付けはじめたのはそんな太古のことではないと思いますし、庶民がつけ始めたとは考えにくいので、领の第三声は不思議です。

Dさん：Bさん、自分から回答を出していますよ。袖と裤はそのための専用の漢字ですが、领はえりのための専用漢字ではありませんよね。

先生：襟は、歴史上衣衿・襟というような専用漢字もありました。まさに、エリート主導の第一声です。ちなみに、詳細な研究プロセスは別途に発表しますが、领は、頭と肩の間のくぼみ全体を指す部位名称です。

Cさん：はい、続けます。袜子(靴下)の袜、手套(手袋)の套(カバー)、口罩(マスク)の罩(カバー)、帽子(帽子)の帽です。

Bさん：でも、靴(長靴)は第一声です。それはまたどういうわけでしょうか。

先生：靴は、戦国時代の趙の君主である武霊王が軍事用のために取り入れたと言われています。戦と関係のあるものは、第一声の秘密のところで詳しく話しましょう。

Aさん：へえ？！戦争関連の言葉は第一声！？

先生：第四声に集中しましょう。身体や服につける小物も見てみましょう。例えば、ボタンは？

Cさん：扣子です。

先生：扣子が生まれる前に、扣子の働きをしていたのは？
<small>kòu zi</small> <small>kòu zi</small>

Ｃさん：带子(帯)です。なるほど、ポケットも袋子です。
<small>dài zi</small> <small>dài zi</small>

Ｂさん：带子や袋子は服や身体につけるものですが、手に持
<small>dài zi</small> <small>dài zi</small>
つもの、例えば、扇子、手帕・手绢(ハンカチ)、首饰(ア
<small>shàn zi</small> <small>shǒu pà</small> <small>shǒu juàn</small> <small>shǒu shì</small>
クセサリー)もみんな第四声です。

Ａさん：すごい！じゃ、指輪は？それから、ブレスレットは？

Ｃさん：指輪は戒指です。玉石や貴金属できたブレスレット
<small>jiè zhi</small>
は手镯です。あれ、第二声ですね？
<small>shǒu zhuó</small>

先生：第二声です。手镯はどんな形をしていますか。
<small>shǒu zhuó</small>

一同：輪というか環というか丸いです。

Ｃさん：轮(輪)、环(環)、圆(円)！全部第二声です。何かの視点
<small>lún</small> <small>huán</small> <small>yuán</small>
を以って丸い系のものが第二声になっていますね。そ
う、そう！お尻の臀も第二声です。
<small>tún</small>

Ｂさん：こぶしの拳、くるぶしの踝も丸いから第二声です。
<small>quán</small> <small>huái</small>

先生：よく気づきましたね。詳しくは後程(P195をご覧ください)。
はい、身体に着ける小物だけ第四声ではないですよ。佩
<small>pèi</small>
(身体に帯びる)、戴(身体につける)、系(結ぶ)の動詞も第四声で
<small>dài</small> <small>jì</small>
す。

Ｃさん：胸花应该怎么佩戴(胸に付ける花の正しい付けかたとは？)、
<small>xiōng huā yīng gāi zěn me pèi dài</small>
系领带(ネクタイをする・結ぶ)はその用例です。
<small>jì lǐng dài</small>

Aさん：先生、次は「食」ですね。二つ思いつきました。
<ruby>我<rt>wǒ</rt></ruby><ruby>饿<rt>è</rt></ruby><ruby>了<rt>le</rt></ruby>, <ruby>我<rt>wǒ</rt></ruby><ruby>想<rt>xiǎng</rt></ruby><ruby>吃<rt>chī</rt></ruby><ruby>饭<rt>fàn</rt></ruby>(お腹が空いた。ご飯を食べたい)の<ruby>饭<rt>fàn</rt></ruby>(ご飯)と
<ruby>我<rt>wǒ</rt></ruby><ruby>很<rt>hěn</rt></ruby><ruby>会<rt>huì</rt></ruby><ruby>做<rt>zuò</rt></ruby><ruby>中<rt>zhōng</rt></ruby><ruby>国<rt>guó</rt></ruby><ruby>菜<rt>cài</rt></ruby>(私は中華料理が上手です)の<ruby>菜<rt>cài</rt></ruby>(おかず) です。
<ruby>饭<rt>fàn</rt></ruby>も<ruby>菜<rt>cài</rt></ruby>も、それから<ruby>肉<rt>ròu</rt></ruby>も第四声です。お腹を凌ぐものは
まずこの三つです。だから、強く言いたいですね。

先生：Aさんもやりましたね！ところで、人類の食の歴史に
いくつか大きな発明がありましたね。

Bさん：はい、思いついたものを挙げますと、植物栽培の<ruby>种<rt>zhòng</rt></ruby>
<ruby>植<rt>zhí</rt></ruby><ruby>作<rt>zuò</rt></ruby><ruby>物<rt>wù</rt></ruby>、動物の家畜化の<ruby>驯<rt>xùn</rt></ruby><ruby>化<rt>huà</rt></ruby><ruby>动<rt>dòng</rt></ruby><ruby>物<rt>wù</rt></ruby>とお酒の醸造の<ruby>酿<rt>niàng</rt></ruby><ruby>造<rt>zào</rt></ruby>
です。<ruby>种<rt>zhòng</rt></ruby>(植える)、<ruby>驯<rt>xùn</rt></ruby>(馴らす)、<ruby>化<rt>huà</rt></ruby>(同化する)、<ruby>酿<rt>niàng</rt></ruby>(発酵する)、
<ruby>造<rt>zào</rt></ruby>(作る)です。大発明だから、いずれも第四声です。

先生：それでは、第四声の秘密性との関係で、ここでは発酵
食品関連の言葉を挙げましょう。

Bさん：はい、まず<ruby>酒<rt>jiǔ</rt></ruby>です。それから、<ruby>酿<rt>niàng</rt></ruby><ruby>制<rt>zhì</rt></ruby>または<ruby>酿<rt>niàng</rt></ruby><ruby>造<rt>zào</rt></ruby>(お
酒を醸造する)です。醸成のプロセスは<ruby>酝<rt>yùn</rt></ruby><ruby>酿<rt>niàng</rt></ruby>と言います。

Dさん：『新華字典』によると、<ruby>酒<rt>jiǔ</rt></ruby>は、甲骨文にも出てくる文
字で、言葉としてはかなり古いですね。

Cさん：<ruby>酒<rt>jiǔ</rt></ruby>の言葉が古くて大衆主導になって第三声のまま今
日に至ったと、Dさんは言いたいのですね。

Dさん：そうです。発酵食品に戻りますが、<ruby>酒<rt>jiǔ</rt></ruby>のほかに、調味

料の 醤^{jiàng}(みそ)や 醋^{cù}(お酢) も発酵食品ですね。

Ａ さん：発酵食品と言ったら、チーズですよ。チーズは中国
　　　　 語で何と言いますか。

Ｃ さん：奶酪^{nǎi lào}です。アメリカ・スペンサー・ジョンソンの『チ
　　　　 ーズはどこへ消えた？(Who Moved My Cheese)』の中国語名
　　　　 は『谁动了我的奶酪^{shuí dòng le wǒ de nǎi lào}？』と言います。そう言えば、先
　　　　 生、豆腐^{dòu fu}も発酵食品ですね。

先生：そうです。豆腐の起源は一般的に唐の時代とされてい
　　　 るので、現代語に近い二文字で名付けられていますね。
　　　 もっとも豆の発酵品はもっと時代を遡るものがありま
　　　 す。豉^{chǐ}です。今は豆豉^{dòu chǐ}と言います。どうやら、むかし日
　　　 本でも調味料として作られていたそうです。

Ｃ さん：豉^{chǐ}は初耳です。なるほど、発酵品であっても、豉^{chǐ}は
　　　　 醤^{jiàng}と 醋^{cù}ほど重要でないと声調が教えてくれましたね。

先生：そうです。はい、発酵食品^{fā jiào shí pǐn}(発酵食品)に代表される食の
　　　 技術革命関連の言葉はここまでにしましょう。

4-4 財物系の漢字で第四声の感覚を磨こう

Ａ さん：先生、ほかに重要という目線での第四声漢字群があ
　　　　 りますか。

先生：ありますよ。上に挙げたものはほんの一部だけですよ。
　　　 例えば、お金はいかがでしょうか？

Ａさん：お金は钱(qián)で、第二声です。

先生：钱(qián)の第二声は後程(P356をご覧ください)。ここでは、钱(qián)は概念であり、人類の知恵の生成物であるという点だけ印象に残しておきましょう。では、钱(qián)の媒体を見ましょう。

🚶 なぜ、币(bì)は第四声だろう？

Ｄさん：お金の呼び名から挙げます。お金の正式名は币(幣)(bì)です。いろんなものが貨幣として使われてきましたね。貝殻でできた币は贝币(貝幣)(bèi bì)、金属でできた币は货币(貨幣)(huò bì)、紙でできた币は纸币(紙幣)(zhǐ bì)と言います。また、コインは硬币(yìng bì)、人民元は人民币(rén mín bì)、外貨は外汇(wài huì)、外币(wài bì)と言います。

先生：次、お金の単位を挙げてください。

Ｄさん：大昔は贯(貫)(guàn)や吊(ちょう)(diào)が使われました。その後、馬蹄銀など、金属で固めたものを数えるとき、锭(dìng)が使われました。锭(dìng)は現在、インゴット、鋳塊の意味になっています。それから、人民元を数えるとき、口語で一百块(百元)(yì bǎi kuài)、两百块(二百元)(liǎng bǎi kuài)という感じで块(塊)(kuài)を使います。

先生：なお、まとまったお金を款(kuǎn)と言います。货款(代金)(huò kuǎn)や大款(金持ち)(dà kuǎn)の言葉もあります。款(kuǎn)は、作られた当初では款待(手厚くもてなす)(kuǎn dài)の款(真心)(kuǎn)でした。そこから、条款(法(tiáo kuǎn)

律などの条項)や落款^{luò kuǎn}(筆者が作品に施す署名や捺印のこと)などの意味へと展開し、かなり近代になって「まとまったお金」の意味に至りました。詳しく調べていないから断定できませんが、款^{kuǎn}のお金の用法はどうやら日本からの逆輸入のようです。

Aさん：だから、款^{kuǎn}は第三声ですね。

☆ なぜ、貿易^{mào yì}は第四声だろう？

先生：次、お金がどのように使われているかというお金の流れで第四声の感覚を磨きましょう。

Bさん：はい、お金はまず市場で物物交換の形で使われます。市は市^{shì}と言い、口語では市場^{shì chǎng}と言います。物々交換は易^{yì}と言い、貿易^{mào yì}(貿易・取引する)が現代用法です。また、異なる貨幣の両替は兌^{duì}と言います。外貨を両替したいとき、我要兌換外币^{wǒ yào duì huàn wài bì}と言います。我要換钱^{wǒ yào huàn qián}という平たい言い方もあります。

Cさん：はい、ものを買うは买东西^{mǎi dōng xi}と言います。反対に物を売るは卖东西^{mài dōng xi}と言います。卖^{mài}(売る)の第四声は、物が豊かではない時代の売り手の強気がリアルに響いています。もっとも商売は买卖^{mǎi mai}と言います。

Bさん：買い物をするとき値段を聞きます。问价^{wèn jià}です。数量^{shù liàng}も確認します。贵^{guì}(高い)か贱^{jiàn}・便宜^{pián yi}(安い)かも判断^{pàn duàn}します。

tǎo jià huán jià　jiǎng jià　pián yi　tǎo
さらに、讨价还价・讲价(値段交渉)もします。便宜と讨
jià huán jià　jiǎng jià
价还价・讲价は二音節以上の言葉で対象外ですが、一応ここに置きます。

mǎi　mài
C さん：买(買う)と卖(売る)は個人レベルの行為です。法人など
cǎi gòu　xiāoshòu
組織の売買行為はそれぞれ采购(仕入れ)と销售(販売)と
gòu　shòu
言います。购は買う意味、售は売る意味です。

lù
B さん：はい、袖の下を渡すのもお金のやり取りです。赂と
lù　huì
言います。赂に使ったお金や財物は贿と言います。収賄
shòu huì zuì　xíng huì zuì
罪、贈賄罪はそれぞれ受贿罪と行贿罪と言います。

先生：はい、皆さんよく挙げました。金銭のやり取りの主な動作動詞は、このぐらいにしましょう。

piào
なぜ、票は第四声だろう？

先生：市場活動が徐々に活発になり、契約書や証券のようなものが現れます。では、金銭やり取り際の証拠物で第四声の気持ちを実感しましょう。

qì　jì
D さん：はい、契約書は古代で契や剂(劑)と言います。具体的
dì qì
には、土地売買・賃貸契約書なら地契と言い、家の売買
fáng qì　qì yuē
や賃貸契約書は房契と言います。徐々に契约(契約)の二文字で表現するようになりましたが、現在、公式的には
hé tong　zhèngquàn　hé tong　yóu piào
合同と言います。证券(証券)も合同の一種で、邮票(切

手)、车票(切符)の票もその仲間です。

先生：今日社会生活の中で重要な契約は銀行口座などの口座
　　　ですね。账户と言います。通帳は存折です。

Dさん：账户は第四声なのに、存折は第四声ではないところ
　　　が面白い！もしかしたら、通帳を最初に使い始めたと
　　　言われる明の中頃の中国人は、500年後には、マネーの
　　　電子化により、口座は重要だが、通帳はどのみち要らな
　　　いものになるだろうと予見できたかもしれませんね。

先生：面白い発想ですが、存折(通帳)は実によくできた言葉と
　　　思いますよ。存折の由来は、現金を持っていると、幾分
　　　危ないから、代わりに保管してもらうので、存を使った
　　　と思います。そして、折の意味ですが、奏折(上奏文を書く
　　　折り本のこと)があるように、折り本の意味です。すごくイ
　　　メージ的と思いませんか。

Cさん：そうでしたか。大事な存折が第四声で発音されない
　　　のは存折の成り立ちに原因があったようですね！つま
　　　り、存折を持っている人は、他人の目を避けたいぐらい
　　　なので、強調口調の第四声で存折を口にするどころで
　　　なかったということですね。

Aさん：なるほど！すごく納得します。

先生：お二人は声調をずいぶん楽しんでいますね。

✿ なぜ、物は第四声だろう？

先生 : では、次、売買の対象物を見ましょう。

A さん : はい、日本語を言いますよ。売買の対象は、まず物、貴金属や玉などの宝石を挙げます。それから、建物や土地、鉱山も挙げることができます。

C さん : はい、物は物（wù）と言います。二文字で表すと东西（dōng xī）となります。先生、ずっと不思議に思いますが、东西（dōng xī）はどうして「東西」の意味と「物」の意味を兼ね持ちますか。

先生 : それについて後で興味深い話がありますよ (P215 をご覧ください)。まず第四声に集中してください。はい、貴金属は貴金属（guì jīn shǔ）と言いますが、金は「第一声の秘密」を待ちましょう。

C さん : はい、属の第三声（shǔ）ですが、你属什么（nǐ shǔ shén me）（あなたの干支は？）の言い方があるように、属はかなり古い言葉（shǔ）だと思います。典型的な大衆リードの言葉と言えます。

先生 : それが属の変調しない理由の一つですね。古典を見ると、属（shǔ）の変調のトライの痕跡も多数残っています。また別の機会で話しましょう。はい、次、玉石ですね。

D さん : 玉（yù）と言います。玉文化（yù wén huà）の言い方があるぐらい、玉は中国では特別な存在です。王の腰に飾る石という玉の成り立ちからしても、第四声の気持ちがわかります。

先生 : そうです。生きているときも死んでいるときも身体に

着けたいもののナンバーワンですからね。

B さん：はい、土地、建物や鉱山を所有しているのを一字で表すと業(財産)です。建物などの所有を表す場合は物業と言い、所有者は業主と言います。そう、建物は建筑物と言います。

先生：土地は土地と言います。土は植物を育てる土、大地のイメージを持ちますが、地は所有地、領地のイメージがつく土地の意味ですね。

C さん：土と地は第三声と第四声の秘密をリアルに表していますね。はい、鉱山ですが、矿山と言います。

B さん：ほかに、外汇・外币(外貨)も立派な売買対象です。ついでに、汇率(為替レート)も入れましょう。売買の対象物ではないけれども、外貨の売買に欠かせないものです。

先生：はい、売買対象物の漢字として挙げるのは少々躊躇しますが、宝物の宝もここに置きましょう。

C さん：うん、宝は売買物というより大切に持ち続けたいものですからね。宝の第三声の大切にしたい響きと貴の第四声の響きが対照的ですね。

✖ 支払い関連の漢字を見よう

先生：市場活動をしたら必ず何かしらの結果が出ますね。

Ａさん：はい、損得のようなものが出ます。

先生：では、損から、お金が減る関連の漢字を見ましょう。

Ａさん：日本語を言いますよ。買い物をしたらいくら払うべきか勘定します。手元にお金があればその場で払います。手元になければ借りて払います。信用があれば、買掛できます。場合によっては融資を受けて払います。これは負債になります。そうしたら、家財を質屋に入れて現金化する人もいれば、踏み倒す人も出てきます。

Ｃさん：はい、負債の債も追加して纏めます。

表 13. 支払い系の漢字

付 (fù)	支払う	信用 (xìn yòng)	信用。信用する
借 (jiè)	借りる。貸す	账 (zhàng)	帳簿、帳面、借金
欠 (qiàn)	負債がある	欠账 (qiàn zhàng)	未払い金
赊账 (shē zhàng)	買掛する	赖账 (lài zhàng)	借金を踏み倒す
贷 (dài)	融資を受ける	当 (dàng)	質入れをする
负债 (fù zhài)	負債する	赖 (lài)	言い逃れる
当铺 (dàng pù)	質屋		

　ちなみに、勘定は、结账 (jié zhàng) と言い、お金を返すのは还钱 (hái qián) と言います。

Ｄさん：结 (jié)(完結する)、还 (hái)(返す)以外、立派な第四声揃いですね。もっとも结 (jié)の決済の意味は「完結する」意味から来ていますね。

✷　財産減関連の漢字を見ましょう

先生：はい、お金が減る系の漢字の次、財産が減る系の漢字
　　　を見ましょう。

Ｂさん：はい、やります。財産は財ですが、口語は財产（cái）（cái chǎn）と言
　　　います。先生、質問です。钱（金銭）（qián）は先ほども質問しま
　　　したが、钱（qián）も财（財）（cái）も重要なので強調してもおかしくな
　　　いのに、どうして両方とも第四声でないのでしょうか。

先生：そうですね。皆さんならこの言葉は知っていますよね。
　　　人为财死，鸟为食亡。（rén wéi cái sǐ，niǎo wèi shí wáng）

Ｂさん：知っています。財を欲しがるあまり危険を顧みずに
　　　行動すると身を亡ぼすよ、と戒める言葉です。

Ｄさん：なるほど！こう考えると、財产や财物（cái chǎn）（cái wù）は重要ではあ
　　　りますが、第四声で全面に出すほど強調してはよくな
　　　いという気持ちもなんとなくわかります。

Ａさん：中国語の声調って、本当に哲学的なのですね。

先生：そうですよ。さらに钱と财（qián）（cái）はそろって第二声ですよ。

Ｄさん：ということは？

先生：それはのちほど（P356をご覧ください）！

Ｂさん：では、財产（cái chǎn）が減る絡みの漢字を挙げますよ。財産が
　　　減る、支払い以外のお金や財物が出ていくほうから挙
　　　げます。買い物のお金は钱（qián）と言いますが、生活費などの

費用となると、費・費用と言います。誰かに生活費を提供して扶養する・養う場合は贍で、今は贍养（shàn yǎng）と言います。そして、税金を払うとなると、纳税（nà shuì）になります。

D さん：はい、同じ税と言っても、軍備増強のための税は赋（fù）という専門用語もありました。そうですね。財産が減る場面として、人に金品を上げるのも一つです。古代では皇室に珍しい貝をみつぐは进贡（jìn gòng）、犬をみつぐは献（xiàn）と言ったらしい。さっきも触れましたが、便宜を得るため当事者に財物を送るのも第四声で贿（huì）ですね。

A さん：人にお金をあげたりただで送ったりする場合は？

C さん：人にお金をただであげるは赠（zèng）と言います。お金に限らず送るは送（sòng）と言います。送金を銀行などで振り込む場合は汇（huì）と言います。郵送する場合は、寄（jì）と言います。

先生：赠（zèng）、送（sòng）、汇（huì）と寄（jì）を一字で括ると给（gěi）になります。

A さん：ワオ！ここでも第三声が全体、第四声は特殊場面という構図になっていますね。

B さん：そして、大金を費やすは耗・耗费（hào・hào fèi）、完全な無駄遣いは浪费（làng fèi）、大きい支出は斥资（chì zī）と言います。

A さん：支出でその家や会社がダメになる場合もありますね。

B さん：経済的に家がダメになる場合は家败（jiā bài）と言い、会社が

ダメになるは破産、倒閉と言います。家にも会社にも両
方使えるのは敗落、没落です。キーワードの敗、破、閉、
没落の漢字はいずれも第四声です。

A さん：なるほど！単なる無いは没と言い、この世から消え
てなくなる場合は没ですね。

✖ 財産増関連の漢字を見よう

先生：进账（お金が入ってくる）場面の漢字を見ましょう。

B さん：はい、汗を流して稼ぐは挣と言い、安く仕入れて高
く売ることで稼ぐは赚と言い、土地、家や労力等を貸
し出すことで収入を得るは赁と言います。皇帝やお役
所勤めで収入を得るは俸と禄です。皇帝から賜る場合
もあります。赐です。そして、仏教僧の托鉢行為は化缘
と言います。動作動詞は化です。

C さん：ちなみに、普通の乞う行為は乞讨と言い、口語では
要饭、讨饭と言いますが、仏教僧の修行という特定場面
となると第四声の化になりますね。

先生：第三声と第四声の対照例なら、こういうのもあります
よ。攒钱（お金を貯める）と挣钱、赚钱（お金を稼ぐ）です。

C さん：なるほど！挣钱、赚钱は取りに行く意思、一攫千

金的な響きでさえも感じられる言葉ですが、攒钱（zǎn qián）はお金が出ていくのを控えるという控えめ的、コツコツ的、地味なイメージがしますね。どうやら、古代の人達も、金持ちになるには、支出を減らすのも大事ですが、もっと重要なのが「稼ぐ」ほうだと考えていたようですね。すごい！声調には古代の人々の考え方まで表していますね。

先生：これから、中国語の声調を見るとき、古代中国人の考え方を探求していると思えば、中国語勉強も楽しくなると思いますよ。はい、続けましょう。

B さん：お金を得る手段として、賭け事も挙げておきます。賭博（dǔ bó）と言います。それから最初は賭博の意味として生まれたが、今は試合の意味で使われるのは比赛（bǐ sài）の赛（sài）です。ちなみに、賭け事は強く強調するようなものではないと古代の人達も思っていたからでしょうか、賭博（dǔ bó）の声調が第四声でないところも面白い！

A さん：ほんとだ！私からも一つ挙げます。お金を銀行に預けて利息を生むのも収入になります。

C さん：お金を銀行に預けることは储蓄（chǔ xù）(貯蓄する)と言います。ちなみに、贮蓄（zhù xù）(貯蔵する)という言葉もあります。

A さん：ピンとこない。どう違いますか。

先生：贮（zhù）は漢字の形からも推測できるように、大切なものをどこか屋根のついている場所に隠しておくというニュ

アンスがあります。冬越し野菜の貯蔵庫である貯蔵室（zhù cáng shì）がその例です。今スーパーマーケットがあるから、いつでも新鮮な野菜を手に入れることができますが、少し前まで中国東北では、冬越し準備の一つとして11月に入ると、必ず貯菜（zhù cài）(冬越し野菜を貯蔵する)しました。腐らないように凍らないように大事に扱っていました。そのようなイメージのある蓄えるは貯（zhù）と言います。一方、儲（chǔ）は屋根の下と限定せずもっと広く資源儲蔵（zī yuán chǔ cáng）(地下資源の埋蔵量)のような、結果としての蓄えにも使います。

A さん：だから単純な儲（chǔ）(蓄える)は第三声のままで、大事に扱う意味の貯（zhù）(貯蔵する)は第四声ですね。

C さん：はい、財産が増える場面として、親などからの遺産相続もあります。継承遺産（jì chéng yí chǎn）(相続する)を挙げます。

先生：継承（jì chéng）は一つの単語のように見えますが、もう皆さんはご存じですね。語素は二つですね。継は、「後の者が前からのものを受け継ぐ」を表す字で、いわば子の立場からの表現です。ちなみに、古代では「親が財産を子に受け継がせる」、いわば親の立場からの表現もあります。それは续（xù）(続)でした。

D さん：「続」の旧字は「續」です。右下に「貝」があります。たしかに財産と関係がありますね。

C さん：なるほど！日本語の遺産相続は、親が子に自分の財産を受け継がせる場面に重点を置いていますね。はい、

续はこんな感じでも使います。免 费续杯（レストランなどで<small>miǎn fèi xù bēi</small>のお替り自由）や办 手 续（手続きをする）、継続（継続）などですね。<small>bàn shǒu xù</small> <small>jì xù</small>

先生：継 承 遺产の 承 は前からのものを後へ繋げるための頂<small>jì chéng yí chǎn</small> <small>chéng</small>く意味の漢字です。遺は先代が残してくれるものの意<small>yí</small>味ですね。

Ｂ さん：承 （承る）と遺（後に残る）、それから连（連なる）や衔（接続す<small>chéng</small> <small>yí</small> <small>lián</small> <small>xián</small>る）など、妙に第二声に揃っています。

先生：Ｂ さんをほめたい！取りあえず第四声に集中しましょう。財産増加関連の漢字を続けてください。

Ｂ さん：はい、財産を増やす方法として商売をやることを挙げます。商売をやるは做买卖・做 生 意と言います。做<small>zuò mǎi mai</small> <small>zuò shēng yì</small> <small>zuò</small>は第四声です。売り上げの帳簿書入は进 账 です。そし<small>jìn zhàng</small>て「利益」ですが、中国語は場面を細かく分けています。営業利益、純利益の利益は利润と言い、公共利益の利益<small>lì rùn</small>は利益と言います。利润が出る状態は盈利状態です。利<small>lì yì</small> <small>lì rùn</small> <small>yíng lì</small> <small>lì</small>润が高い会社は効益好（会社業績が良い）の会社です。反対<small>rùn</small> <small>xiào yì hǎo</small>に利润が出ない、損している場合は、赔本、蚀本、亏本<small>lì rùn</small> <small>péi běn</small> <small>shí běn</small> <small>kuī běn</small>や折本などで表現します。<small>shé běn</small>

Ｃ さん：面白い！利益を得る表現には、盈利以外は第四声で<small>yíng lì</small>すが、損となると、第四声は消えてなくなりますね。損した時、誰でも人に知られたくないし、弱気になりますね。強気の第四声で言いたくない気持ちがわかります。

先生：どうやら、C さんは第四声の醍醐味を存分味わっているようですね。でも、残念ながら、経営上損する場合は、日本語も中国語も赤字（chì zì）と言います。第四声ですよ。

B さん：それは時代の変化というものですね。赤字と正面から向き合う経営姿勢が重要になってきたからですね。

先生：なるほど！欠損をわざと赤いペンで記録する狙いはそこにあるのですね。

B さん：続きをします。財産を増やすには、獲利（huò lì）(利益を獲得する) や 盈利（yíng lì）(利益が出る)のほかに、財物を集めたり蓄えたりする場面もあります。財物を集めるは聚（jù）と言い、財産や宝物の蓄えは貯蓄（zhù xù）でしたね。さらに将来の価値増加を期待して不動産など大きいものを購入する場合は、置业（zhì yè）(不動産等を買う）と言います。

C さん：置业（zhì yè）の置（zhì）が面白い！买地（mǎi dì）と置地（zhì dì）のどちらも不動産を買う意味ですが、置地（zhì dì）には投資目的が響きますね。

先生：皆さん、どうやら、重要だから強調するという観点から第四声の感触をつかんだようですね。

4-5 強い感情・気持ちの言葉を見よう

先生：先ほど「重要だから強調したい、強く言いたい」という視点から第四声の言葉を見てきました。本来、厳密な定義を持って分類したいところですが、とりあえずこ

こでは「視点」という幾分感覚的なもので大雑把に第四声の世界を続けて見ましょう。

Bさん：先生、感覚的なものであっても、先生の話を聞いているうちに、僕でさえも骨まで染み込んできましたので、大丈夫です。

4-5-1　ポジティブな感情の漢字群を見よう

先生：では、今度は「強い気持ち」という視点から、感情表現に絞ってどんな感情が第四声なのかを見ましょう。

Cさん：感情の漢字なら、結構なボリュームがあります。

先生：そうですね、絞りましょう。中国語四声の勉強に応用が利くことを考えると、ここでは、強い気持ち・感情とそうではない気持ち・感情との比較から入りましょう。

⚐　肯(kěn)と愿(yuàn)の声調違いを楽しもう

先生：まず、肯(kěn)と愿(yuàn)を見ましょう。なぜ、肯(kěn)は第三声、愿(yuàn)は第四声なのか、考えてみましょう。

Cさん：これは簡単です。愿(yuàn)は、願う意味なので、神様にお願いしてまでそうしたい、自ら進んでやる気持ちの表れですね。一方、肯(kěn)は、説得されたかまたはある程度の努力や犠牲を覚悟した上での打算的な「してもよい」というイメージですよね。

Aさん：先輩、例をください。

Ｃさん：はい、こんな感じです。

我喜欢他，苦点儿也愿意(好きなので苦労しても一緒にいたい)。

跟我会吃苦，她不肯嫁给我(苦労するから彼女は嫁に来たがらない)。

Ａさん：愿の第四声迷いなし感と肯の第三声葛藤感をすごく感じ取ることができました。

✗ 謙と遜、恭と敬の声調違いを楽しもう

先生：それでは、謙と遜、恭と敬はどうでしょう。

Ｄさん：謙と遜ですが、謙は、本人の低姿勢な話し方に焦点が当てられています。遜は、控え目で、ほかの人を先にするという「譲る行為」に焦点が当てられています。

Ａさん：謙は、一歩下げる謙虚さですが、遜は一歩進んで相手を上げる謙虚さです。より強い気持ちが必要ですね。

Ｄさん：それから、恭と敬ですが、恭は礼儀正しいという姿勢に焦点が当てられていますが、敬は、礼儀正しいうえ、さらに崇拝したり自分を捧げたりする行動に出る場合の表現ですね。

Ｃさん：なるほど！恭は、受付嬢の接客マナーで、敬は、信者の礼拝、という感じですね。気持ちの強弱は確かに違いますね。

☆ 喜、恋、爱、慕の声調違いを楽しもう

Cさん：そう言えば、先生、喜、恋、爱、慕もそうですね。恋、爱、慕の気持ちはいずれも喜よりさらに進んでいる感情ですね。

先生：具体的には？

Cさん：喜は、好ましいと感じる気持ちです。これに対して、恋は、好きを超えて切ないまで深く思いを寄せる気持ちですね。そして、爱は、かけがえのないものに感じ慈しむ気持ちです。慕は、恋しくて後を追う気持ちです。

Aさん：なるほど！喜はまだ我が中心の感情ですが、恋、爱、慕の視線はもう我を忘れ相手ばかりに行っていますね。

Cさん：Aさん、実体験ですか。

先生：このように、感情を表す漢字は多いですが、四声でグルーピングをすれば、何かが見えてきますよ。

☆ 喜、好、嗜の声調違いを楽しもう

Bさん：うん、食べ物に関する気持ちの言葉にも同じ現象が起きています。ある食べ物が好きな場合は喜欢と言い、好むとなると、喜好の好と言い、さらに貪欲的になり離れなくなると嗜好の嗜になります。喜の程度を超え

た好も嗜（hào shì）も第四声です。

先生：よく気づきましたね。

✦ 思、惦、念の声調違いを楽しもう

Dさん：先生、恋愛関係ではありませんが、人への思いとして、思、惦（気にかける）、念の表現もありますね。

先生：良いですね。

Dさん：思（sī）は思いめぐらす程度ですが、それは一回かもしれませんし、心の中の感情活動です。しかし気にかけてついつい呟いてしまうほど強くなると惦（diàn）になります。さらに、なかなか頭から離れなくなり何らかの行動に出るほど強い思いになると念（niàn）となりますね。

Cさん：僕も、いつもお酒飲みながら、遅くなると家に入れてもらえるかと心配しています。それは惦（diàn）ですね。

Bさん：うん、念（niàn）が強い思いだから、纪念（記念）（jì niàn）、信念（xìn niàn）、理念（lǐ niàn）のような組み合わせができますね。

✦ 希、企、盼、望、欲の声調違いを楽しもう

先生：希望（望む）（xī wàng）の気持ちを表す漢字を見ましょう。

Bさん：はい、希、企、盼、望や欲（xī qǐ pàn wàng yù）を挙げます。いずれも

「こうなってほしい」という望む気持ちですが、強い
ほうへ第四声になっていきますね、先生。

先生：そのとおりです。

B さん：希は心の中であることの実現を考えているというレ
ベルの希望です。企は、もともとつまだちして望む意味
でしたが、希と同じく単独ではほとんど使わなくなり
ました。希望、企盼(思い置く)がその例です。盼は、期待
しながら周りを見渡して今か今かと待ち焦がれる意味
合いの望むです、望は、願い・望み、夢になるほどの強
い望むです。そして、欲は止められないほど望むです。

A さん：欲と望の第四声がすごくわかります。欲望は人を狂
わせるほど強い願望ですからね。

C さん：それに、盼、望や欲は、望む気持ちが強いからこそ、
今でも単独で使われていますね。

✖ 思、想、要の声調違いを楽しもう

A さん：先生、私もトライします。思、想と要です。「した
い」気持ちに関しては、思は、さきほども出ましたが、
まだ心の中に留まっているレベルの「したい」気持ちで
す。想は、頭に上昇してきて、頭の中でくるくる回っ
て言葉に出たかもしれないレベルの「したい」気持ちで
す。要となると、「しようとする」「もらう」という行動

レベルの強い「したい」気持ちです。これも強弱によって第四声になっていく一例と見てよろしいですか。

先生：素晴らしい。習いだしたばかりのわりには、それぞれのイメージをきれいに整理できていますね。

Ａさん：ありがとうございます。先生、そう言えば、「ほめる」のも重要な感情表現の一つですね。

✿ なぜ、赞は第四声だろう？

Ｄさん：はい、ほめる言葉には、ざっとですが、夸(言葉でほめる)、奖（ものでほめる）、褒(ほめる)、赞(称揚する・ほめたたえる)や颂(ほめたたえる)を挙げることができます。ほめる度合いという視点で見ますと、ほめる意味の夸、奖、褒のグループと、ほめたたえる意味の赞と颂のグループに分けることができます。

Ａさん：やはり度合いの強いグループは第四声ですね。

先生：赞と颂は紀元前から文体の一つとされています。

Ａさん：そうすると、ほめる場面、ほめる対象も異なってきますね。文体の一つとされれば、それなりの重要な場面に用いられますね。

先生：そのとおりです。赞は、釈迦をはじめとするブッタを讃えるに使われる経緯があります。颂は、中国最古

の詩である『詩経』の体裁の一つで、後に主に人や組織の功徳を讃えるときに使われるようになりました。

Aさん：だから、第四声なのですね。

Bさん：はい、ほめられたら、誰でも嬉しいですよね。先生、「嬉しい」「喜ぶ」関連の漢字も見てみたいです。

✖ 欢(huān)、愉(yú)、喜(xǐ)、悦(yuè)など9つの喜びの違いとは？

Bさん：先生、「嬉しい」「喜ぶ」は人類の最も重要な感情と言えますね。高兴(gāo xìng)(嬉しい)、愉快(yú kuài)(楽しくて気持ち良いこと)、快乐(kuài lè)(幸せで気持ちいい)、惬意(qiè yì)(居心地がいい)、愉悦(yú yuè)(喜び楽しむこと)、欢欣(huān xīn)(嬉しくて心が弾む)、喜悦(xǐ yuè)(心から喜ぶ)など、今はほとんど二文字や四文字で表現していますね。

先生：四声の感覚を掴むには少々不都合ですね。やはり、語素で見ましょう。

Bさん：はい、語素の四声順はこうなります。

欢(huān)、欣(xīn)、愉(yú)、怡(yí)、喜(xǐ)、快(kuài)、乐(lè)、惬(qiè)、悦(yuè)

Aさん：へえ？第一声から第四声までバラバラですね。

Bさん：喜びも多種多様ですからね。先生、早速ですが、热烈(rè liè)欢迎(huān yíng)(熱烈歓迎)の欢(huān)(歓)ですが、たとえ男女の喜びの意味合いがあっても、どうして第一声なのでしょうか。

先生：欢(huān)の第一声には、深〜い深〜い、中国古代の宇宙観と

関連していますので、詳しくは後程(P318 をご覧ください)！

C さん：ところで、先生、四声順に欢（huān）、欣（xīn）、愉（yú）、怡（yí）、喜（xī）、快（kuài）、乐（lè）、惬（qiè）、悦（yuè）を眺めますと、僕はそれぞれの声調に簡単に納得してしまいます。

先生：話してみてください。

C さん：喜（xī）は、最古の、いろんな意味の喜びを表す言葉で大衆主導により第三声のままになっている話がありました。次に欣、愉、怡ですが、欣（xīn）は欣欣 向 荣（xīn xīn xiàng róng）(草木がすくすく茂る。転じて、活気にあふれている喩え)の熟語があるように、何となく新（xīn）や 生（shēng）を連想します。そうそう、欣欣 向 荣（xīn xīn xiàng róng）の季節である春（chūn）も第一声です。理屈はまだわからないですが、欣（xīn）はもはや僕の中で第一声であるべきになっています。そして、愉ですが、娱乐（yú lè）の娱（yú）と同じ発音ですね。だから愉（yú）の第二声にはそれなりの理由があると思います。ちなみに、鱼（yú）(魚)と 年 年 有余（nián nián yǒu yú）(毎年ゆとりのある生活ができますように)の余（yú）も同じ発音ですね。鱼は悠々と、余（yú）は余裕があると、愉と共通の何かがあると感じています。

D さん：うんうん。愉の右側の俞（yú）も同じ発音です。中空になった自然な木を利用して作られた渡し舟で、いわば舟・船の元祖です。同じ発音の「玉の輿に乗る」の輿（yú）も、車輪が発明される前の移動手段で、車の元祖です。ですので、俞（yú）や輿に乗ってゆらゆらの気持ちこそ愉（yú）ですね。

先生：素晴らしい！Cさん、Dさん、同源字という研究分野に一気に踏み込みました。同源字の知識を持っていれば中国語学習もかなり楽で楽しくなると思いますので、また別の機会に話をしましょう。

Cさん：続けますよ。怡です。これも全く感覚的ですが、日本語的にも怡は「和んで喜び楽しむ。打ちとけて喜び楽しむ」意味なので、和(和む)がキーワードです。ですので、第四声で強調して発音する必要はさほどないですね。これに対して、第四声で発音される快(気持ちが良い)、乐(心身が満たされて喜ぶ)、惬(心地が良い様)、悦(心から喜ぶ)は、どれも心からの満足、心が満たされる喜びなので、いわば、「満足」がキーワードですね。

Bさん：快、乐、惬と悦は単なる喜ぶではなく、上機嫌というかそういうクラスの感情を表しますね。ところで、先ほどから気になっていますが、快や乐のような第四声の漢字には、意味をいくつも持っている多義語が多いですね。これも第四声化と関係ありませんか、先生。

先生：あると思います。強調したい気持ちと重要な表現とがいろんな場面で重なるので、第四声の言葉に多義語が多いという結果になったと思います。

Bさん：それから、悦ですが、普通に話す意味では说と言い、遊説する意味となりますと游说になり、第四声の说に変わります。説得され満悦になると悦と言います。同じ発想が感じられます。

先生：その通りです。説と悦は、古典例を見ても、いずれも普通の会話を超え、重要な意思疎通の場面になっていることが分かります。重要な意思疎通の場面であるから、その表現も第四声へと変化したと考えられます。

　皆さん、強いポジティブな感情が第四声で発音される九組を見てきました。どの感情も、クライマックス級のものは第四声でした。このような現象はほかにもまだまだあります。続編を楽しみにしてくださいね。

4-5-2　驚き感情の漢字群を見よう

先生：次、ネガティブな感情を見ましょう。表現が多いので、類型化して進めましょう。分類方法は、アメリカ心理学者ポール・エクマンの感情分類法を取りましょう。はい、ポール・エクマンは人間の感情をどのように分類していますか。

B さん：「ウィキペディア」によると、ポール・エクマンは、表情認知から見た感情を六つに分けました。幸福感、驚き、恐れ、悲しみ、怒りと嫌悪です。

C さん：恐れ、悲しみ、怒り、嫌悪の四つは、ネガティブな感情であることはすぐ理解できますが、驚きはどちらの感情になりますか？

B さん：「ウィキペディア」は、「驚きとは、動物が予期しない事象を体験したときに起こる瞬間的な感情をいう。驚きには好ましいものも好ましくないものもあり、むしろ、怒りや恐怖などの爆発的な感情変化を分類する以

前の状態が驚きかも知れない」と言っていますけど。

A さん：ということは、驚きの感情は、ポジティブな感情とネガティブな感情以外の第三のグループになりますね。

先生：それでは、ポジティブな感情の次に驚きの感情表現で第四声の感覚を磨きましょう。

B さん：はい、驚きの言葉として、吃惊（びっくりする）の惊（驚）、惊讶（驚き怪しむこと）の讶、诧异（驚き不思議に思う）の诧、惊愕（驚いて立ち竦む）の愕、惊骇（びっくり仰天）の骇を挙げます。

A さん：驚きの表現にこんなたくさんの言葉があることに驚きましたよ。先輩たち、説明してくださいよ。

B さん：はい、はい。説明しますよ。こうなります。

惊 jīng	予期せぬことに緊張する
讶 yà	いぶかしむ。予期せぬ不思議なことに緊張する
诧 chà	予期せぬ変なことや理解不能なことに緊張する
愕 è	予期せぬことに立ち竦むほど緊張する
骇 hài	予期せぬことに大きいアクションで反応するほど緊張する

A さん：うん、惊は予期せぬことに一般的な反応ですね。讶と诧はさらに緊張の理由の違いに、愕と骇は緊張の程度・リアクションの違いにポイントがあり、強いアクセントで発音されていますね。

先生：惊の第一声について詳しくは第一声の法則を待ちましょう。ここでは、とりあえず「外の刺激を受ける」という点だけまず押さえましょう。

4-5-3 ネガティブな感情の漢字群を見よう

先生：それでは、ネガティブな感情表現を見ましょう。Bさ
　　　ん、続けてください。

Bさん：はい、ポール・エクマンによると、人間の基礎的で強
　　　い感情には、幸福感、驚き、恐れ、悲しみ、怒りと嫌悪
　　　の六つがあることをご紹介しました。その中で、恐れ、
　　　悲しみ、怒り、嫌悪はネガティブな感情です。

✿ 恐と怖の違いとは？

Bさん：まず、「おそれる」感情表現を見ます。恐、怯、怕、
　　　惧、怖と畏を思い浮かべました。吓人(恐ろしい)の吓も挙
　　　げておきます。

Dさん：ほかに、忐忑不安(心中不安で気が気でない)、毛骨悚然(恐
　　　ろしくて身の毛がよだつ)、战・颤栗(戦慄する)の熟語の形で使
　　　う忐忑、悚、栗・慄も挙げておきます。

Aさん：「おそれる」表現もこんなにたくさんありますね。日
　　　本語もいくつか同じ漢字を使っていますが、区別はわ
　　　からないですよ。

先生：そうですか？日本語からやり直すと大変ですが、四声
　　　の力を借りて違いをはっきりさせましょう。それでは、
　　　皆さん、まず、語素の説明をしてください。

Bさん：はい、やります。

表 14. 恐れる漢字群

恐 _{kǒng}	恐れる。相手を怯ませる。
怯 _{qiè}	怯える。怯む。
怕 _{pà}	怖い。恐れる。心配する。
惧 _{jù}	まだ反抗心が残っている恐れる状態。
怖 _{bù}	恐ろしい。死の恐怖を覚え反抗心を失うほど恐れる状態。
畏 _{wèi}	おそれる。かしこまる。
吓 _{xià}	おどす。怯えさせる。
忐忑 _{tǎn tè}	忐忑不安_{tǎn tè bù ān}。やましい点や弱点があるため怯える。
悚 _{sǒng}	毛骨悚然_{máo gǔ sǒngrán}。おぞましい。髪の毛が立つほど恐れる状態。
栗・慄 _{lì}	战・颤栗_{zhàn zhàn lì lì}。体が震えるほど恐れる状態。

Ａさん：先生、第三声の恐_{kǒng}も、喜_{x1}と同じで、一番原始的な「おそれる」感情表現ですか。

先生：そうだと思います。恐_{kǒng}の付く言葉を見ればもっとはっきりになると思います。

Ｃさん：はい、恐_{kǒng}の付く言葉です。恐怕_{kǒng pà}、恐惧_{kǒng jù}、恐怖_{kǒng bù}、恐吓_{kǒng hè}……なるほど！ほかの「おそれる」漢字は、後に生まれ、恐_{kǒng}に足していく感じですね。

先生：恐_{kǒng}の立ち位置をよく説明してくれてありがとう。

Ｂさん：でも、先生、日常的によく使うのは怕_{pà}ですけど。

先生：そうですね。怕_{pà}は現在日常的に最もよく使われていま

す。なぜ、恐^{kǒng}ではなく怕^{pà}なのか、たぶん人類共通だと思いますが、「おそれる」中身の変化、つまり時代の変化と関係していると思います。

D さん：わかるような気がします。言葉を作ってまで伝えたい、言語起源頃の「おそれる」中身・対象などは、決して今日の、我怕胖^{wǒ pà pàng}(太るのが心配だ)のようなものではないことは言うまでもありません。命に係わるレベルのような場面や氏族の存続に係るような場面だと思います。一度経験したら、遺伝子に刻み込まれるほどの恐怖級のものだと思います。それを伝えるために、「おそれる」という言葉が生まれたと思います。

先生：遺伝子に刻み込まれるぐらいの恐怖を指す！D さん、「おそれる」対象について実にリアルに表現していますね。遺伝子に刻むぐらいですから、恐^{kǒng}(おそれる)の心理的持続期間も怕^{pà}より長いですよね。

B さん：たしかに、怕^{pà}は、事が過ぎれば忘れる程度のものにも手軽に使えます。

D さん：人類社会の進展につれて、大自然の恐ろしさもさることながら、人間社会・人間関係の怖さのほうがより日常的になってきたので、恐^{kǒng}のカバーし切れない部分やより具体的に表現する必要のある部分が現れ、そのため怕^{pà}などのおそれる言葉が生まれたと思います。怕^{pà}は、きっと人間関係のちょっとだけの不安を覚える場面にも表現するために生まれた漢字だと思います。

C さん：女の子たちは、びっくりしたり驚いたりした時、よく「ぎゃ！」「イヤー！」と声をあげてしまいますよね。怯、怕、惧、怖と畏が第四声で発音されるのも感覚的によくわかります。

先生：「おそれる」「怖い」感情を表す漢字の第四声の感覚を、皆さん押さえたようなので、次へ進みましょう。

☥ 疼と痛の違いとは？

B さん：さっきの順番で行きますよ。悲しい感情です。悲しい表現も実に多いです。組合せる言葉をピックアップしますと、こんなにたくさんありました。

悲辛、悲酸、悲愁、悲凄、悲戚、悲哀、悲伤、
悲凉、悲惨、悲痛、悲怆、悲恸、悲悼

A さん：ワオ！古代の中国人は悲しいことをこんなに異なる言葉で表現していたんですか。本当に生活がつらかったのか、それとも、悲しいことを受け入れて楽しんでいたのでしょうか。とにかく、すごい！

D さん：A さんも楽しんでいるようでシャレを言い始めましたね。まだまだありますよ。

A さん：まだ、ありますか？！

D さん：考えてみてよ。土器を作った古代中国最古の文化とされる裴李崗文化から起算しても、中国は紛れもなく7000 年以上の歴史があります。長い長い間、あれだけ

　　数々の発明があったでしょう？きっと、苦難や悲しみ
　　もそれなりにあったに違いありません。だから、悲しみ
　　感情もそれなりに工夫して表現してきたと思いますよ。

Aさん：そうですか。悲しみは人生の花ですね。作家・坂口
　　　　安吾さんの言葉でしたっけ。うろ覚えでごめんなさ
　　　　い。とにかく、中国古代はあれだけの技術発明という
　　　　花を咲かせたのだから、きっといろんな悲しみを味わ
　　　　って、そしてそれをよく観察して、なるべく具体的に
　　　　表現するためにたくさんの言葉が生まれたとD先輩は
　　　　言いたいのですね。

Dさん：Aさん、良き理解者です。悲系以外の悲しい気持ち
　　　　として、忧(憂える)も挙げたいです。白川教授は『字
　　　　統』において、古代では、「憂」には「喪に服するも
　　　　のの憂愁の意より、すべて悲痛・憂苦の情を言う」と
　　　　されているので、忧は古代では立派な悲しい意味を持
　　　　っていることがわかります。

Cさん：惆悵を挙げます。失意で感傷的になる気持ちは惆
　　　　です。一方、失意で感傷的になりすぎ心が傷んでしまう
　　　　のは悵です。立派な第四声への変化例です。

Dさん：そうしたら、「可哀想に思う」気持ちから、「悲しくな
　　　　り心が痛む」までエスカレートしていく怜(憐)、悯(憫)、
　　　　惋、恻(惻)を挙げます。

怜 lián	可哀想に思う	悯 mǐn	哀れに思う
惋 wǎn	哀れに思って嘆く	恻 cè	哀れに思って心が痛む

先生：皆さん、いろんな側面から、悲しい気持ちの度合いに応じて第四声になっていく例を挙げてくれてありがとうございます。それでは、まとめてください。

Cさん：やります。こうなりました。

表 15. 悲しい気持ちの漢字群)

第一声	_{xīn}辛	苦労したが満足の行く結果を得られない時の悲しい気持ち
	_{suān}酸	やるせない辛さを感じたときの悲しい気持ち
	_{qī}凄	秋に草木が枯れ落ちるなど寂しい情景から来た悲しい気持ち
	_{qī}戚	肉親関係からの憂えて悲しい気持ち
	_{yōu}忧	憂える
	_{bēi}悲	主に一個人の出来事を対象に起きた悲しい気持ち。
	_{āi}哀	(心の中で)残念で惜しくてどうしようもなくただただ悲しむ気持ち
	_{shāng}伤	心を痛めて悲しい気持ち。
	_{liáng}凉	凄凉(うら寂しくて悲しい)。悲凉(悲しい)。凉心(失望する)
第二声	_{chóu}愁	憂える。
	_{chóu}惆	失意で感傷的になる。
	_{lián}怜	可哀想に思う。
第三声	_{mǐn}悯	哀れに思う。気の毒と思う。
	_{wǎn}惋	哀れに思って嘆く。
	_{cǎn}惨	薄暗く物寂しくて悲しい気持ち。
第四声	_{tòng}痛	心臓が痛い。心が痛む。主に精神的に痛む悲しい気持ち
	_{tòng}恸	極めて悲しい。悲しくて号泣する。
	_{dào}悼	死者を悼む。

	<ruby>怆<rt>chuàng</rt></ruby>	社会の出来事を主な対象にし、非常に心が痛む悲しい気持ち
	<ruby>怅<rt>chàng</rt></ruby>	失意のあまり心が傷む

※　第四声以外のものについてはそれぞれの声調の秘密をご覧ください。

Bさん：先生、先ほどの恐れる気持ちと対照的に、悲しい気
　　　　持ちのほうは第一声が多いです。

Cさん：先生、悲しい、だから第一声なのでしょうか。そう
　　　　言えば、哭<rt>(泣く)</rt>も第一声ですね。

先生　：Bさん、四声に敏感になりましたね。Cさんも大変良
　　　　い連想です。悲しい系漢字の第一声のわけは、中国文
　　　　化の原点と直結しています。後程、その秘密について
　　　　話しましょう<rt>(P123をご覧ください)</rt>。

Bさん：先生、語素で見ますと、もうその漢字が第四声かそ
　　　　うでないかの顔は見えてきました。第四声の顔でない
　　　　感情の漢字は一般的な感情や「心の中の動き」のもの
　　　　で、いずれも行動レベルになっていないと言い切れる
　　　　ぐらいです。

先生　：Bさん、よく観察しましたね。まさにその通りです。
　　　　一般的な感情表現や心の中の動きで表に表れていない
　　　　レベルの感情表現は第四声で発音されません。感情が
　　　　ある程度強くなって、または特別の場面になって初め
　　　　て第四声で発音されます。

Dさん：なるほど、こう見ますと、同じ泣くと言っても、普
　　　　通に泣く場合は哭で第一声ですが、声を殺して涙だけ
　　　　が流れてくる場面、つまり悲しみを堪えながら泣く場

合は泣と言い、第四声になりますね。

先生：そうです。心が泣いている、悲しみを堪えているという特殊な場面を強く表現したいためですね。また、号泣になると、どうなりましたっけ？

Dさん：恸（tòng）と言います。泣く表現は次の構図になります。

普通の泣き	普通でない泣き
哭 kū（泣く）	恸 tòng（号泣する）
	泣 qì（声を殺して泣く）

先生：Dさん、ありがとう。今まで、名詞や形容詞を中心に見てきましたが、実は動詞もDさんが挙げてくれた例のように、強さや場面の特殊性に応じて第四声になるという法則が働いています。授業ではすべての漢字を挙げることはできないので、各自の中国語勉強の中で第四声法則の目を光らせてくださいね。

　ほかに悲しい漢字の第四声について何か質問がありましたら、言ってください。

Aさん：先生、疼痛という日本語ですよ。何で疼と痛の二つがあるか、辞書を調べてもモヤモヤしていました。第四声の法則で邪推してしまいますが、痛は心や精神的な痛みにも使いますので、第四声でない疼は、心以外の痛みのことになるでしょうか。

Cさん：Aさん、全然邪推ではありませんよ。疼（téng）は、头疼（tóu téng）（頭が痛い）、腰疼（yāo téng）など、まさに肉体的な痛みです。

先生：ここで注意してほしいのは、疼(téng)には、いたい意味の
　　　ほかに、物が対象の場合は「もったいない」「惜し
　　　い」、人が対象の場合は、慈愛の心を持って「かわい
　　　がる」「可哀想に思う」意味があります。

Cさん：はい、例です。風邪で食欲が出ない私を見て、妻は
　　　調理の工夫を凝らしていろいろ作ってくれました。そ
　　　れを見て、我爱人很心疼我(wǒ ài ren hěn xīn téng wǒ)(妻が僕のことを慈しんでいる)と
　　　思いました。もし私があの世に行ったら、她心会很痛(tā xīn huì hěn tòng)
　　　(妻がきっと悲しむ)と感じました。

Dさん：Cさん、この場合こそ、悲痛欲絶(bēi tòng yù jué)(断腸の思い)を使う
　　　んじゃありませんか。

Cさん：そうですよね。うっかり死んでしまったら、妻をと
　　　てもとても悲しませますから、こうなりますね。
　　　会让我爱人悲痛欲绝的(huì ràng wǒ ài rén bēi tòng yù jué de)(妻に断腸の思いをさせる)。

Aさん：先輩のお二方、ラブシーンを使って疼(téng)と痛(tòng)の違
　　　い、痛(tòng)の度合いを教えてくださってありがとうござい
　　　ます。確かに、愛する人を亡くした場合、たとえ漢字
　　　の意味が解らなくても、音的に第一声の悲伤(bēi shāng)より、第
　　　四声の悲痛(bēi tòng)のほうが訴えていると感じます。

先生：悲しい感情はいろんな原因で起こります。心・精神
　　　が痛む場合は痛、怅(chàng)になります。肉親がなくなり悼

む場合は悼になります。一個人の悲しみを超え社会的
に悲しむ場合は 怆^{chuàng} になります。

Aさん：悲しい感情の中で、強い悲しい感情のほうが第四声
で表現されているとリアルに感じました。これから、
人生の中で、第四声にならないような悲しみでもう絶
対シクシクしないと心に決めました。

☆ 悩と怒の違いとは？

Dさん：はい、順に怒り感情を語素で挙げます。まず、瞋目^{chēn mù}
（目をいからせる）の瞋^{chēn}と嗔怪^{chēnguài}（声を怒らせる）の嗔^{chēn}です。そし
て、悩^{nǎo}です。悩みの意味のほかに、癪に障る、少しばか
り怒る気持ちを表す時にも使えます。悩火^{nǎo huǒ}がその例で
す。それから、愤慨^{fèn kǎi}（愤慨^{kǎi}）の慨です。願いや欲望がかなわ
ないときの愤^{fèn}るです。次は、よく見かける愤^{fèn}（愤）と怒^{nù}で
す。愤は激しく腹を立てる意味で、怒^{nù}は人や物にあたる
までの「怒る」です。

先生：はい、躁病的になったり恨んだりするほど怒ることを
愠^{yùn}と言います。

Bさん：瞋^{chēn}と嗔^{chēn}は、私には全然なじみのない漢字です。

Cさん：嗔^{chēn}は好きです。例を挙げますね。
妻子嗔怪我^{qī zi chēnguài wǒ}："体重直线上升都怪你^{tǐ zhòng zhí xiàn shàng shēng dōu guài nǐ}，总买好吃的^{zǒng mǎi hào chī de}

回来(体重のウナギ上りはあなたのせいだよ！美味しいものをいつも買ってくるからと妻に叱られました)"。

Ａさん：なるほど！Ｃさん、今日はお惣気全開ですね。おかげ様で、嗔は甘〜い甘〜い責め方にも使える表現であることはもう忘れないと思います。これで、嗔は第四声でないこともよく理解できました。

Ｄさん：慍はなぜ第四声か、この例でわかるかもしれません。人不知而不慍，不亦君子乎。論語の言葉です。今ふうに言いますと、「人に認められなくても怒らない、恨まない。やるべきことを淡々とやれ、これも君子の行いの一つだ」という意味です。

Ｂさん：うん、うん！「人の評価で一喜一憂するな」と、2500年前の孔子がもう言ってますね。

Ａさん：ところで、「おそれる」「悲しむ」気持ちの漢字と比べると、「怒る」漢字の数がぐっと減りましたね。孔子が慍をしては君子の行いじゃないと言ったから、「怒る」気持ちの漢字があまり発達してこなかったかしら。

先生：はい、皆さんもそれぞれ楽しんでいるようですね。このセッションはここまでにしましょう

✘ 嫉と妬の違いとは？

先生：では、人間の基礎的な感情の中でネガティブ感情の最後の「嫌悪感」を表す漢字を見てみましょう。

Ａさん：はい、まず食べ物から言いますよ。例えば、そのもの
　　　　自体は嫌いではありませんが、味が薄かったりして、脂
　　　　っぽいなどで嫌な場合はなんと言いますか。

Ｃさん：嫌（xián）です。こういう例を挙げることができます。
　　　　他嫌咸没怎么吃（tā xián xián méi zěn me chī）（彼は塩辛いと嫌がってあまり食べなかった）。
　　　　我嫌有点儿油腻（wǒ xián yǒu diǎn er yóu nì）（油っぽかったので嫌だった）。

Ａさん：嫌（xián）は人にも使えますか。

Ｃさん：使えますよ。例えば、私が選んだ旅行先について「ロ
　　　　マンチックじゃない」と妻が嫌がる場合はこう言いま
　　　　すね。妻子嫌我选的地方不够浪漫（qī zi xián wǒ xuǎn de dì fāng bú gòu làng màn）。

Ａさん：なるほど！不満足から来た嫌な程度の嫌悪感なら、
　　　　まだ第四声にはならないですね。大昔では、生活の中で、
　　　　不満足なことだらけでしたね。

Ｂさん：烦（fán）も同じです。うっとうしい程度の気持ちは日常的
　　　　なものでしょうか、第四声にはならないですね。

Ｄさん：日常的なレベルを超えると第四声になります。例え
　　　　ば、同じことを毎日繰り返しますと、味覚だけでなく、
　　　　精神的にも、腻（nì）（飽きる）になりますね。第四声です。
　　　　吃腻了（chī nì le）！　食べ物に飽きた。
　　　　听腻了（tīng nì le）！　同じ言葉を聞いて飽きた。
　　　　看腻了（kàn nì le）！　同じもの・人を見て飽きた。

Ｂさん：嫌から度合いが徐々に上がり、反感（fǎn gǎn）（反感）を経て、厌（yàn）

(厭わしい)になり、とうとう悪(<ruby>悪<rt>wù</rt></ruby>う)になります。

Dさん：そして、不快な感情が<ruby>堆積<rt>duī jī</rt></ruby>(堆積。蓄積する)して<ruby>憎<rt>zēng</rt></ruby>(憎む)になりますが、更に深くなると、仕返したくなり<ruby>恨<rt>hèn</rt></ruby>になります。また、ひどい運命を恨む場合は<ruby>怨<rt>yuàn</rt></ruby>になります。

Aさん：忌むという言葉はどうでしょう。信仰などから、不吉なものとして嫌う、避ける、禁忌する気持ちです。恨む感情までなっていないが、信仰的に強く言いたい言葉ですね。第四声のはずですね。

Bさん：<ruby>忌<rt>jì</rt></ruby>です。第四声です。

Aさん：やった！四声はもう怖くないような気がします。

Cさん：Aさん、ラッキーですね。今までの苦労を思うとAさんを嫉妬してしまいます！

Aさん：嫉妬も恨みの一種ですね。

Cさん：嫉妬ですね。他人の才徳地位などを妬み憎むは<ruby>嫉<rt>jí</rt></ruby>と言います。しかし、同じ嫉妬であっても、やきもちを焼いたらとっても怖いもので、その場合は？

Aさん：第四声の漢字を使いますね。

Cさん：ピンポン！<ruby>妒<rt>dù</rt></ruby>です。

Aさん：へえ？嫉と妒はこんなに違いがありますね。

先生：二人の良きコンビありがとう。はい、<ruby>憾<rt>hàn</rt></ruby>も挙げておきます。残念さが恨むまで上昇してくるときの感情です。

Ｄさん：なるほど、心残りに思う場合は、惜(ᵡ̌ᵎ惜しむ)で、その感情が強烈であれば、憾(ʰᵃ̀ⁿ)となりますね。そう言えば、日本語の「うらむ」には、「恨む・怨む・憾む」とありますね。そういうことですね。

先生：はい、そういうことです。「うらむ」には、いろんな理由や原因があるからですね。日本語の場合、漢字でそれぞれ表していますが、中国語は、さらに第四声で声調的にも表出しています。

Ａさん：中国人の感情表現が明快ですね。

✿ 迷惑(ᵐ̌ᵎ ʰᵘᵒ̀)、羞愧(ˣᶦᵘ̄ ᵏᵘᶦ̀)、饶恕(ʳᵃ̌ᵒ ˢʰᵘ̀)の声調違いを楽しもう

先生：以上、人間の基本的な感情について第四声の感覚を見てきました。残っているものがたくさんあるので、皆さんで、手分けしてさっとまとめましょうか。

Ｄさん：はい。トップバッターで行きます。人は時々「どうしてよいか」わからない時がありますね。はい、どの道を選んだらいいか迷うは迷路(ᵐ̌ᵎ ˡᵘ̀)です。いろんな人の話を聞いてどうしたらいいか戸惑うは迷惑(ᵐ̌ᵎ ʰᵘᵒ̀)です。取りあえず一本の道を選んで進んでみたが、本当にこれでよいか、怪しむは疑惑(ʸ̌ᵎ ʰᵘᵒ̀)です。はい、以上まとめると、「どうしたらよいかわからない」意味の表現はこうなります。

道に迷う	特別な「迷う」
迷 mí	疑 yí　怪しむ(不知の外的なものにより迷う)
	惑 huò　戸惑う(心の混乱による迷い)

　例を挙げます。論語の言葉です。四十而不惑(40歳になればもう戸惑いはしない)。40歳はライフワークに打ち込む年齢と教えてくれました。

B さん：四十而不惑は聖人ですね。我 感到有 点 羞愧(ちょっと恥ずかしい)。僕は 40 過ぎても、ライフワークとは何か、迷惑(困惑状態)ですよ。ただ、僕は可恥的事情(恥すべきこと)は決してしません。僕なりに頑張ります。それでも普通の、変哲もない人生しか送れません。それでいいと思います。ただ、あんな教育熱心の母親にはいつも感到内疚(申し訳ないと思い)、想 道歉(謝りたい)です。はい、以上、「恥」系の漢字をまとめると、こうなります。ついでに「悔やむ」系も入れておきます。

表16.「恥」系の漢字

羞 xiū	はじらう。気が弱い。
惭 cán	面目なく思う。
耻 chǐ	恥じる
悔 huǐ	悔やむ
愧 kuì	心が答める。
疚 jiù	良心に呵責する。反省する。
歉 qiàn	自分の無力さについて、申し訳ないと思う。
忏 chàn	悔やんで行動を改める。

　愧、疚、歉と忏は、いずれも「良心」の部分と関係があり、積極的な行動に出ていることが特徴です。

A さん：反省会でもないのに、なんで急に……と思ったら、なるほどね。

C さん：僕も B さん調子で行きますよ。僕は、悔んだり反省

したりする人を許します。饶_{ráo}です。いや、ただ許すので

はなく、宽恕_{kuān shù}（寛容的な心で許す）します。なぜならば、その

人がなぜそうしたのか、もし自分が同じ状況に置かれ

たら同じ行動を取るのではないかと思うからです。そ

の人に対して、宽恕_{kuān shù}というより、むしろ谅解_{liàng jiě}（理解して許

す）と言ったほうが正しいかもしれません。

単なる許す	人格者的な許しかた
饶 ráo （勘弁して許す）	恕 shù （寛容的に許す）
	谅 liàng （思いやって許す）

先生：皆さん、自作自演ありがとうございました。

　　　以上、愿_{yuàn}、爱_{ài}、慕_{mù}、嗜_{shì}、好_{hào}、欲_{yù}、怖_{bù}と、いろんな感情

の第四声漢字を見てきました。一文字で括ると……？

C さん：最_{zuì}（最も。一番）です。それぞれの感情のクライマックス

の場面は、いずれも第四声になっています。

4-6　人生の重大関心事の漢字を見よう

先生：人生の重大関心事を見ましょう。この場合も、個人と

いう個体と家族という集団に分けて見ましょう。

☆　なぜ、個人の重大関心事はそろって第四声だろう？

先生：人の感情を題材に「重要」「強調したい」という切口で、

　　　第四声の秘密を見てきました。次は、人生のキーワード

を拾い第四声の感覚をより確実なものにしましょう。

A さん：はい、人生のそれぞれのステージにそれぞれのキーワードがあります。私の今は恋がキーワードです。真っ先に覚えた中国語も恋愛<ruby>恋爱<rt>liàn ài</rt></ruby>でした。恋愛<ruby>恋爱<rt>liàn ài</rt></ruby>を第四声で発音する気持ちはすごくわかります。

C さん：A さん、確かに人生ステージによって求めるものが違いますが、そのすべてが目指しているのは<ruby>幸福<rt>xìng fú</rt></ruby>(幸せ)ですね。人生の最後の日に僕は自分にこう言えたらいいな。<ruby>我这辈子很 幸福<rt>wǒ zhè bèi zi hěn xìng fú</rt></ruby>(僕の人生は幸せでした)。そして妻に向かって、<ruby>来世, 你一定 还要 嫁给我<rt>lái shì nǐ yī dìng hái yào jià gěi wǒ</rt></ruby>(生まれ変わっても絶対僕の嫁に来てくれ)と言いたいと思っていますよ。

A さん：C 先輩のメロメロ実話ありがとうございます。この場合の<ruby>辈<rt>bèi</rt></ruby>と<ruby>世<rt>shì</rt></ruby>は一生や来世の生と世の意味ですね。<ruby>幸福<rt>xìng fú</rt></ruby>は幸せの意味ですね。<ruby>嫁<rt>jià</rt></ruby>は嫁ぐ意味ですね。福以外は第四声です。

先生：<ruby>福<rt>fú</rt></ruby>は典型的第二声の言葉です。第二声の秘密はまた後程(P123をご覧ください)。<ruby>福<rt>fú</rt></ruby>の反対は<ruby>祸<rt>huò</rt></ruby>(災難)です。古代中国では、<ruby>富贵寿 考 等 齐备为福<rt>fù guì shòu kǎo děng qí bèi wéi fú</rt></ruby>という言い方があります。

D さん：今風に言いますと、富貴長寿の三拍子が揃って福であるという意味ですね。

A さん：日本語にも<ruby>富貴壽考<rt>ふうきじゅこう</rt></ruby>の言い方があります。考の意味

はよく分からないですが。富貴寿（fù guì shòu）はトン、トン、トンと気持ちいい第四声ですね。

D さん：考（kǎo）は、古代では命が終わる意味です。

C さん：オ！寿考は、禍（huò）や病（bìng）もなく、寿命（shòu mìng）が尽きる意味ですね。禍（huò）、病（bìng）と寿命（shòu mìng）はそろって第四声です！

B さん：寿命（shòu mìng）と関連して、健康（jiàn kāng）も人生のキーワードですよね。中国では、人生の大半を歩んだ人に送る年賀状には、よく祝您健康長寿（zhù nín jiàn kāng cháng shòu）（ご健康で長生きされますようお祈りいたします）と書きますね。でも、健康（jiàn kāng）の康（kāng）は第一声です。ここに来ますと、康（kāng）の第一声にわけありとわかりますが、そのわけが知りたいです。

D さん：調べましたよ。康（kāng）には他の意味もいくつかありますが、安らかという意味がよく使われます。しかも、用例が『詩経』など時代の古いものから来ています。

C さん：なるほど、安康（ān kāng）がそろって第一声には訳アリですね。

B さん：反論のための反論をしますと、偶然の重なりも考えられますが、偶然の重なりではないですよね、先生？

先生：偶然ではありませんよ。第一声の秘密がわかりましたら、安（ān）と康（kāng）はもう第一声で発音するしかないとわかりますよ。

C さん：あ、忘れるところでした。人間のもう一つ大きな関

心事は氏名ですね。姓と氏です。

D さん：姓と氏は親からもらったもので、自分のものとしては、古代中国で成人になりましたら、字をつけて、自称や他称用にしていましたね。字の習慣は、歴史上有名な文人の書籍からリアルに見ることができます。

C さん：多少知っています。李白はこう紹介されます。「李白、中国，唐詩人。字，太白。号，青蓮居士(李白は中国の唐の詩人。字は太白。号は青蓮居士)」。

B さん：古代中国文人は字を以って自己表現し、さらに号も持っていますね。呼び名にすごく拘っていましたね。

先生：そのようでした。声調的に一つ言わなければならないのは、人の呼び名には名というものもあります。日本語の氏名に対応して、中国語は、姓名と言います。パスポートなどに記入する際の名前ですね。

B さん：でも、名は第二声ですね。

先生：名は、古代では家族の中で呼ばれる名前でした。成人になって社会に出たら、対外的に字を使います。

B さん：名は第四声で呼ぶ必要はなかったのですね。

C さん：そういえば、人にとってもう一つ大変重要なのは性ですね。性は隠される人生の大事ですね。時々、ストレ

ートに言えなくて、古代では色（sè）で指すこともよくありましたね。「あの人、どスケベだ！」と言いたいとき、那个人很色（nà ge rén hěn sè）と言いますね。

先生：はい、Ｃ さん、よく補足してくれました。とりあえず、個人にとって、大きな関心事・人生の中で避けては通れないことの関連漢字はここまでにしましょう。ちなみに、なぜ女子が嫁に行くのが第四声の嫁（jià）で、一方、同じく人生の大イベントであるにもかかわらず、男子が嫁を取るのは第三声の娶（qǔ）なのでしょうか。

Ａ さん：先生、女子は誰の嫁になったかによって人生が激変するから、第四声で嫁（jià）を言いたくなる気持ちがすごくわかります。一方、男子は年齢になったら嫁を娶る、ごく自然体で結婚のことを扱っていたため、第三声の娶（qǔ）なのではないかと思います。

先生：Ａ さんの第四声感覚はたいへんよいです。実は、嫁（jià）という字は、古代中国ではある一定の階級の家に嫁ぐ場合に限定的に使われていたようです（『儀礼』喪服。虞注）。

Ａ さん：嫁（jià）には玉の輿に乗るという響きがありますか。へえ！私も嫁という字が使いたい！

先生：まず、自分の願望が言えるようにしてください。

Ｃ さん：Ａ さん、我想嫁得金龟婿（wǒ xiǎng jià dé jīn guī xù）というよ。

✖ なぜ、家族の重大関心事も第四声だろう？

先生：姓氏（xìng shì）は、殷の時代では政権内外（nèi wài）を区別する重要なファクターでした。政権内の重要位置（zhòng yào wèi zhì）(要職)はすべて血亲（xuè qīn）(血族)で賄っていました。はい、血（xiě）と血（xuè）は二つの声調がありますが、血縁関係を言う場合、血（xuè）です。

A さん：じゃ、血液型も当然第四声の血（xuè）を使いますね。

C さん：はい、血型（xuè xíng）と言います。先生、家族と言ったら、上（shàng）下内外（xià nèi wài）の概念がつきものですね。

先生：昔はね。因みに、上（shàng）は唐より前は上（shǎng）と第三声で発音され、今でも、学術的に古代の声調を話すとき第三声のことを上声（shǎng shēng）と言う学者が多いです。はい、第四声に戻りましょう。家庭のキーワードを拾いましょう。

D さん：家庭と言ったら、先ほどの嫁（jià）(嫁ぐ)娶（qǔ）(娶る)と関連して、后代（hòu dài）(後継ぎ)の問題は昔もっと関心度が高かったと思います。はい、孕（yùn）(孕む。妊娠する)、生（shēng）(生む)、育（yù）(育てる)です。

生儿育女的乐趣之一是我也有了个忠实粉丝（shēng ér yù nǚ de lè qù zhī yī shì wǒ yě yǒu le gè zhōng shí fěn sī）（子育て楽しみの一つは、私にも忠実なファンができたことだ）。

乐趣（lè qù）も人生の重要なファクターなので第四声です。

B さん：ところで、先生、生（shēng）は家庭にとって重要な出来事ですね。どうして、第四声ではないでしょうか。

先生：生（shēng）の第一声には古代中国の深〜い深〜い考え方が秘められています。それはまた後程（P327 をご覧ください）。

D さん：はい、子供が大きくなったら、家業がある場合は家業、地位がある場合は地位を子供に譲ります。把家業、地位 让 给孩子（bǎ jiā yè dì wèi ràng gěi hái zi）（財産や地位を子供に譲る）と言い、让 位（ràng wèi）（譲位する）も第四声です。

B さん：はい、復習になりますが、家業（jiā yè）の中に土地がある場合、地契（dì qì）（土地の権利書・契約書）を取り出し指さしながら、从 这儿到那儿是咱家的地（cóng zhè ér dào nà ér shì zán jiā de dì）（ここからあそこまでうちの土地だ）と言うでしょう。もちろん、地契 上 已经按了印（dì qì shang yǐ jīng àn le yìn）（土地権利書は捺印されている）。按（àn）は捺印の意味で、盖（gài）とも言い、第四声です。

A さん：面白い！家庭の重要なこととは関係はありませんが、这（zhè）（これ）も那（nà）（それ、あれ）も断定的な語気ですね。迷い感のある疑問詞の哪（nǎ）（どれ）と対照的です。

B さん：はい、子供に譲るものとして地（dì）（土地）のほかに、物（wù）も一つです。そして、人生にはいろんな事（shì）が起きます。結婚は婚事（hūn shì）と言い、喜事（xǐ shì）とも言います。家族の死去を喪事（sāng shì）と言います。よくないことは坏事（huài shì）と言い、場合によっては事件（shì jiàn）も起きます。人生と深い関係のある地、物、事（dì wù shì）もいずれも第四声です。

先生：皆さん、よく挙げてくれました。国や個人だけでなく
　　　家庭にとって重要表現や事項も第四声で表現されてい
　　　ることを体感できたと思います。

☪　なぜ、運命関連の漢字はそろって第四声？

A さん：先生、日本では赤ちゃんが生まれたら神社、お墓は
　　　　お寺、という感じで宗教と付き合っています。ある意味
　　　　では、それだけ運命に関心が強いからです。私自身、す
　　　　ごく占いに興味を持って、お寺や神社に行くたびにく
　　　　じを引いています。

D さん：はい、運命は命運（mìng yùn）と言います。占いの言い方は多い
　　　　ですが、僕がよく耳にするのは算命（suàn mìng）です。映画などで
　　　　算卦（suàn guà）の言葉も出てきます。占卜（zhānbǔ）という言い方もたまに
　　　　目にします。卜（bǔ）は亀の甲を焼いて占うときの、占いの意
　　　　味の最初の字ですね。

A さん：だから、浸透しすぎて、第三声のまま今日まで使わ
　　　　れてきたというわけですね。

先生：もう一つの理由として、算術の取入れ、書き物の進化
　　　により、算命（suàn mìng）や算卦（suàn guà）のような新しい手法が生まれ、甲
　　　骨を使う占卜（zhānbǔ）が置き去りにされたかもしれません。今
　　　日では、占いは算（suàn）のほかに、目で見るものもかなり増え
　　　ました。例えば、人相占いの相面（xiàng miàn）、人相にホクロ占い
　　　の看面痣（kàn miànzhì）、手相占いの看手相（kàn shǒu xiàng）など、いろいろの相（xiàng）を

^{kàn}
看(見る)して占うのもあります。

A さん：ワオ！占いの漢字は、卜^{bǔ}以外は第四声尽くしですね。
やっぱり、運命は人生の重要関心事項ですね。

D さん：占い好きとはある意味では未来志向ですね。どうす
れば開運できるか考えているからです。ちなみに、古代
中国人の占い好きのお陰で、貴重な甲骨文が残され、私
たちは有 幸^{yǒu xìng}(幸運にも)3000 年もの前の漢字を見ることが
できますよ。

先生：日本人も中国人も非常に関心のある占いに関する漢字
ですが、とりあえずここまでにしましょう。

4-7 まとめ

先生：第四声について「重要」「強調」「意思主張」という目
線で、五つの切口から第四声の感覚を確かめてきました。
いかがでしたか。

① 意思系の関連言葉
② 衣食の変革とも言える場面
③ 財物の関連動詞・名詞
④ 感情の強さと場面の特殊性による声調の違い
⑤ 人生における重大関心事の関連用語

D さん：はい、僕の場合、①の組織の意思関連用語の第四声
揃いに震撼を覚えました。意思主張という第四声の法
則がしっかり働いていますね。それから、⑤の人生にお
ける重大関心事関連用語の第四声揃いにも感心しまし

た。「重要」というキーワードで第四声の法則が脳みそに刻み込んだと思います。

B さん：僕の場合、④の感情表現の強弱による声調違いの勉強がすごく良かったと思います。感情表現における「強調」したい気持ちは次の二つにまとめることができますね。

　　　　i) 喜怒哀楽の最高に高ぶる感情表現はいずれも第四声であること

　　　　ii) 特殊場面の高ぶる感情表現もいずれも第四声であること。

　　　これで、第四声の法則がしっかり体感できただけでなく、類似語や言葉の使いわけも楽しくなります。

C さん：僕は②衣食変革の第四声が面白かったです。裤袖(ズボン、袖)や 酱 醋(醬油・お酢)などに表れた衣服のアクセントや食べ物のアクセントが、強勢アクセントである第四声で呼ばれていますね。

A さん：はい、四人の中で私が一番得だと思います。これから「重要」「強調」「意思主張」をキーワードに第四声の単語とセットで覚えていけば、無用なバタバタがぐっと減ると思います。

B さん：ところで、先生、第四声は第三声の後現れてきた声調であることには納得しますが、具体的に第四声はいつごろ現れたのですか。

先生：詳細な研究結果は別途発表しますが、結論から言いますと、第四声化は父系社会の形成から始まって、終息は、

『康熙字典』(1710年著書)辺りだと考えています。ここでの第四声化は、「濁上帰去」など音韻学的な変化を包含しますが、イコールではないので、結論も当然王力教授のそれと異なります。四声学習とは直接関係がないので、気にしなくても良いですよ。

　では、第四声の法則も加えた中国語四声の法則の図式を確認してこのセッションはここまでにします。

図3　中国語第四声の秘密

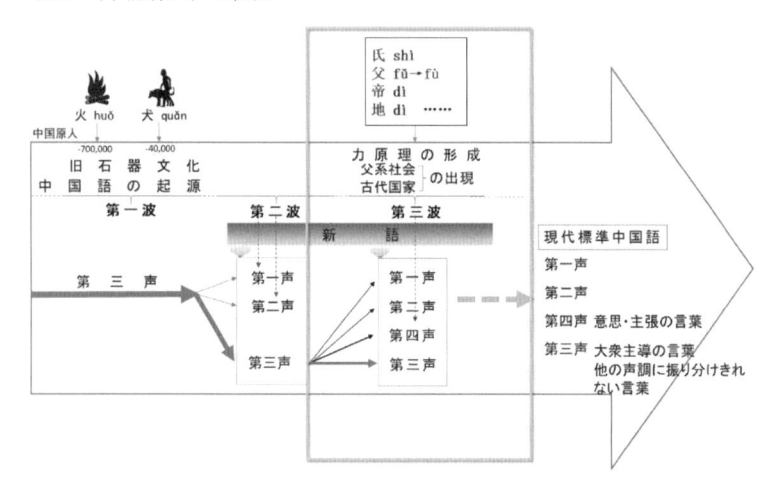

5　中国語第一声と第二声の秘密

導入

A さん：先生、いよいよ第一声と第二声の秘密暴露になりますね。

先生：はい、ただ第三声、第四声と違って、第一声と第二声の秘密というか法則は、中国の深い、深い哲学の上にできているため、その深い、深い哲学について、軽くおさらいをしておく必要があります。

5-1　第一声と第二声のベースに古代哲学があった？

C さん：先生、四声に哲学ですか。奇抜な組み合わせですね。

B さん：まったく同感です。でも、なんとなくありと思います。哲学というものは人の行動の根源にある考え方ですからね。自覚しているかどうかは別として、誰しも行動の哲学を持っています。ちなみに、僕の哲学は……。

D さん：はい、はい。飲み会の時たっぷり聞かせてください。

B さん：わかりました。言葉は一種の人工物である以上、何かしらの設計図のもとで作られたと言ってもありと思います。

A さん：うん、第三声は、自然な音や本能的な声と区別するために当初の喉構造上の制約の中で作られた声調である、と聞いた時は仰天の思いがしました。第四声は古代国家への進展に伴って意思主張のための声調であることも不思議ながら納得しました。今度は第一声と第二声が哲学の上で成り立つとはどういうことか、にわかに理解できません。でも、先生を信じています。

D さん：第一声と第二声は中国語声調の第二波に生まれたの

ですね。この第二波は、当時のエリート達がなにかしらの考えを以って引き起こしたのですね。その考え方はまさに先生がおっしゃる古代哲学ですね、先生！

先生：そのとおりです。その何かしらの考えとは、農耕などが始まった新石器時代の人々の大自然や宇宙に対する考え方や見方です。第一声と第二声の法則を掴むには、新石器時代からの中国人の物事や宇宙に対する見方をさらっと知っておいたら応用が利きます。

D さん：先生、それは陰陽の考え方ですね。中国の哲学や物事に対する主な見方と言ったら儒教、道教と仏教になりますが、いずれも新石器時代に遡れません。あと残っているのは陰陽の考えしかありません。陰陽の考えは「ウィキペディア」によりますと、たしか最初の頃「この我々を囲んでいる天と地はどういうものか」「太陽と月はなぜ代わる替わるに出てくるのか」などの疑問から始まった自然哲学と言われていますね。

B さん：陰陽の考えって、あの勾玉マークのことですか。勾玉マークなら、いろんなところで見たことはありますよ。モンゴルや韓国の国旗、シンガポールの飛行機にも似たような模様がありますね。

A さん：占いでもよく勾玉マークを見ましたよ。

先生：勾玉マークは、いわば陰陽の考えのロゴです。

D さん：思い出しました。天皇家の「三種の神器」の一つは八尺瓊勾玉です。勾玉は「お守り」と思われていますが、もっと深い意味がありそうですね。

先生：初代天皇の宇宙観を秘めているかもしれませんね。はい、陰陽の考えのロゴですが、見方は必要に応じて都度説明します。とりあえずロゴの名前だけ覚えてください。ここでは太极图(太極図)と呼んでいきましょう。

Bさん：先生、もしかして……。太极图は白黒でしょう？阴(陰)と阳(陽)、黒と白、そろっています。第一声と第二声の組み合わせでそろっています！

Dさん：ワオ！黒は確かに誰が見ても阴ですね。僕は声調が苦手でしたが、黒の調子だけすごく覚えやすかった。そういうことでしたか。そういえば、先生、古代では、第一声は阴 平と、第二声は阳 平と呼ばれていましたね。

先生：そうです。王力教授の『漢語史稿』によると、第一声と第二声を阴 平と阳 平で呼び分けたのは 1324 年の『中原音韻』が最初でした。それより前の時代では、第一声と第二声の存在は気づいていながらも分けずに音韻学的に平声という名で括っていたらしい。

Bさん：じゃ、第一声と第二声のベースに陰陽の考えがあると『中原音韻』の著者が気づいたのですね。

先生：そうは言い切れませんね。『中原音韻』以降今日まで、四声と陰陽の考えとの関係について、後続研究をいろいろ調べましたが今のところ出てきません。

Dさん：呼び名に留まったのですね。

先生：そのようです。医学分野では、『黄帝内経』(先秦時代〜

漢)という中国最古の医学専門書があります。『黄帝内経』
はしっかりと陰陽の考えを用いて医学を説いているの
で、中医学が陰陽の考えの上で成り立っていることは
よく知られています。しかし、四声に関してはそのよう
な例は見当たりません。

D さん：確かに不思議ですね。僕は唐詩が好きで、平仄のこ
とで、四声も含め音韻を調べたりしていました。「濁上
帰去」や「入声」などについてかなり盛んな議論が見ら
れました。しかし、陰陽の考えという視点での話は見た
ことはなかったのです。

先生：王力教授は、「入声」がいつ消えたのか、どのように消
えたのか、そして、上（shǎng）などの第三声の漢字がいつから、
どのように、第四声へと変化したのか、詳しく研究をな
されていましたが、いずれも音韻学という視点からの
ものでした。

C さん：そうすると、『中原音韻』以来、阴 平（yīn píng）、阳 平（yáng píng）という
声調の名前は使われていましたが、なぜそのような名
づけか、あまり問題視されてこなかったのですね。

D さん：『中原音韻』の著者がどのような思いを込めて第一声
と第二声に阴 平（yīn píng）、阳 平（yáng píng）という名前をつけたのでしょう
か。画期的なネーミングなはずと思いますけど。

A さん：感覚的につけたということもありと思います。

D さん：うん、『中原音韻』の著者もフィーリング的にわかり
やすく阴阳 上去（yīn yáng shǎng qù）という身近な漢字を例に取って挙げ

ただけかもしれませんね。

B さん：なるほど！阴阳 上 去（yīn yáng shǒng qù）は身近過ぎて、この文字列だと、確かに「なぜ第一声は陰という名に、第二声は陽という名にしたのか」という質問は出にくいですね。

先生：結果的に、そうでしたね。それでは、この史上ずっと不問にされてきた問題を私たちは見てみましょう。

5-2 易における陰陽の考えとは？

先生：陰陽の考えはより専門的に言いますと易になります。中国語四声法則との関係で、相対的にかつ統合的に見る必要がある時は「易」と、陰陽二元的に見る必要のある時は「陰陽の考え」と、他の陰陽観と区別する必要がある時は「易の陰陽の考え」と呼んでいきますね。

　　易の内容についても、必要に応じて四声法則との関係で紹介していきますね。

　　現時点では、次の点を押さえましょう。**陰陽の考えとは、物事を相反しつつも一方がなければもう一方も存在しないという二つの元素に分けて、ものの全体を理解しようとする考え方です。**

A さん：難しい！

先生：具体例を見ましょう。例えば、初期の中国人が一日ということを理解しようとします。まず、一日のことを相反しつつも一方がなければ他方も存在しないという二つの側面に分ける場面を考えてみてください。

Ｂさん：昼夜です。
_{zhòu yè}

先生：そして一日を昼と夜の相反する両面から観察するだけ
_{zhòu yè}
でなく、**相反する二元素の間の持ちつ持たれつの関係**
も見出してみるのです。

Ｂさん：つまり、昼と夜、昼からだんだんと夜になり、夜が
_{zhòu yè zhòu yè yè}
深まるとだんだんと朝を迎えるというふうに系統的に
見て「一日」をより深く理解できるということですね。

先生：はい、このようなプロセスを取って物事を見るスタイ
ルを陰陽の考えと呼んでいます。

Ｃさん：そうしたら、人間のことを理解しようとする場合も、
男と女という相反しつつもお互いの存在を前提にする
二つの側面に分け、それぞれ考察したうえで、人間全体
のことをはじめて理解できるということになりますね。

先生：簡単に言えばそのとおりです。そして、**この二分化し**
ながら統合するプロセスを繰り返していけば、物事の
本質が見えてくるというのです。

Ｂさん：そうでしたか！さっき身体の部位名称を見るとき、
先生は「首以上」「肩以下」と分けましたね。何でそん
な分け方なのか不思議でした。「五体」以外の首以上の
部位名称はほとんど第二声で、肩以下のそれはほとん
ど第一声でしたね。ということは、ある時点で、古の中
国人が人体を、首以上を陽、首以下を陰と陰陽的に二分
_{yáng} _{yīn}
化しながら統合して身体を観察したのですね。

先生：それが『黄帝内経』です。

A さん：確かに頭のほうはより日差しを受けるので、陰陽で身体を見る場合、头(頭)と鼻は阳(陽)になりますね。

C さん：頭の呼び名の首から头への移行も陰陽の考えの影響を受けた結果ですね。

先生：確信しています。『黄帝内経』は、ほかにも表裏などの切口から身体の部位・臓器の陰陽を決めています。表は陽で、裏は陰としています。

C さん：その部位の陰陽属性により、身体の部位名称には第一声群、第二声群という現象が起きてくるのですね。

先生：そのとおりです。ただ、**原則はそうですが、第三声の法則、第四声の法則との兼ね合いもあるので、具体的に見るという視点は常に必要です。**

D さん：そうでしたか。第三声と第二声・第一声の全体対部分の関係は陰陽の考えという波により引き起こされたのですね。头(頭)と鼻などの頭部の第二声グループは、なるほど、第二声でなければならないのですね。

その他の声調	第三声
眉、睫(睫毛)、眸(目玉)、瞳	眼
唇、牙(歯)、舌	口・嘴
額(おでっこ)、鼻、顴(ほっぺ)、颊(ほほ)、颌(あご)	脸
欢	喜

B さん：先生、話は表裏に戻りたいですが、表の代表は皮肤(皮膚)ですね。皮は表で阳(陽)の第二声になるのがわかり

ます。しかし肤(膚)は第一声ですよ。表でありながら阴(陰)の第一声になっています。なぜでしょうか。

D さん：四声法則は語素で考えるように、先生が言いましたよ。皮と肤は成り立ちが違うからではないでしょうか。

先生：そのとおりです。皮と膚は別物です。膚は、最初は虎などの動物の皮の下の肉を指していました。

C さん：そうか、皮下脂肪も含んだというか、そのものを指す肉でしたか。今でも、私たちはぶにゅぶにゅのお腹の脂肪をお肉と言うのですね。

A さん：皮膚にいくつかの層があることは化粧品の説明を受けるときよく耳にします。皮膚とは、直接外と接触する部分は皮、直接外と触れない部分は肤と、昔は使い分けていたのですね。皮下にある肤は日に当たらないので阴(陰)と第一声になりますね。すごい！皮肤でさえも、このように陰陽の二つの側面から見ていましたね。

先生：こうして、身体をさらに二元的に分けて、どんどん分けていくと、細胞の内と外と、二元的に分けることができます。細胞の内をさらに二元的に分けていくと、どこに辿り着くか、もう皆さんはご存じですね。

B さん：遺伝子だ！遺伝子をさらに二元に分けますと、遺伝子の二本鎖に辿り着きます。

A さん：陰陽の考えが遺伝子レベルまで通用するのですか！

先生：そうですよ。陰陽の考えを示唆する陶器が
5000年前の新石器時代後期に当たる大河村
遺跡から出ています。中国原人の誕生は
70万年とされていますよ。

Cさん：それだけの年月をかけて温められて
いたわけですね。

先生：そして、夏の連山、殷の帰蔵を経て、周の易経という
陰陽二つの元素の対立と統合により、森羅万象の変化
法則を説く最古の哲学書が誕生しました。

Cさん：そうだったのですね。**陰陽の考えが森羅万象の変化
法則ですね**。だから、今日の遺伝子に通じて当然ですね。

先生：その通りです。今話題の量子もつれにも通じますよ。

5-3 陰と陽のそれぞれの属性とは？

先生：陰陽の考えは、物事を相反しつつも一方がなければも
う一方も存在しないという二つの元素に分けてものの
全体を理解しようとする考え方であることを話しまし
た。それでは、中国語四声に陰陽の考え方がどのように
働いているのか、具体的に見ましょう。

5-3-1 陰陽の考えにおける日と月❶

Cさん：阴と阳は、日本語にも「陰気臭い」や「陽気」の言
い方があるので感覚的にはわかります。陰は日陰で、陽
は太陽そのものまたは日の射す場所ですね。

B さん：なら、明暗という切口で物事を考えることもできます<ruby>明暗<rt>míng àn</rt></ruby>ね。太陽が出ている間は昼間で、月が出ている間は夜です。先ほども出ましたが、昼夜、黒白という対概念を挙げることもできます。

A さん：曇り空と晴れ空も一対になります。曇りは陰で、晴れの中国語はなんと言いますか。

B さん：晴です。陰晴という陰陽の組み合せもできます。それから、日差しを遮って陰を作り出すこともできます。はい、遮るは遮です。そして、晴れる日や日の照らすところでは水分が蒸発され、物はよく乾く、日の当たらない場所では、水分はなかなか消えないですね。そこで質問ですが、先生、干(乾く)も湿(濡れる)も第一声です。干と湿の相反する者同士はどうして同じ陰の第一声ですか。

先生：それでは、まず、干という字を詳しく見ましょう。

C さん：干と言ったら、僕は、衣服干了吗(洗濯物・服は乾いたか)と一番先に浮かべますが、干は最初にこのために作られた言葉ではないですよね。

A さん：干ばつの意味かな。

D さん：いいえ、『新華字典』によると、干はもともと攻撃用の兵器でしたよ。

B さん：干は兵器でしたか。兵器だから第一声ですか。あ、そうか！戦争ですか。なるほど、戦争と言ったら死ですね。

理屈はわからないけど陰のイメージですね。

Ｃさん：すごい！刀も 枪 (槍、銃) も最古の武器とされる戈も第一声です。軍隊の軍も兵士の兵も第一声です。最高指揮者は「最」のキーワードに従って第四声の 将 になりますが、敵軍の首領を攻撃するはやはり第一声で、 将 と言います。敵のお城を攻める攻も第一声です。武器も兵士も動作動詞も第一声です！だから、軍事用に開発された 靴(長靴) も第一声ですね。

Ｂさん：はい、杀(殺)、侵と攻击(攻撃)の击も第一声です。

Ａさん：軍隊や兵器まで陰陽で考えていたのですか。言葉を失いそうです！

Ｄさん：面白いのを発見！凡師有 钟 鼓曰伐，无曰侵， 轻 日袭(『春秋左氏伝』莊公二十九年)。「凡そ師は鐘鼓を鳴らして討つのを伐といい、鳴らさず討つのを侵といい、軽やかに不意を討つのを襲という」の意味です。

Ｂさん：わかりやすい！鐘鼓を鳴らしてとは、堂々と明るみに出しているので伐は陽の第二声になります。一方、物音を立たずして討つのは言い換えれば、ひそかに裏でやっているので陰です。だから、侵は第一声です。

Ｄさん：鳥肌！結局、古代の中国人は、遺伝子で後の中国人の肉体を決めるだけでなく、四声という形で、後の中国人の思考回路までコードしていますね。恐ろしい！

先生：はい。戦争関連用語の第一声の具体例はだまだありま
　　　す。また後ほど詳しく話しましょう(P176 をご覧ください)。
　　　ここで陰陽の考えについてもう一つ重要なポイントを
　　　押さえましょう。伐(fá)と侵(qīn)があるように、**戦争は陰ですが、
　　　陰の中をさらに二元的に分ける**という点です。**陽も同
　　　じです。**

　　　　それでは、陰陽の考えにおける陰と陽とは何かイメー
　　　ジができたようなので、ほかに陰陽の考えにどんな属
　　　性があるかを見てみましょう。

5-3-2　陰陽の考えにおける内と外❷

D さん：先生、皮肤(pí fū)(皮膚)という内外の対で見たいです。

先生：そうしましょう。

D さん：早速ですが、授業の最初の頃、先生の、皮の炎症に伴
　　　う脓(nóng)(膿)、イボの疣(yóu)、こぶの瘤(liú)、ガンの癌(ái)などの第二声
　　　群に正直驚きました。それは皮が外という陽の属性を
　　　持っているから、皮(pí)の病気も第二声になったのですか。

先生：そうです。陰陽の考えはすごく素朴なのです。単純に
　　　陰陽二元化していくだけです。病気だから陽でなくな
　　　るという**善悪の判断はしない考え方**です。ちなみに、疾
　　　病という言葉ですが、皆さんならもうわかりますね。疾
　　　と病はそれぞれ意味を持っていること。

A さん：へえ？考えたことないです。

先生：中医学では疾と病は区別されていました。外側の病気
　　　は疾、内臓などの病気は病と呼んでいました。

Ｄさん：なるほど！皮膚系の病気ならまだ何とかできますが、
　　　　中の病気はたいてい気づくのが遅くなりがちですし、
　　　　昔簡単に取り除くこともできなかった時代では、内臓
　　　　の病気を病と第四声で言う気持ちがすごくわかります。

Ｃさん：話が飛んですみません、建築物呼び名ですよ。家は
　　　　なぜ第一声、门(門)はなぜ第二声か、もう説明は要りま
　　　　せんね。陰陽の考えの内と外の対ですからね。

Ａさん：そうだね。家は家とも言いますね。

先生：陰陽の考えにおける内と外という切口から、身体の部
　　　位名称、病名、建築物名称など、いろんな物事が第一声
　　　かそれとも第二声か推測することができます。詳しく
　　　はまた後程(P199をご覧ください)。

5-3-3 陰陽の考えにおける動と静❸

先生：陰陽の属性をもう少し見ましょう。陰と陽の声調が作
　　　られた当初の中国人になったつもりで、天と地を理解し
　　　てみましょう。はい、太陽と地球という対から行きまし
　　　ょう。では、聞きます。

🏃　太陽と地球、どちらが動的だろう？

Ａさん：地球です。地球は自転しながら太陽の周りを公転し

ています。中学校で習いましたよね。

C さん：感覚的にはどうでしょうか。僕は小学二年生までずっと太陽が地球を回っていると思っていました。

B さん：地動説と天動説の戦いがあったぐらいですからね。身体の感覚で言いますと、天動説になりますね。言語起源頃の中国人もおそらく太陽は動いていて、地球は止まっていると思っていたと思います。

先生：誰が中心かという話になるとややこしくなりますが、易は、素朴に身体感覚で、太陽がより動いているかそれとも地球がより動いているかを見ているだけです。

A さん：わかりました。古代の人々からすれば、地球は止まっていて、太陽は一日東から西へと動いています。それで、太陽が動で、動感のあるものは阳 (陽) で、地球のような静止感のあるものは阴 (陰) になるのですね。

先生：そのとおりです。動と静はそれぞれ陽と陰の第三の属性になります。

　　はい、地球と太陽は両方とも自転しながら公転していますが、より動いている太陽が陽で、地球が陰というように、**相対的に物事を見る**という易の重要な物事の見方も押さえましょう。

　　ちなみに、21 世紀に入って太陽が 217 キロ以上の秒速で公転していることがわかりました。太陽がより動的であるという 3000 年も前の易の宇宙観のすごさに再感動しました。

☆ なぜ、天は第一声だろう？

Ｃさん：先生、暦法上の言葉である时(時)、旬、节(節)と年の第二声のわけが分かりました。時とは、過去から未来へ移り流れて行く現象ですね。「止まらない」「移り変わっている」という陽の属性を持っているので第二声です。

Ｂさん：ほんとだ！滞りなく流れる意味の 常 も第二声です。

Ａさん：ワオ！これで时、旬、节、年と 常 の第二声は一発で覚えてしまいました。

Ｄさん：逆に、时と同じ寺のパーツを持つ待は、待つなので、静という陰の属性に従って第一声です。

先生：動と静の目線で見るといろいろ新発見ができますよ。

Ａさん：はい、新発見です。晴 天(晴れ空)の天、空の天の第一声の秘密を発見しました。太陽に対しても、月に対しても、地球に対しても、天は一定なので、第一声です。

先生：間違いなくそれが天の第一声の大きな理由の一つです。

Ｄさん：はい、为了(〜のために)、因为(〜から・ので)の第四声の为と行为(行為)、为人(人となり)の第二声の为の使い分けがすっきりしました。为了の为は目的、因为の为は理由を強調しています。行 为の为は行為そのものなので、動という陽の属性に従って第二声です。

Ｃさん：はい、僕も新発見です。先生、川の水も時もよく流れ

ているので、河流、流年の流が第二声なわけですね。

Bさん：でも、同じ川である江は第一声ですよ。しかも中国一の川である長江は河でなく、江と言いますよ。

Cさん：ほんとだ。扬子江、九江など、江の付く川がたくさんありますね。

♂ なぜ、江は第一声だろう？

Bさん：先生、江の第一声にはそれなりの理由がありますね。

先生：勿論ですよ。実はそもそも江は、最初から川の意味として使われていたか、疑わしいです。

Bさん：えっ？どういうことですか。『新華字典』など大抵の辞書は江を「大河である」と解説していますよ。

先生：江は古くから日本に伝えた漢字の一つなので、日本語にはその古い意味がまだ残っているかもしれません。

Aさん：「ウィキペディア」では……本当だ！江は川の意味ではなく、入り江の意味です。

Cさん：そうか！江は、そもそも川でなければ、当然河と同じ声調でなければならない理由もなくなりますね。

先生：「ウィキペディア」は、入り江のことをどのように説明していますか。大きい入り江のことを何と言いますか。

Aさん：入り江のことを「海岸や湖の一部が陸側にえぐるよ

うに入り込んでできた地形のことである」と言い、大きい入り江を湾と言っています。

Ｃさん：<ruby>江<rt>jiāng</rt></ruby>と<ruby>湾<rt>wān</rt></ruby>は、そろって第一声です！

Ｂさん：そうでしたか、<ruby>江<rt>jiāng</rt></ruby>と<ruby>湾<rt>wān</rt></ruby>が仲間ですね。流れや波があまり感じられないので、たとえ川の意味があるとしても、動きの速い<ruby>河<rt>hé</rt></ruby>に対しては<ruby>静<rt>jìng</rt></ruby>ですね。だから第一声ですね。

先生：Ｂさん、易の相対的視点を活用していますね。

Ｃさん：<ruby>江<rt>jiāng</rt></ruby>と<ruby>河<rt>hé</rt></ruby>は静と動という陰陽の対になっていますね。習慣的に使い分けられてるなどではなかったのですね。

Ｂさん：でも、先生、僕はスッキリしません。<ruby>長江<rt>cháng jiāng</rt></ruby>は中国一長い川で、すべて入り江のような緩やかで静ではありません。<ruby>虎跳峡<rt>こちょうきょう</rt></ruby>のような激流もあります。

Ａさん：あの頃の中国人はまだ長江の上流に虎跳峡などあるとは知らなかったのではないでしょうか。

先生：Ｂさんはやっぱり品質管理の方です。「なぜなぜ法」をどんどん効かせていますね。では、Ｂさんの質問に答えましょう。その前に漢字をいくつか見ておきましょう。

✗　<ruby>長江<rt>cháng jiāng</rt></ruby>の名に込めた秦の始皇帝の思いとは？

先生：まず<ruby>天<rt>tiān</rt></ruby>を見ましょう。

Ａさん：えっ？<ruby>天<rt>tiān</rt></ruby>は太陽に対して静なので第一声だという話

はもう済んだと思いますが。

先生：実は天の第一声にはほかにも理由はいくつかあります。
**同じ漢字の同じ声調に同じ方向の陰陽属性をいくつも
重ね持つ場合は多々あります。** 天の陰の属性をもう一
つ見ましょう。まず植物を、とりわけ稲を例に考えまし
ょう。水をたっぷり張りたい時期に日照りが続いてなか
なか雨が降ってくれないと稲はどうなりますか。

D さん：そうですね。周より前の時代ではまだどうしようも
できませんでした。中国最古の水利建築物は、戦国時代
から始まって秦の時代で完成した都江堰ですからね。

先生：それでは、せっかく日照もよく雨も適時に降ってくれ
ても、収穫寸前に台風がやってきたら……？

C さん：わかりました！先生、あの時代、良いことも悪いこ
ともすべて天気次第でしたね。天意がすべてでした！
意はまさに強く言いたい言葉ですね。うん！天には万
物の主宰者の意味が今も残っています。「オー！マイゴ
ッド！」は、我的天啊！と言いますね。天命、天性や
天子等の言葉のように、天はすべて決める存在、拘束
する存在でしたね。天意の下では勝手に動けない、静に
陥るものですね。

先生：ちなみに、天子という呼び名自体は西周に遡ることが
できます。しかし最高統治者の意味を一般的に持つよ
うになったのは漢からのようです。そして、天子という

言葉が生まれたきっかけは、たぶん西周でも大きなアクションがすべて占いで決められていたことと関係していると思います。天（tiān）と交信し、天意（tiān yì）を伺い従って行動した結果、西周が栄えたので、武王のことを天（tiān）の嫡子の意味で天子（tiān zǐ）と呼ぶようになりました。この場合、まだ王の上に天（tiān）があり、王は天（tiān）の下にいましたが、次第に天子（tiān zǐ）の中身が変わり、秦以降は、天子（tiān zǐ）は天（tiān）に取って代わり至高无上（zhì gāo wú shàng）（この上にない）の存在になりました。

D さん：なるほど、西周以前は行動の根底にまだ自然への畏怖の念が主導でしたが、秦以降は制覇の念が主導になりましたね。先秦時代の中国と秦以降の古代中国は何か違うなと思いましたら、ここでしたね。

先生：次、君（jūn）という字を見ましょう。君（jūn）の意味とは？

B さん：封建社会の最高統治者と辞書が言っています。

C さん：君（jūn）も天子（tiān zǐ）の天（tiān）も第一声です。江（jiāng）も第一声です。何か繋がりがありそうですね。

先生：殷の時代から春秋戦国にかけて江（jiāng）という諸侯国がありました。禹の治水成功を手伝ったことで采地が与えられ、江（jiāng）の国を作ったそうです。

B さん：江（jiāng）には水を制する意味があるということですね。君（jūn）、天（tiān）と江（jiāng）は制するというキーワードで繋がりました！

先生：因みに、長江（cháng jiāng）が長江（cháng jiāng）と呼ばれるきっかけは、秦の時代に発行された虎符みたいなものでした。虎符のようなものは、水上交通状況の考察権限を証明するために発行されるものでした。

Ｃさん：水戸黄門の印籠のようなものですね。

先生：水戸黄門の印籠の出番に似たような場面も想像できます。白川静先生の『字統』によりますと、その、虎符のようなものには長江（cháng jiāng）のことを江（jiāng）と記していたため長江（cháng jiāng）という名前の誕生につながったそうです。

Ｂさん：江（jiāng）は、秦の始皇帝の天下を制する思いから長江の名前に用いられたのですね。江（jiāng）は、最初の水を制御する意味から水路を制御するまで広げられましたね。

Ｃさん：江（jiāng）は、入江のような穏やかな水であるという静の属性のほか、水や水路を制するという天（tiān）と君（jūn）に通じる「威圧的」という静的な属性も持っています。そう言えば、威（wēi）も圧（yā）も第一声です！

先生：よく気づきました。威圧感、威圧から来る萎縮感という目で漢字を眺めれば、大きな漢字群が発見できますよ。導入部分では、このぐらいにしましょう。

Ｂさん：ところで、先生、陰の「萎縮感」「威圧感」に対してどんな陽がありますか。

ヰ　なぜ、求<ruby>qiú</ruby>は第二声だろう？

先生：神<ruby>shén</ruby>、佛<ruby>fó</ruby>や王<ruby>wáng</ruby>などの名前を聞いたらどう感じますか。

Ｃさん：うん、信じるか信じないか「自由」ですし、どちらかと言うと、拜神<ruby>bài shén</ruby>(神様を拝む)、拜佛<ruby>bài fó</ruby>(仏様を拝む)、推他为王<ruby>tuī tā wéi wáng</ruby>(周囲から彼を王に押す)の言葉があるように、人がそれを求めて集結してくるのが主なイメージです。

Ｂさん：集結は集結と言い、人の力を集結する場合は凝聚<ruby>níng jù</ruby>と言い、求めるは求<ruby>qiú</ruby>と言い、自ら行動するという陽の属性を持っていますね。

Ｃさん：网 红<ruby>wǎng hóng</ruby>(インフルエンザ)も一つの群れの王様ですね。

先生：そのイメージで宜しいです。

　　　第二声は、陰陽の考えにおける動という陽の属性を持っています。その動は、物理的なものもあれば、人が募ってくるような、行動を促す、いわば、求心力のようなものもあります。これに対して、第一声は、陰陽の考えにおける静という陰の属性を持っています。その静は、物理的なものもあれば、人々を、心理的に威圧を与え、萎縮させ、受動的に静に陥らせるものもあります。具体的には君・天子<ruby>jūn tiān zǐ</ruby>対神・佛・王<ruby>shén fó wáng</ruby>という対でイメージを付けてください。詳細はまた後程(P253、P267をご覧ください)！

5-3-4 陰陽の考えにおける上と下❹

B さん：先生、陰陽の考えについて、日当たりと日陰、外と
　　　　内、動的と静的及び求心的と萎縮的と見てきましたの
　　　　で、「なぞなぞ」もだいぶ解けました。そして、日当た
　　　　りと日陰という目線で身体を見ますと、脖_{bó}(首)以上は原
　　　　則第二声、肩_{jiān}以下は原則第一声という四声法則はもう
　　　　手に取るようにわかりました。しかし、先生、なぜか、
　　　　自然現象となると、僕はいきなりわからなくなります。

先生：話してみて。

☆　　清_{qīng}と濁_{zhuó}の易的な見方

B さん：清_{qīng}と濁_{zhuó}です。清_{qīng}は上にあり、濁_{zhuó}は下にありますね。

C さん：ドブロクで沈殿した上の部分が清酒なのですね。

B さん：なのに、声調は真逆ではありませんか。

先生：いいえ。濁っている水、いや、C さんの大好きなドブロ
　　　 クで見ましょう。液体をよくよく見てください。どうい
　　　う時、濁_{zhuó}と言い、どういうとき、清_{qīng}と言えますか?

B さん：なるほど。濁り成分が下のほうへ沈んでゆくから、
　　　　清_{qīng}という部分が初めて現れてきます。清_{qīng}は下降するも
　　　のが下降しきって静になって初めて成り立つものです。
　　　上にあるのは現象であって、清_{qīng}の本質ではないですね。

だから、清は、表面的な現象である<ruby>上<rt>shàng</rt></ruby>の第二声ではなく、本質的な<ruby>下<rt>xià</rt></ruby>、<ruby>静<rt>jìng</rt></ruby>という陰の属性に従っていますね。

先生：Bさん、本質という言葉を使いましたね。素敵！

Bさん：ありがとうございます！そうしますと、先生、<ruby>浊<rt>zhuó</rt></ruby>も濁り成分などが舞い上がっていなければ、そもそも混濁状態にならないから、<ruby>浊<rt>zhuó</rt></ruby>の本質は<ruby>上<rt>shàng</rt></ruby>、<ruby>动<rt>dòng</rt></ruby>(動)という陽の属性に従っていますね。

先生：そのとおりです。漢字の声調を見る際、その漢字の本質を見ることが大切です。

Dさん：先生、ちょっとだけ脱線しますが、この「本質」が第一声と第二声の法則発見を阻害していたのではないかとふと思いました。

先生：かもしれません。表面的に漢字の第一声と第二声を見てしまうと、陰陽逆転現象が数多く起きます。さらに第三声と第四声が混ざりこんでくると……。

Dさん：もう訳も分からなくなり、陰陽の法則性が見えなくなりますね。結局、四声をバラバラの記号として扱わざるを得なくなりますね。

先生：本題に戻りましょう。**漢字の第一声か第二声か迷うとき、本質的に見る、具体的にイメージする**、この点を押さえてくださいね。

一同：わかりました。漢字だけでなく、仕事も人生も！

✿ なぜ、高_{gāo}も低_{dī}も第一声だろう？

Ｃさん：先生、僕も「声調矛盾」の漢字を見つけました。

先生：なんでしょう？

Ｃさん：上下と言ったら、高低_{gāo dī}という言葉がありますね。低_{dī}は、低い所で日差しが悪いから、陰の第一声になるのはわかりますが、高_{gāo}は、太陽光をより受けるほうで、第二声になってもおかしくないと思いますが……。

先生：それでは、『新華字典』が引用している『説文解字』の解釈を見てください。高_{gāo}のことを何と言っていますか。

Ｄさん：「崇也_{chóng yě}……。與倉、舍同意_{yǔ cāng shě tóng yì}」と言っています。高い倉_{cāng}(倉庫)や舍_{shè}(居住する建屋)と同じ意味と言っています。ということは『説文解字』の時代、つまり西暦121年頃、高_{gāo}はモノの収蔵や人の住居用の高い建築物でした。

先生：倉_{cāng}それから家_{jiā}や居_{jū}の第一声について、また詳しく話します。そこから高_{gāo}の第一声の理由の一つが分かります。実は、白川先生の『字統』によりますと、高_{gāo}は大昔、京_{jīng}と仲間で、戦と関係があったらしい。

Ｂさん：でも、それなら、高_{gāo}という言葉は、本来、太陽を受けて陽なのに、現実に第一声で表現されることになり、しかも、大昔からずっとこのような陰陽反転の状態でほったらかしにされているのも何か腑に落ちませんよ。

先生：それはそうですね。古代の人はどうしていたでしょうか。果たして、古代の人達の目から見ても高の声調が陰陽反転になっているかしら。

Ｂさん：先生、どういうことですか。

先生：くどいけど、先ほど、私たちは皮肤(皮膚)という言葉になぜ感心しましたっけ。

Ｂ さん：言葉の厳密さに。そうか、高と上は別概念ですね。高だからより太陽を受けていると言ってもあくまでもそのものの上部であって、全体ではないですよね。

先生：素晴らしい！上と高は確かに重なる場面はあるが、上は上部であって、宙に浮いているイメージでさえありますが、上と言える部分は太陽をより浴びると言えます。高はいくら高くてもあくまでもそびえるので、太陽を受けることのできない部分が必ず存在しています。

Ｄさん：先生、ふと思ったのですが、「できる・できない」「わかる・わからない」などの表現が、中国語にはなぜあれだけ存在しているのか、すべてこの中国語の厳密さから来たものですね。

先生：その通りです。その厳密さは、素直に自然観察から来ていると思いますよ。**全体の中の部分という目ですべてを見ている**からだと思います。高と上を見るとき、高は全体で、上は部分というふうに見えませんか。

5-3-5 陰と陽の考えにおける分と原❺

♈ なぜ、元は第二声だろう？

Bさん：先生、第四声の秘密のところでも質問しましたが、
生 の第一声です。 生 はどこの国でも喜ばしいことで
す。特に中国では、紅喜蛋(子供が産まれたら配る赤く着色した
ゆで卵)というユニークな祝い習慣がある
のに、 生 は第一声です。第四声でな
いことをすでに不思議に思いましたが、
戦争など死のイメージのある第一声と
同じ声調で発音するのは、理解しづらいです。

先生：そうですか、それでは、 生 の第一声の謎に迫りましょ
う。まず、太极图の太极とは何か調べてください。

Aさん：はい、「グーグル」は「太极とは万物の生ずる宇宙の
元」と言っています。

Cさん：へえ？！太極とは原初であり混沌とした状態とも説
明されています。今のビックバーンという混沌から宇
宙が誕生する話と重なりますね。

先生：そうです。それはさておき、「宇宙の元」の「元」の中
国語は何と言いますか。

Bさん：元です。

先生：川などの水の元、水源の源は？

Ｄさん：源です。『説文解字』は泉と原にも源の意味がある
　　　　と言っています。

Ｃさん：ひらめいたぞ！先生、太極の極にも、宇宙の根元の
　　　　元にも、水の元である源、泉と原も全部第二声ですね。
　　　　「物事の起きはじめる元」の意味を持つ言葉は第二声
　　　　ということですね。

Ｂさん：でも、先生、これと生の第一声との関係とは？

✿ なぜ、中国人は数え年だろう？

先生：何度もすみません。皆さん、皮肤の声調に感心しまし
　　　たね。何に感心しましたっけ？

Ａさん：大昔中国人の言葉の厳密さに感心しました。

先生：はい、もう一度感心しましょう。私たちは往々にして、
　　　人の一生や物事を、形の生成消滅で見てしまいがちで
　　　すが、**易は、目に見えない、物事のはじまりから見てい
　　　ます。**つまり、物事は変化の元があって、そこから起き、
　　　そして成就し消滅していくと見ています。太極図で言
　　　うと、**白い魚と黒い魚で陰陽の消長変化
　　　を表し、白い魚眼は物事の変化の元を
　　　表し少阳と言い、阳です。**

魚眼

Ｄさん：太極図の白い魚眼はそういう意味
　　　　でしたか！だから、元、源、泉と原
　　　　は第二声ですね。

C さん：なるほど、物事は変化の元があって初めて変化するということですね、中国人は、昔こんなに繊細でしたか？

B さん：それは繊細ではなく物事をより全体的に見ているからですよ。出産で見ますと、生（shēng）は、変化の元である精子を得る原因行為後 10 か月経った頃のことなので、物の起き始まる原（yuán）（元）ではないですね。陰陽的には生（shēng）は第二声になれないですね。

先生：その通りです。数え年は中国人の独特な年齢の数え方です。その根底に易という物事の見方があるからです。

A さん：人の始まりを、古代中国人は、目に見えない受精卵の誕生からカウントしていますか！確かに、命が間違いなくそこから始まったのですね。なぜか、私も数え年で年齢を言いたくなりました！

B さん：先生、生（shēng）は第二声で発音されないことはよくわかりました。では、第一声になる理由をお願いします。

先生：生（shēng）の第一声の理由は多いです。中でも、生（shēng）が母体からの枝分けと大昔の人達も見ていたと考えられます。

A さん：日本語も「血を分ける」と言います。

B さん：分けるは分（fēn）です。第一声です。フシギー！

C さん：ほんとだ！分（fēn）の意味のある漢字も第一声です。木の場合、幹から分かれ生まれるものは枝（zhī）と言い、枝の先っ

ぽに分かれ生まれるものは ${}^{y\check{a}}$ 丫 と言いますね。生物進化系統樹図は、陰陽の考えが生まれた時代の中国人の頭の中にすでに存在していたか。すごーい！

先生：${}^{sh\bar{e}ng}$ 生 グループの漢字は実に多いので、詳しくは各論で見ましょう。

　はい、以上、中国語四声法則との関係で、易の陰陽の考えについて、私たちは五つの属性を見てきました。それでは、この5つの属性を具体的に駆使して中国語のバラバラと思われる四声をグルーピングしましょう。

　そうですね。第三声と第四声の視点も忘れないように、第一声と第二声も入れた中国語四声の秘密をまとめたカードをここに置きます。

図4　中国語第一声と第二声の秘密

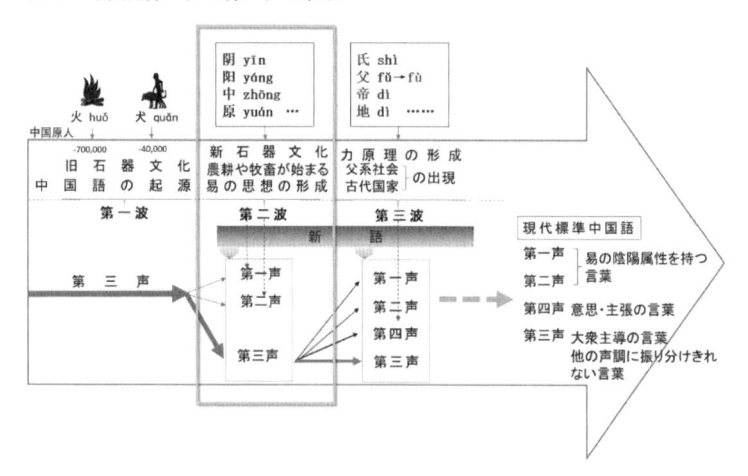

6 中国語第一声・第二声の法則

先生：さて、中国語四声陰陽秘密の導入部分において、四声の効率的習得の最も基本的な5つの陰陽属性をさらっと見てきました。

C さん：古代中国人の哲学と聞いて脳みそがちぎれそうでしたが、意外とスーと身体に入りました。

B さん：それは先生の誘導の下での話ですよ。一人でとなるとどうかな。自信はありません。

先生：では、自信がつくように具体例を体験しましょう。

6-1 陰陽の考えにおける太陽と月❶

B さん：先生、早速ですが、私はもう自信喪失です。

先生：B さんの頭の中は宇宙誕生前ビックバンの混沌状態になりましたかね。現時点では大いに混沌していいですよ。さて何に混沌しているのか話してみてください。

B さん：光です。明るいです。なのに、陰の第一声です。

先生：戸惑ったら原点に立ち戻りましょう。

B さん：原点とは？

先生：一般的にいう明るいではなく、矛盾しながら一体性をなす太陽と月というところに戻ってみるのです。

C さん：わかったぞ！月はまん丸の時は確かに明るくて明月になりますが、それは月自身の光ではなく、あくまでも太陽光の反射ですね。

先生：はい、Cさん、それで？

Cさん：明月はいくら明るくてもいくら光っていても陰です。

Bさん：そうか、光と言っても、自ら出すものもあれば、受けて反射するものもあるから、光はイコール太陽光にはならないですね。

先生：その通りです。人生いろいろ、光もいろいろですよ。光をさらに陰陽二元的に分けて見ると、面白いよ。もっとも光(guāng)の第一声にはほかにも大きな秘密がありますね。

6-1-1　陽 - 太陽と月

なぜ、烛(zhú)は第二声だろう？

先生：光(guāng)を陰陽二元的に見ると、発光体は陽で、反射体は陰ということになります。

Bさん：あんな昔の人達が発光体か反射体か、そこまで考えたのでしょうか。

Dさん：考えたと思います。発光体と反射体という言葉ではないかもしれませんが、概念的に本能的に光が他の物体に依存しているかどうかを区別していたと思います。

先生：電気どころか、火でさえいつもあるわけではない人類の最初の100〜200万年を考えてみてください。発光源に対する思いは私たちより遥かに切実だと思います。このように第一声と第二声の声調を見るとき、時々原

始人視点を持ちましょう。少なくとも新石器時代の感
覚を持つ必要があることを、念頭においてくださいね。

C さん：はい、発行体を挙げますよ。蝋烛(蝋燭)の烛(燭)です。
ちなみに、僕は蝋燭で飾り付けた部屋で妻に告白しま
したよ。

A さん：いいなあ。蝋燭のゆらゆらしている炎は何とも言え
ないほどロマンチックです。そういえば、炎の四声は？

C さん：炎です。やっぱり第二声ですね。はい、一気に挙げま
すよ。人の魂と呼ばれている燐火の磷、夏の風物詩であ
る萤火虫(ホタル)の萤、それから、かすかな蝋燭の光
も荧と言います。

A さん：ワァ！全部第二声ですね。これは覚えやすいです。
火で物を燃やす際、燃えながら光を出しているので、そ
ういう系のものを第二声で覚えればいいですね。

B さん：へえ、へえ、へえ、そうはいきませんよ。我是汉语发
烧友(私は中国語に夢中の人です)の烧は第一声ですよ。

A さん：焼き芋という日本語からも、烧は単純な燃やす意味
ではないような気がします。

先生：烧はなぜ第一声なのか。易の生成変化法則のコア部分
に絡んでいるので、陰陽感覚をもう少し掴んでから見
ましょう。それでは、Aさんの「燃やし系の漢字は第二
声」の仮説を検証しましょう。

☆ なぜ、燃^{rán}は第二声だろう？

先生：火^{huǒ}は太陽の次の大きな発光源で、いろんなものが燃え
　　　たり火の燃料になったりしますね。

Cさん：わかりました。先生、燃える関連動詞と火の燃料系
　　　　の名詞を挙げるのですね。早速燃える動詞を挙げます。
　　　　燃料の燃^{rán}、山焼きの焚^{fén}、野焼きの燎^{liáo}です。

先生：燎^{liáo}は『詩経』の時代では大きな松明やトーチのような
　　　ものでした。今はCさんが挙げてくれたように主に「野
　　　焼き」の意味ですが、ほかにもいくつかの意味を持ち、
　　　声調も第二声、第三声、第四声と三つ持っています。そ
　　　れぞれの声調の「燎」を見れば、四声法則が手に取って
　　　いるように感じ取れます。各自でやってくださいね。

Bさん：先生、さっき戦争系のところで「でも」を言いたかっ
　　　　たが、言わなくてよかったです。

先生：何のことですか。

Bさん：営^{yíng}(营)です。今は営销^{yíng xiāo}(セールス・販売・マーケティング)でよ
　　　　く耳にする言葉ですが、軍営^{jūn yíng}(軍営)が最初の意味でした
　　　　ね。子供のサマーキャンプのことを夏令営^{xià lìng yíng}というのも
　　　　そこから来たのですね。その営^{yíng}は第二声ですよ。

Aさん：へえ？軍営なのに何で第二声なのですか。

Bさん：謎が解けましたよ。営^{yíng}の旧字は、頭に火が
　　　　二つもついていますよ。

先生：Ｂさん、よく調べました。营^{yíng}はたしかに居住関連の言葉で、駐屯の地の意味があり、『説文解字』は、「円状になって居住する」と具体的に言っています。

Ｄさん：なるほど、これらの情報を総合しますと、营^{yíng}について、行き先で夜となると火を囲んで泊まるという情景が浮かびます。定住地とは陰陽の考えにおける動静の対をなしていますね。营^{yíng}は、「燃やす」「動いている」と陽の属性をダブル持ちしていますね。

先生：そのうち、营^{yíng}の第三の陽の属性も現れてきますよ。それでは、燃える・燃やす関連の動詞は第二声になることを押さえておいて、燃料系の漢字に行きましょう。

✘　なぜ、油^{yóu}は第二声だろう？

Ａさん：燃料と言ったら、加油^{jiā yóu}（頑張れ）の油^{yóu}です。ほかに、石炭、薪、アルコールも燃料です。

Ｂさん：煤^{méi}、炭^{tàn}、薪^{xīn}、酒精^{jiǔ jīng}と言います。

先生：アルコール類は、酒精^{jiǔ jīng}という俗語のほかに、もう一つ言い方がありますね。

Ｂさん：アルコールは大変注目されているクリーン燃料で、主成分は醇^{chún}です。はい、煤^{méi}、炭^{tàn}、薪^{xīn}、醇^{chún}になりますが、先生、薪^{xīn}は燃料なのに第一声です。

先生：1292年の『韻会』では薪（xīn）はまだ第二声で日本語の薪と同じ意味でした。後に柴（chái）、草（cǎo）、樵（qiáo）など植物系燃料の総称の意味が新たに生まれ、声調も第二声から第一声へと変化しました。総称になるとなぜ第一声になるかについては、また後程(P199をご覧ください)。

✿ 硫（liú）と硝（xiāo）の声調違いの秘密

Cさん：先生、燃料と言う名前でいいかどうはわかりませんが、花火の原材料である硫（liú）・硫磺（liú huáng）も第二声です。

先生：硫磺（liú huáng）は燃料ですよ。燃料だから火薬の成分になったのですね。そこで質問です。火薬は硫（liú）、硝（xiāo）と炭（tàn）の混合物ですが、硝（xiāo）はなぜ第一声なのでしょうか。

Bさん：先生、全然ひっかけのない質問ですね。硝（xiāo）はそもそも燃料ではないからです。酸化剤として助燃に使っているだけです。

　しかし中国古代の技術に脱帽しました。火薬の配合は、感覚的ではなくそれぞれの原材料の本性を把握したうえでの火薬発明ですね。なんといっても、四声がこれを教えてくれるなんて信じられません。

先生：因みに、火薬が発明された後、軍事利用される前、中国では長い間舞台の演出など娯楽に利用され、世界に類を見ない爆竹熱愛の文化を醸成してきました。
　はい、次、人類の火の利用の文明を辿ってみましょう。

☆ なぜ、陶瓷^{táo cí}は第二声だろう？

先生：早速ですが、火を使って人類が作った最初のものとは何でしょうか。

Ｃさん：先生、また全然ひっかけのない質問ですね。陶瓷^{táo cí}(陶磁器)です。

Ｂさん：ということで、陶磁器関連の言葉を見るのですね。火を使ってできたものなので、陶^{táo}(土器)と瓷^{cí}(磁器)の関連漢字は第二声になるのですね。

Ｃさん：はい、一気に挙げてしまいますよ。ちなみに、陶磁器の磁の中国語も第二声でcíと言います。

第一声	第二声	第三声	第四声
zhuān 砖 (レンガ)	táo cí píng tán 陶、瓷、瓶 (花瓶)、坛(かめつ hú pén yáo ぼ)、壶(壺)、盆(お盆)、窑 pán (窯)、盘(トレー、お皿)	wǎn 碗(茶碗) wǎ 瓦	yòu 釉(釉薬)

Ｂさん：碗^{wǎn}は、文字の形からも推測できますが、石製ですね。それより前、果実などの殻を使っていたことも想像できます。碗^{wǎn}の第三声は大衆主導の言葉ですね。

先生：そう思います。それから、窑^{yáo}(かまど)は陶磁器ではありませんが、陶磁器を作る道具で、火を前提とする道具のため第二声になったと考えられます。

Ｂさん：じゃ、砖^{zhuān}(レンガ)の第一声はなぜでしょうか？

先生：砖(zhuān) は現在焼き物になっていますが、当初は、経済力の関係で多くの場合、焼かずに天日乾燥のものでした。

Bさん：そうでしたか。衣服干了(yī fu gān le)(服が乾いた)の干(gān)と通じるところがありますね。

先生：はい、干(gān)は兵器のセッションで少し触れましたが、砖(zhuān)、干(gān)はまた「水」のセッションで話します。ただし、砖(zhuān)ですが、建築材として古代の人々は砖(zhuān)に何を求めていたかと考えますと、それはまた別の陰の属性が見えてきますね。

✗ 炉と灶(lú zào)の声調違いの秘密

Cさん：先生、炉子(lú zi)(ストーブ)の第二声のわけは窑(yáo)(かまど)と同じですよね。

Bさん：でも、煤气灶(méi qì zào)(ガスコンロ)も火を使ってご飯を作る道具ですが、何故第四声なのでしょうか。炉子(lú zi)(ストーブ)より重要と言われてもピンと来ませんけど。

先生：食盐(shí yán)(食塩)と言ったらどうですか。ピンと来ませんか。

Bさん：そうでしたか。塩を火で作る時使ったのが灶(zào)(コンロ)でしたか。ピンと来ました！命、専売などのキーワードが浮かびます。

先生：盐灶(yán zào)(塩づくり用かまど)という言葉は存在しますが、塩と炉の組み合わせは存在しません。ちなみに、形態的にも、

灶のほうは必ず台が付くのでより進んだものです。今では形ではなく機能で区別されていますけど。

B さん：炉と灶（zào）はこんな違いがあったんだ！だから煤気灶（méi qì zào）（ガスコンロ）と煤油炉（méi yóu lú）（石油ストーブ）なのですね。

☆　なぜ、食（shí）、盐（yán）と糖（táng）はそろって第二声？

C さん：先生、食盐（shí yán）（食塩）の盐（yán）（塩）も第二声です。天日の場合でも加熱の場合でも陽の産物ですね。

先生：そのとおりです。

B さん：それなら、現代人にとって大きな悩みのもとになっている糖尿病（táng niào bìng）の糖（táng）も、飴の饴（yí）も同じですね。

D さん：新しいものを作るのではないけれども、熱を加えるので熟（shú）、食（shí）（食べ物）、魚の肉である肴（yáo）も熱を前提にしている漢字ですね。ほかに、バラバラになりますが、医療の疗（liáo）も漢字の形からしても火と関係のある漢字だとわかります。針灸（zhēn jiǔ）の灸（jiǔ）も火を使いますね。

C さん：「火の利用」の線で漢字を見ますよ。火を使っているということは熱を利用しているという場合が多いですね。熱がキーワードの言葉を挙げますよ。

D さん：はい、爵（jué）と角（jiǎo）です。古代ではお酒を温めるための道具でした。爵（jué）はお偉い様の中のお偉い様が、角（jiǎo）は普通の

お偉い様がそれぞれ使っていたと言われています。

C さん：暖かいお酒が体に入ると、または、温かい言葉を耳にすると、渾身暖融融（体がほかほかになる）になります。融（融ける）は融入职場（職場に溶け込む）の融のようにも使います。すごい！「とける」系の漢字は同じ発音になっています。「液体にとける」の溶も、「固体が解ける」の熔も、róng と言います。热（熱）で統一しているのですね。

B さん：なるほど。そう言えば、「熱い感情・思い」を表現する忱も第二声です。烦恼の烦も「熱による頭痛」が最初の意味とされていますね。確かに、火・熱・暖かい系は第三声の暖や第四声の热はありますが、第一声の影すらなくなりましたね。陽の属性に従って第二声がメイン声調になっていますね。しかし、先生、寒と凉は寒い、涼しいのにどうして第二声ですか。

D さん：それは、ここまで陰陽法則を勉強してきたおかげで僕も答えられますよ。寒と凉はどちらも気候の言葉です。时と年の仲間です。陰陽の考えにおける外、动という陽の属性を持っているからですよ。そうですよね、先生！

先生：そのとおりです。詳しくは陰陽における動のセッションで話しましょう。それでは、太陽と月という対の陽について、皆さんは具体的感覚を持つようになったので、次に行きましょう。太陽と月の対の陰を見ましょう。

6-1-2 月-太陽と月❶

☆ なぜ、灯は第一声だろう？

D さん：先生、質問です。先ほど、太阳(太陽)、烛(燭)は自ら発光しているから陽の属性に従って第二声になることはよくわかりました。しかし、电灯(電灯)も光を出しているのに、灯(ランプ)は第一声です。

先生：悩んだら原点に立ち戻る！灯について、『新華辞典』は何と言っていますか。

D さん："置烛用以照明的器具"です。そうでしたか！灯とは烛が中に置かれている照明器具が原義でした。

B さん：蛍光灯も銀粉がなければ電気だけでは光らないものですね。灯は発光体そのものではないから、第二声にならないのですね。

C さん：発光体か反射体かという目で物を見ますと、いろんな変な現象が変でなくなりました。例えば、大好きな辉(輝く)ですが、それが太陽などの光を受けた大気層の反射でキラキラきらめいて見えたので、陰の第一声になります。晖(太陽の周りの虹色の輪)も晶(キラキラと輝く)も同じですね。そう、そう、もう一つすごく納得のいく漢字があります。星星(星)です。多分、大昔の人達は空に太陽のような恒星は一つで、ほかの星は全部太陽の反射体と思っていたかもしれません。

Ｄさん：いや、后羿射日(大羿射日)という神話では空に九個の太
　　　　陽の話があります。その時星という名前もすでにあっ
　　　　たと思いますよ。

Ｂさん：そうか、じゃ、星星の第一声のわけは別にあるとい
　　　　うことですね。

先生：はい、それではそのわけを見ましょう。

☆ なぜ、朝は第一声だろう？

先生：またひっかけのない質問をしますよ。星星はいつ見え
　　　ますか。

一同：夜です。

Ｂさん：そうか！夜だから、間違いなく陰の属性を持ってい
　　　　ますね。あっけないというと失礼ですが、蓋が開けられ
　　　　る前、星星の第一声はすごく神秘的だと思いましたよ。

Ｃさん：夜関係の第一声漢字は意外と少ないですね。日暮、
　　　　黄昏、暗、黒、夜、晩、睡覚(寝る)の中、第一声なのは
　　　　黒と昏ですね。

Ｄさん：宵(夜)も第一声ですよ。花宵(結婚日の夜)、良宵(心地
　　　　よい夜。美しい夜)がその用例です。

Ｂさん：花宵は花烛之夜(結婚初日の夜)とも言いますね。

Ｃさん：でも、ほかの言葉は浮かびません。

Ａさん：夜となると寝るだけですからね。

Ｄさん：後は打更(dǎ gēng)の更(gēng)ぐらいかな。

Ａさん：打更(dǎ gēng)とは何ですか。

Ｄさん：漢の時代から一晩を五等分にし、一等分は今の二時間に当たります。それを更(gēng)と呼んでいました。夜になると夜警のような役人が更(gēng)ごとに時報をしていました。それを打更(dǎ gēng)といいます。

Ａさん：10 時間もある！？古代の夜はさすがに長いですね。

先生：打更(dǎ gēng)はもう死語に近いですが、更(gēng)という言葉は健在です。変更(biàn gēng)、更換(gēng huàn)などの形でよく使われていますし、第四声の更好(gèng hǎo)(より良い)の更(gèng)(さらに)まで現れました。

Ｂさん：はい、例をあげます。

半夜三更你怎么还不睡啊(bàn yè sān gēng nǐ zěn me hái bù shuì a)(もう深夜だよ、まだ寝ないの)？
比起少吃,我更喜欢多吃多运动(bǐ qǐ shǎo chī, wǒ gèng xǐ huan duō chī duō yùn dòng)(減量食事より、よく食べく運動のほうを選びたい)！

先生：ありがとう！また変哲のない質問をしますよ。夜の代表格は何でしょうか。

Ｃさん：月亮(yuè liang)(お月様)です。

先生：それでは、月亮(yuè liang)の月(yuè)が付く漢字をまず見ましょう。

Ｄさん：はい、朝夕(zhāo xī)です。夕(xī)の第一声は理解しやすいですが、

先生、朝の第一声の理由はなかなか思いつきません。それに、朝日の朝なのに、なぜ月が付くのですか。

先生：細かい話は別の機会にしますが、朝は本来「月の隠れていく時刻」、夕は「月の現れる時刻」というべきかもしれませんよ。

D さん：なるほど、旦は朝日が地面に表れるときの朝で、朝は月の隠れていく朝ですね。旦と朝はもともと時刻の違う朝をそれぞれ表していますね。

C さん：潮汐も月と関係がありますね。中国では、潮は昼間の潮で、汐は夜の潮と言われていますね。

先生：本当はどうでしょう。また別の機会に議論しましょう。

D さん：期(原義は約束する意味でした)も月と深い関係があると思います。まだ時間が測れない時代では、月の満ち欠けで約束をしていたと想像できます。

C さん：こんな感じですかね。下个圆月的晚上老地方见(次の満月の夜に例の場所で会おう)！

D さん：はい、旧字が閒の間(閒)を挙げます。もともと「閉めた門から月の光が漏れてくる」ことを以って、「あいだ」の存在を表していたそうです。

A さん：隙間のあるドアは普通決して良いイメージはしないけれども、なぜか間はすごく心が和みます。

Ｄさん：心が和むから、古代の人々も月をよく眺めていたの
でしょうか、望^{wàng}はまさにそれを表している字ですね。

Ａさん：なるほど、満月の日は思わず見上げてしまうから、
望^{wàng}が「円満を望む」の意味を持つようになったのですね。

先生：はい、望^{wàng}は、最も円い時の月の意味もありますよ。

Ａさん：なるほど、望^{wàng}の第四声は、「もっとも」というキーワードがかかっていますね。

✿ なぜ、青^{qīng}は第一声だろう？

先生：先ほど、夜という具体的な黒^{hēi}や暗^{àn}(暗い)を見ましたが、次、その延長線上でほかの形の黒や暗を見ましょう。

Ｄさん：はい。乌黑的头发^{wū hēi de tóu fà}(黒髪)の乌^{wū}(黒い)、这里很幽静适合看书^{zhè lǐ hěn yōu jìng shì hé kàn shū}(ここは奥まって静かで読書に良い場所だ)の幽^{yōu}(薄暗い・奥まる)、突然停电了周围一片漆黑^{tū rán tíng diàn le zhōu wéi yī piàn qī hēi}(突然停電になり辺り一面真っ暗だ)の漆^{qī}(真っ暗)、それから、灰^{huī}(灰色)、棕^{zōng}(茶色)、殷^{yīn}(黒に近い赤)、青^{qīng}(紺色)は全部第一声です。

Ａさん：青^{qīng}も月が付いています。

先生：青^{qīng}の下半分は月ではありませんよ。もともと 𠀉(井)でした。鉱山から掘り出した鉱物の色の意味でした。

Ｄさん：人類最古の顔料で黄金よりも高かった青金石(ラピスラズリ)ですね。乾隆帝が大好きな色ですね。

先生：青は青金石のために作った字かもしれません。もっと
　　　も中国には青金石の産地はなく、アフガニスタンが一番
　　　有名な産地のようです。

Ａさん：すごい！あんな大昔も世界貿易が行われていました！

先生：鉱石顔料と言ったら、もう一つ、丹です。

Ｂさん：うん、両方とも鉱山という日差しが届かないところか
　　　ら取り出したものだから第一声ですか。

先生：理由の一つであることは間違いないです。

Ｄさん：日差しが届くイメージのしない深も、それから究も
　　　第一声です。洞窟や地下に潜る钻(潜る)も、森などを通
　　　り抜けるイメージもある穿も同じです。

Ｃさん：しかし、"钻"はドリルという道具となると钻と第四
　　　声になります。道具の重要性をリアルにアピールして
　　　います。

Ｂさん：人の目を避ける、明るい場所が好まない小偷(すり)の
　　　偷(盗む)も挙げておきます。それから、ひそかに裏で観
　　　察する侦察の侦、暗中を火燭で捜索する捜索の搜(白川
　　　静『字統』)も第一声です。

Ｃさん：暗いと言ったら、火が消えたら周りが暗くなるから、
　　　熄灯(消灯する)の熄も第一声です。

Ａさん：焦げて真っ黒になった場合は？

Ｃさん：焦と言います。燃やして・燃えて焦げたは烧焦、
焼き肉のように焼いて焦げたは烤焦です。

先生：焦のほかに糊という表現もあります。中まで焦げた場
合は烧焦了（燃やして焦げた）、烤焦了（焼いて焦げた）と言い、
表面だけ黒く焦げた場合は糊了と言い、炒糊了（炒め物が
焦げた）、煮糊了（煮物が焦げた）がその例です。

Ａさん：へえ？！焦げる場面でさえも二分されていますか。

先生：そうですよ。さらに香ばしく焦がすか、失敗して焦
げたかという対もできます。ちなみに、なぜ「香ばし
い」焦も第一声なのかについては、また後ほど。

	全体	表面
焦	火事などで物全体、中まで焼き焦げる	×
	香ばしくするためこんがり焦がす（表面か中か関係ない）	
糊	×	食べられないほど黒く焦げる

Ａさん：中国語を理解するには場合分けが必須ですね。

Ｂさん：先生、そうしましたら、目が見えない場合の瞎と盲
はどのような場合分けになりますか。

✗ 瞎と盲の声調違いの秘密

先生：では、Ｂさんの瞎と盲の違いの質問に答えましょう。
アプローチは二つあります。一つは目の不自由の方に

はどんなタイプがあるかという医学的なアプローチと、もう一つは陰陽の考え方からのアプローチです。

Bさん：しまった！面倒なことを聞いてしまいました。

先生：いいえ、陰陽の考えからすれば、ごく簡単ですよ。**陰は形を持っていて有形のもので、陽はエネルギーのようなもので、形を持っていない無形のものです。**

Cさん：わかったぞ！目の形から目の不自由だとわかる場合は瞎（xiā）で、形でわからない目の不自由の場合は盲（máng）です。

Bさん：そうか。そうですね。瞎（xiā）は字形からも「目に災いがある」とわかります。一方、盲（máng）は「視力を失う」なので、外形上特に変化のない目の不自由も含まれていますね。文字が作られた当初、「目は形的に特に問題はないが機能を失った」として作られたかもしれませんね。

Dさん：大賛成です。「機能を失う」線で見ますと、聾（耳の不自由）（lóng）はたいてい耳の形は正常で聞こえないだけですね。哑（言葉が発せない）（yǎ）は第三声でより古くから気づかれた病気だと考えられます。瘸（qué）も、我的狗狗为什么腿瘸了？（wǒ de gǒu gǒu wèi shén me tuǐ qué le）（ワンちゃんはどうしてビッコを引いてるの）があるように、外観から原因がわからないようなビッコにも使えます。外観上何の問題もないが、色の弁識ができない場合は色盲（sè）（máng）と言い、瞎（xiā）は使えません。文盲（wén máng）も同じです。瞎（xiā）が形から分かる機能不全だからこそ、豊かに実っていない痩せた稲の穂は瞎穂（xiā suì）、事実の裏付けがない言葉は瞎说（xiā shuō）、

裏付けのないすごい話は瞎吹(xiā chuī)、関係のない話は瞎扯(xiā chě)というような言葉が生まれたのですね。

C さん：すごい、すごい！僕はいつも中国語のこの瞎(xiā)でもやもやしていたけどスッキリしましたよ。「有形のものが伴わない」という目で見ると、瞎忙(xiā máng)は、これっという目的や成果もなく、または、たいしたこともしないまま時間が経ったというニュアンスで言いたい時の言葉ですね。よくわかりました。

B さん：先生、陰陽の考えがすごいですね。本当に混沌としているようなものを二つの側面から見れば、なんでもすっきりしそうですね。

先生：陰陽の考え方は仕事にも役立ちますよ。品質管理の現場では、何か問題が起きた時、その真因を探るために、よく『層別』という手法を使いますね。

B さん：そうか。確かに陰陽の二分化しながら関係性を考えさらに陰陽二元的に見ていくやり方は、層別化手法と共通なところがありますね。

先生：陰陽の考えは最古の科学的な分析手法と言っても過言ではありません。では、陰陽の「有形」「無形」という側面から瞎(xiā)と盲(máng)の違いを明らかにしたので、次、烧(xhāo)(焼く)の第一声の秘密を探りましょう。

✱ 烧(shāo)の第一声の秘密

B さん：先生、瞎(xiā)と盲(máng)の違いが明瞭になったので、余計に燃(rán)

と烧の違いをはっきりさせたくなりました。「燃える系は第二声で行こう」はよくわかりましたが、しかし同じ火を使っているのに、どうして烧は第一声ですか。

先生：そうですね。燃と烧の大きな違いは何でしょうか。日本語の「焼成」という言葉を見ましょう。

Bさん：「ウィキペディア」によりますと、焼成とは、陶磁器を作る工程の最後に行われる高温加熱のことです。

先生：燃やすという言葉はこのような組み合わせをしますか。

Bさん：しません。燃やしたら灰になるだけで焼成というイメージはできません。そうか、焼くには何かのために燃やすという部分があります。新しいものを作るには焼くのであって、燃やすは使いません。ちなみに、Aさんが大好きな焼き芋は、烤地瓜と言い、太古の言葉の香りがぷんぷんしますが、烧を使いません。

Cさん：うん、うん！烧饭(炊飯する)、烧酒(焼酎)は言います。ご飯とお酒というものを作り出す行為で、決してご飯やお酒を燃やすのではありませんね。

先生：皆さん、良い感じです。それでは生と成の関係で言葉をちょい整理してみてください。

Dさん：ほんとだ！陶磁器の例で言いますと、烧は生のプロセスなので第一声と、出来た陶磁器類は成のプロセスなので第二声ですね。こんな感じですね。

生 shēng	成 chéng
烧 shāo(焼く)	陶 táo(土器)、瓷 cí(磁器)、瓶 píng

C さん：ほかにも似たような現象はたくさんあります。

生 shēng	成 chéng	
生 shēng	孩子 háizi	子供を産む
结 jiē	桃子 táozi	桃がなる
发 fā	芽 yá	芽吹く
耕 gēng	田 tián	畑を耕す
搓 cuō	绳子 shéngzi	縄をなう
煎 jiān	盐 yán	(塩造り)塩を煮詰める

先生：皆さん良くできました。こうして、キレイな「動詞＋目的語」になるか否かは別にして、烧陶 shāo táo のような生 shēng と成 chéng の関係を見つけ出せば四声も覚えやすくなるし、理解しやすくなります。もちろん、ほかの四声法則と重なることもありますが、その時、強い法則のほうに従うという視点も忘れないでください。

B さん：しかし先生、どうして、こういう声調の組合せができたのですか。ここにも陰陽的な考え方がありますか。

先生：大いにありますよ。陰陽の考えの真髄部分です。太极图 tài jí tú をよく見てください。燃 rán と烧 shāo の間にどんな関係が現れていますか。

B さん：そうか！烧 shāo は燃 rán の利用だ！

燃 rán は太極図の白い魚であれば、

烧 shāo は白い魚の目に当たります！

烧 shāo

燃 rán

成 chéng

先生：詳しくはまた後程(P327 をご覧ください）！

✗　なぜ、冰と雹は声調違いだろう？

Bさん：先生、寒涼 は「外気」「気候の変化」の言葉で動とい
　　　　う陽の属性に従う話がありましたが、陰陽の有形無形
　　　　という切口からも説明できますね。例えば、寒と涼は
　　　　無形だから第二声で、冰(氷)は有形だから第一声です。

先生：これも立派な陰陽の考え方です。

Cさん：冰の仲間の 霜 (しも)も第一声です。

Bさん：でも、雹(ひょう)も氷ですよ。第二声です。

Aさん：雹なら知ってますよ。地面が相対的に暖かい時でき
　　　　た積乱雲が生んだものですね。地面が寒いからできた
　　　　氷と霜と違いますよ。理科で習いましたよ。

Bさん：そうか。雹は夏の季語ですものね。忘れてました。

Dさん：はい、氷のように寒い意味の凄(『韻會』)も、今日の日
　　　　本で見えなくなった 皸 の皲も第一声です。

先生：語学勉強的に、寒い系の文字はこのぐらい押さえてお
　　　　けばよろしいでしょう。次に行きましょう。

6-1-3　死-太陽と月❶

Bさん：先生、氷の次は水関連の言葉になりますね。

先生：水は少し待ちましょう。

B さん：なぜですか？

先生：水と言っても、陰陽的に見るとどうなりますか。

B さん：そうか、コップの中の水も水ですし、激流の水も水ですね。動いている水と動かない水と陰陽二元的に見る必要があります。わかりました。

先生：ここでは、大自然の夜から暗黒の戦争関連の言葉を見ましょう。

✿ なぜ、車^{chē}は第一声だろう？

A さん：導入部分で、戦争関連について次の言葉が出ました。先輩の皆さん、続きをよろしくお願いします。

第一声	第二声	第四声
^{jūn} ^{bīng} ^{shī} 军(軍)、兵、师(師)…		^{jiàng} 将 (将軍)。 ^{shuài} 帅 (元帥。率いる)
^{gān} ^{gē} ^{dāo} ^{qiāng} 干、戈、刀、枪(槍、銃)…		
^{jiāng} 将 (将棋・敵の将軍や元帥を攻撃する) ^{zhēng} ^{shā} ^{gōng} ^{jī} 争 (争い)、杀(殺)、攻、击(撃)…		^{zhàn} 战 (戦う)
^{qīn} 侵	^{fá} 伐	

B さん：うん、师^{shī}の第一声にすごく納得します。死と隣り合わせの軍隊という陰の属性に、苛立つと教鞭を振ってくる昔の先生の威圧的という陰の属性が重なります。

D さん：はい、挙げますよ。軍隊は必ず旗があります。普通の

　　　旗は人を集めるため旗と言いますが、戦場の旗は麾(軍
　　旗)と第一声になります。麾を振ったりして兵士に指図
　　を出す動作は挥(揮)と言います。現在、部下に指図を出
　　す動作は指挥(指揮する)と言います。

Cさん：はい、挥はいまこんな使い方もします。
　　　　挥手说了声再见(手を振ってさようならと言った)。

Dさん：麾を持って進行することを施と言います。今措施(施
　　策)や施行などの形で使います。敵の動静を警戒し、敵
　　襲を知らせるために、昼は狼烟(のろし・煙)、夜は峰火(の
　　ろし・火)を出すために烟墩(烽火台)が作られ、兵士の身を
　　守るために碉堡(トーチカ)が作られます。

Cさん：烟、烽、墩と碉はそろって第一声です。因みに、戦
　　争は战争と言いますが、硝烟という表現もあります。

Bさん：硝烟弥漫は炮弹(砲弾)など火薬を使う戦争ですね。炮
　　弹という兵器が現れる前、干、刀、枪(槍・銃)、戈、戍
　　(大きい戈)のほか、弓もありました。

Dさん：そう、そう、车(車)は今も戦争道具ですね。ただ昔は
　　戦車は车と言わず、车と言いましたね。

Cさん：だから、象棋(将棋)はいまも車を车と呼んでいますね。

D さん：それから、頭を守るには盔(kuī)(かぶと)、兵士の足を守る
には、靴(xuē)(長靴)を着用します。靴は兵士の着用から一般
化になった話がありましたね。はい、戦馬の中、強いも
のを骁(xiāo)と言い、戦士の中、強いものを刚(gāng)と言いました。

C さん：そうか、刚(gāng)(つよし)と強(qiáng)(つよし)の違いはここにあった
んだ！仕事や日常生活に関して「彼女は強い」と言いた
いとき、她能力很强(tā néng lì hěn qiáng)と言い、刚(gāng)は使いませんね。

B さん：はい、軍隊が猛スピードで進行するのは驱(qū)(駆ける)と
言い、敵を追撃するのは追(zhuī)と言い、隠れているところか
ら敵を狙い撃つのは邀(yāo)でした。

C さん：こんにちの邀(yāo)は誘う意味で使いますが、最初の頃
狙い撃ちの意味でしたね。A さん、我可以邀你喝杯茶吗(wǒ kě yǐ yāo nǐ hē bēi chá ma)
(お茶でも飲みませんか)？と誘われたら、ちょっと考えたほ
うがいいよ！

A さん：はい、わかりました、狙い撃ちされないようにと！

B さん：はい、敵の城を攻めることを攻(gōng)と言い、這い上がっ
てくる敵を武器で突き落とすことを敲(qiāo)と言いました。
今は、敲门(qiāo mén)(ドアをノックする)など「叩く」「ノックする」
意味で使います。そして、日本語にもありますが、殲滅
の殲は歼(jiān)です。確かに作戦に関する動詞もりっぱに第
一声に揃っています。

Cさん：はい、正義のために遠くへ戦に出かけることは 征 <small>zhēng</small>で
す。今は 征 税 <small>zhēngshuì</small>(税徴収)や 征 求 <small>zhēngqiú</small>(意見を求める)の形で使いま
す。「皆さんの意見を聞いてみます」と言いたいとき、
こう言います。我要 征 求一下大家的意见。<small>wǒ yào zhēng qiú yí xià dà jiā de yì jiàn</small>

Dさん：戦なら、死や怪我は付き物です。戦中の死は 殇 <small>shāng</small>、戦
中の傷は 创 <small>chuāng</small>と言います。因みに、普通のケガは 伤 <small>shāng</small>と
言います。高温やけどは烫 伤 <small>tàngshāng</small>、火事などのやけどは烧
伤 <small>shāng</small>、霜焼けは冻 伤 <small>dòngshāng</small>と言います。

Bさん：もっとも平和の今では、"创"は主に第四声の 创 造 <small>chuàng zào</small>
(創造する)や 创 新 <small>chuàng xīn</small>(革新、革新をする)の形で未来を切り開く
意味で使われます。

Dさん：创 <small>chuāng</small>(怪我)をケアするため、医という漢字が
生まれました。甲骨文や篆書を見ますと、医 <small>yī</small>
は矢 <small>shǐ</small>と関係のあることが分かります。

先生：皆さん、よく挙げてくれました。戦争関連の言葉は語
学勉強的には一応ここまでにしましょう。

✖ なぜ、孫子は百戦百勝をよしとしないのか

先生：戦争関連の言葉を見てきましたが、戦争の結末として
必ず出るのは……？

Bさん：输赢 <small>shūyíng</small>(勝ち負け)、胜 败 <small>shèngbài</small>(勝敗)または 胜 负 <small>shèng fù</small>(勝ち負け)です。

C さん：胜败（shèngbài）、胜负（shèng fù）は日本語にもある言葉で、個人にしても組織にしても生死、運命を決める場面が多いので、第四声で発音される気持ちはよくわかります。

B さん：勝ち負けを输（負け）（shū）赢（勝ち）（yíng）の順で言うのも面白いですね。なぜ、陰の負けが先に来るだろう？

C さん：戦場に行く映画場面では結構意気揚々のようなイメージがありますし、討ちに行くのでもっと上がり調子になってもよさそうなのに、悲壮というか戦争関連の言葉は悲（bēi）と同じで第一声で発音されるとは意外でした。

先生：戦いは、勝っても負けても、多いか少ないかの差はあっても命の喪失は常に伴うものですね。

C さん：じゃ、太古の中国人は戦争が悲しいものだと見て第一声で表していますか。

先生：うん、紛らわしいけれども、言葉が生まれた時期、文字が作られた時期と第一声で発音するようになった時期とは、必ずしも同じではありません。戦争関連の言葉は、最初から第一声か、それともしばらく第三声だったか、まだ研究の必要なことです。ただ、陰陽の考えでは戦争が悲しいものだと見ていると私は思います。

D さん：うんうん。紀元前500年頃の孫子も戦争が悲しいものと見ていますね。孫子は百战百胜非善之善者也（bǎi zhàn bǎi shèng fēi shàn zhī shàn zhě yě）（百戦百勝は最善のものではない）と言いました。百戦百勝をよしとしない孫子の考えと输赢（shūyíng）（勝ち負け）の順番となぜか重なりますね。

C さん：<ruby>輸贏<rt>shūyíng</rt></ruby>は気まぐれの順番ではなく、喧嘩両成敗的に、勝っていても負けがあるよという意味が含まれている順番かもしれませんね。

先生：因みに、孫子が生きた春秋時代よりも前に、すでに戦いを避け別の道を選んで大成功した人物がいます。それについては後程（P362をご覧ください）。繰り返しになりますが、陰陽の考えは、森羅万象の変化法則を説く最古の哲学で、中医学、古代兵法と中国語四声のベースになっていることを、みなさん実感できましたか。

一同：はい、実感できました。

✘ なぜ、<ruby>凶<rt>xiōng</rt></ruby> は第一声だろう？

A さん：先生、戦争関連の言葉は、死が伴うものだから、陰の属性がその第一声のわけですね。そうでしたら、日常的に死のイメージのあるものも第一声で発音されますね。

先生：検証しましょう。先ほどと同じで辞書やインターネットを駆使して、ちょっと嫌かもしれませんが、死関連の言葉を見てみましょう。

A さん：はい、日常的に死と言ったら、街を走る霊柩車が浮かびます。棺は何と言いますか。

D さん：<ruby>棺<rt>guān</rt></ruby>です。霊柩車の柩は<ruby>柩<rt>jiù</rt></ruby>です。<ruby>棺<rt>guān</rt></ruby>と<ruby>柩<rt>jiù</rt></ruby>の違いを考えたことはなかったが、四声的に柩は棺の強調型になりますね。何を強調しているのですか、先生。

先生：<ruby>柩<rt>jiù</rt></ruby>は死者が入っている棺で、<ruby>棺<rt>guān</rt></ruby>は空っぽの棺でした。

A さん：へえ？だから霊枢車と言うのですね。でも、そんな使い分けは必要ですか。

先生：必要ですよ。今でこそ葬儀保険などはありますが、昔は、実物で死に備えなければならなかったので、余裕のある家はたいてい棺を用意していましたよ。

A さん：それなら確かに棺(guān)と枢(jiù)をちゃんと区別しないとえらいことになりますね。ところで、マイナスイメージの漢字と言ったら、凶ですね。初詣はいつもドキドキしちゃいますね。凶のくじが出ないようにと！

C さん：凶は凶(xiōng)と言い、凶(xiōng)のくじは下下签(xià xià qiān)と言います。吉(jí)のくじは上签(shàng qiān)と言います。

A さん：凶(xiōng)と吉(jí)も陰と陽の対になっています！

C さん：凶(xiōng)と言ったら、どこの国かは言いませんが、漂亮的女人一般都有点凶(piào liang de nǚ rén yì bān dōu yǒu diǎn xiōng)（綺麗な女性はたいてい性格がきつい）と言いたいです。

D さん：Cさん、よほど綺麗な女性でやけどしましたね。ところで、死と言えば、夭(yāo)を挙げます。子供が未成年の内に死んだ意味です。現代では夭折(yāo zhé)と二字で言い表しています。またその意味から、「プロジェクトがおじゃんになった」場合、项目夭折了(xiàng mù yāo zhé le)と言います。

B さん：「死人が出る」場面の灾害(zāi hài)を挙げます。水灾(水害)(shuǐ zāi)、火灾(火災)(zāi)、旱灾(干ばつ)(hàn zāi)はその具体例です。

C さん：災害(zāi hài)の後、たいてい饥荒(jī huāng) (飢饉)がやってきます。稲が全然実らないは禿(tū)と言い、今は頭の禿げまで広げ、禿顶(tū dǐng)と言います。それから、風害です。小屋を空中に吹き飛ばすような風は飙(biāo)と言い、暴風は暴风(bào fēng)と言います。

先生：水灾(shuǐ zāi)(水害)には洪水や津波などがあります。人類全体幾度も経験してきた恐ろしいものですね。それがどのように四声に反映されているのか、水の陰陽のセッション(P366をご覧ください)で詳しく見ましょう。

B さん：はい、ペストなどの瘟疫(wēn yì) (疫病)も恐ろしいものです。

先生：瘟(wēn)と疫(yì)はもともと別々のものを指していました。瘟(wēn)(疫病)の概念は西周に既に存在し、伝染病の意味でしたが、のちに、服役中の人の群れに起きた伝染病を疫で特別に表すようになりました。

D さん：なるほど、瘟神(wēn shén) (疫病で人間を苦しめる妖怪)、猪瘟(zhū wēn) (ブタの疫病)、鸡瘟(jī wēn) (鳥の疫病)の言い方があるのに、免疫(miǎn yì)の意味で親しまれている疫(yì)は使われませんね。逆に、ペストは鼠疫(shǔ yì)と言います。鼠疫(shǔ yì)は人口密集エリアで起きるもので、いったん起きたら凄まじいから、疫(yì)は第四声ですね。

B さん：はい、災害(zāi hài)や瘟疫(wēn yì)などの災いが身に降りかかることを遭殃(zāo yāng)とも言います。

A さん：そうしましたら、犠牲は？今でも自然災害で犠牲に

なった命が多いですね。

Ｃさん：犠牲は、自然災害の場合は遇难（yù nàn）と言います。立派な第四声です。国などのための場合は牺牲（xī shēng）と言い、こちらは立派な第一声です。

Ｄさん：急に降りかかってきた刑罰もまさに遭殃（zāo yāng）の一つです。殊（shū）はいま特殊（tè shū）（特別だ）のように使っていますが、言葉の原義は斬首刑の一つでした。それから、辜负（gū fù）（期待を裏切る）の辜（gū）も、刑と関係のある言葉でした（白川静著『字統』）。

Ｂさん：ほかにも大変な状況になるものとして、抓（zhuā）（捕まえる）がありますね。被抓住（bèi zhuā zhù）（捕まえられる）となったら、捕虜になりますね。第二次世界大戦の捕虜に関する記憶はまだそんなに遠くありません。間違いなく凶（xiōng）ですよね。もっとも、現代では、被猫抓了（bèi māo zhuā le）（猫に引っかかれた）のように、動物に引っかかれた意味としても使われています。

Ｃさん：逼（bī）（追いやる。迫る）も大変な状況です。逼不得已（bī bù dé yǐ）（やむを得ない）や逼死（bī sǐ）（死に追いやる）などがあります。こういう使い方もあります。他学得太逼真了（tā xué dé tài bī zhēn le）（彼の真似が真に迫ってる）。

Ｂさん：ほかに、拼命（pīn mìng）（必死に…する）の拼（pīn）、奔命（bēn mìng）（必死に逃げる）の奔（bēn）も挙げます。

Ｃさん：命と組合せる凶の漢字に丢命（diū mìng）・失去生命（shī qù shēng mìng）もありま

す。私的には、丟をこの感じで使っています。我最怕在
她面前丟面子(彼女の前でメンツが潰されるのは最も嫌だ)。

Bさん：生命力を失うという視点なら、衰(衰える)、凋(草木が
衰える)もあります。

先生：はい、丧事(葬式)と丧命(命を落とす)の声調違いを味わい
ながら、このセッションをここまでにしましょう。

Bさん：でも、先生、死傷系の漢字の中に重要な亡を挙げて
いませんよ。

Aさん：ほんとうだ！しかも亡は第二声です。

先生：そうですね。『新華字典』は何と言っていますか。

Bさん：そうか、「逃げる」意味です。逃げてなくなることは
あるけれども、イコール死ではありませんでしたね。

Aさん：亡の死の意味は後で生まれたのですね。

Cさん：逃も第二声です。明らかに动(動)だからですね。

Bさん：先生、残酷の残は今一つ第二声のイメージができま
せん。これも結構凶のイメージがしますけど。

Dさん：残暑などの日本語にもあるように、最初の意味は残
酷の残でなく、「のこり」だからではないでしょうか。

先生：詳細な研究は別途発表しますが、正解だと思います。
詳しくは「あまり」系の漢字(P196をご覧ください)を見まし
ょう。

⚑ なぜ、扎は第一声だろう？

先生：次、死ぬまではいかないけれども、ケガの恐れのある
暴力系の漢字も見てみましょう。

B さん：暴力と言ったら殴る系動詞がまず浮かびます。第三
声の打のほかに、殴を挙げます。殴斗(殴り合う喧嘩をする)
の形で使われます。斗(鬭)は战斗(戦闘)、斗 争(闘争)、斗
志(闘志)、斗智(知恵比べ)など、良い事にも悪い事にも広く
勝負に使われているためか第四声です。

D さん：批もビンタを食わせる意味で、一種の殴るでしたが、
今は、批评(批判する・叱る)、批准(許可する)などの形で使わ
れます。また、量詞としてこのような感じで使います。
这批货明 天到(この貨物は明日到着します)。
我们是同批进公司的(私たちは同期です)。

C さん：素手でなく鞭で暴力を振るう抽 鞭子の抽を挙げます。

B さん：道具を使う暴力ですね。はい、もとの刺す系の動詞
として、扎、插、戳を挙げます。扎(刺す)は、扎针(注射
する)としてよく使われます。さらに、这句话很扎心(心に
突き刺す言葉だった)の扎心の用法もあります。插(刺す)は插
手(手を出す)、插图(挿絵)、插花(花を挿す。花を生ける)、戳は
戳 穿(真相を暴く)、邮戳(郵便消印)というような用例を挙
げます。

C さん：第四声の刺も挙げておきます。そう言えば、刺(cì)の道具は先端が尖(jiān)(尖っている)ものも多いですね。はい、先端が尖っているものもそろって第一声です。针(zhēn)(針)、钉(dīng)(釘)、锋(fēng)(刃先)、锥(zhuī)(金属のきり)、峰(fēng)です。蜂(fēng)も針を持って人を刺すから第一声と考えられます。それから、先ほどの牙签(qiān)(爪楊枝)の签(qiān)(くじ)も。そして、尖っているだけでなく切れ味も良いのが第四声の锐(ruì)です。

B さん：刺すことを前提にできた釘に似た機械部品の销(xiāo)(ピン)も第一声です。位置決めピンは定位销(dìng wèi xiāo)と言います。

先生：销(xiāo)は、もともと金属でできたものを壊す目的で液体に溶かして、元の姿や形を無くす意味の文字ですよ。

D さん：だから、销には销赃(xiāo zāng)(盗品を隠滅する)、销毁(xiāo huǐ)(証拠物などを隠滅する)の意味も持っていますね。納得！

B さん：营销(yíng xiāo)(販売・セールス、マーケティング)も、商品が倉庫から出ていく、消えていくための営業活動ですね。

C さん：营销(yíng xiāo)と言えば、なぜか拍卖(pāi mài)(オークション、安売り)を連想しました。拍は、日常的に拍手(pāi shǒu)(拍手する)や拍肩膀(pāi jiān bǎng)(肩を叩く)で使う言葉ですが、拍苍蝇(pāi cāng yíng)(ハエを潰す)、拍蟑螂(pāi zhāng láng)(ゴキブリを潰す)のように使われた歴史のほうが長いと思います。ハエもゴキブリも億年単位の生き物ですからね。そう、そう。ネットが炎上するは、遭众人拍砖(zāo zhòng rén pāi zhuān)で表現で

きます。拍砖 (pāi zhuān) はネット用語で罵声を浴びせる意味です。

先生：だいぶ出てきましたので、暴力系のものをいったんここまでにしましょう。

6-1-4　終わり - 陰と陽

🚶 なぜ、冬 (dōng) は第一声だろう？

Ｂさん：先生、命が衰えていけばその命が終わるということになります。終 (zhōng) (終わる) も第一声です。止 (zhǐ) も挙げておきますが、終わり系は、陰の第一声が基本で、大衆主導の第三声と強調型の第四声が混ざるという構図で考えてよろしいですね。

先生：Ｂさん、第三声と第四声の視点も持っている点が素晴らしい。もう一つ、重要なことを思い出してください。

Ｂさん：重要なこととは？

先生：陰陽の考えでは機械的に物事を見ないことです。「終わり」という言葉について言うと、その終わり方は、仕上げて終わるのか、トンダウンして終わるのか、さらに二元化する必要がありますよ。

Ｂさん：本質的に見なければならないですよね。ついつい機械的に……。

先生：はい、仕上げて終わる場合、ベクトルは上向いているので、陽の属性に従って第二声になり、トンダウンして

終わる場合、下という陰の属性に従って第一声になります。本来は、陰陽の考えにおける上と下のセッションで話した方がいいかもしれませんが、死との関連からここで話を続けましょう。

Ｃさん：はい、わかりました。「終わる」は表象で、本質的に例えば、「消えて終わる」がコアイメージなら、陰の第一声で、完結がコアイメージなら、陽の第二声になりますね。完や成_{chéng}はその例ですね。

Ａさん：先生はよく这一课学完了_{zhè yī kè xué wán le}（この課の勉強が終わりました）と言いますね。この場合は完_{wán}であって、終_{zhōng}ではないですね。

先生：そのとおりです。これに対して、契約の中止、供給の打ち切りなど、完結のイメージがしない「終わり」は、終_{zhōng}の出番になります。

Ｂさん：そうすると、終わり系の漢字は第一声、第二声、第三声、第四声それぞれあるということになりますね。

先生：それぞれニュアンスの異なる「終わり」があるからです。法則があるからといって機械的に振り分けることはできません。一度は丁寧に見る必要はあります。

Ｂさん：先生、それでは、せっかく法則があっても、効率的にならないのではないかと思います。

Ｄさん：いや、確かに、先生の四声法則に従っても、漢字を一つずつ見ていくというプロセスは省けないですね。しかし、その漢字が一旦四声法則とリンクできたら、すう

っと身体に入りこみます。四声のイメージと漢字の象形を組み合わせれば、もう丸暗記は要らなくなり、感覚で覚えることができるので、中国語学習はいままでより遥かに楽になりますよ。

Ｂさん：それはそうですね。でもなぜか、つい、これがあればもう何もしなくていいと思ってしまうのですね。

先生：どんないい方法でも、使う環境や条件とセットで考えなければ、うまく結果に結びつかないのも法則ですよ。

Ｂさん：わかりました。

Ｃさん：それでは、「終わり」の本質に気を付けながら、僕は「消えて終わる」目線で漢字を挙げますよ。まず前に出た熄 (火が消える・火を消す) を挙げます。携帯やパソコンの節電のためにスリープするは熄屏 (スリープする) と言います。また、自動車のエンジンを止める・エンジンが止まるのは熄火と言います。こんな感じで使います。等信号一分 钟 以 上 时应 该熄火 (信号を一分以上待つ場合、エンジンを止めたほうがよい)。

Ｂさん：消 (消える) を挙げます。消灭 (消滅)、消失はいずれもトンダウンして終わると感じる言葉ですけど。打消这个念头 (その考えを止めます) の消のように、補語としても使われます。

Ｄさん：逍遥自在の逍と消は親戚関係です。もともと「遠く消えていく」意味でした (『莊子』逍遥遊註)。

Ｃさん : 逍遥(悠々自在)が好きです。逍遥自在地満 中 国游(自由
自在に中国中旅をする)、これが僕の近い将来の夢です。

先生 : はい、誰もが一度は背包族(バックパッカー族)になってみ
たい時期がありますね。

Ｄさん : 僕の人生にもそのような一楽章がありました。はい、
乐 章 の 章 は曲の終わりの意味でした。ほかには、終わ
りには、第四声の尽や末もあります。

Ａさん : もう一つ、了です。学完了の了です。軽声です。

Ｃさん : そう言えば、了却(心配事を片づける。願いごとをかなえる)、
了结(心配事やもめ事などを処理してけりがつく。結着をつける)の了
も「完了」の意味がありますね。こんな感じで使います。
我对你的情何时才能 了(あなたへの思いは断ち切れないのだ)。

先生 : もっとも了が作られた当初、どうやら、赤ちゃんが完
全に生まれて性別が分かったという意味でした。

Ｃさん : だから、了は了解(把握する)、了如指 掌(手に取るように
わかる)の意味も持っていますね。

Ｂさん : はい、こんな感じです。
让我先 了解一下情 况 再发表意见, 好吗(意見発表は現状
を把握してからにさせてください。よろしいですか)？
对那家公司资金周 转 情 况 我 了如指 掌(あの会社の資金
繰り状況はよく知っています)。

先生：Ｂさん、用例ありがとう。それでは、終わり系の漢字をいったん終わりにしましょう。

Ａさん：先生、終（zhōng）からふと思いついたのですが、春夏秋冬の冬は一年の最後の季節ですね。冬も第一声？

Ｃさん：はい、冬（dōng）と言います。トンの一番低い季節です。

先生：ほかにも、まだまだありますが、日頃の中国語勉強の中でどんどん見つけてください。

🚶 なぜ、完（wán）は第二声だろう？

先生：それでは、「完結して終わる」という陽の「終わり」の言葉を見ましょう。

Ｂさん：はい、完成（wán chéng）、完结（完結）（wán jié）を挙げます。「完全に出来上がる」、欠けることなく「しっかり仕上げる」意味を表します。成（chéng）は「出来上がる」「仕上げる」です。それから完全（wán quán）（「完結する」「まっとうする」）も挙げておきます。

Ｃさん：诚信（誠信）（chéng xìn）の诚（誠）（chéng）も。誓約を全うする意味です。

Ｄさん：はい、成全（chéng quán）（人の目的達成を助ける）の全（quán）が浮かびました。全（quán）には全部（quán bù）、全员（全員）（quán yuán）の意味もあります。漏れなく全部話すは详细（詳細）（xiáng xì）の详（詳）（xiáng）と言います。それから凡も「例外なく」「全体」「すべて」の意味ですね。そう、そう、全員参加を一字で表すと咸（xián）になります。周では、いざと

いうとき、「町住民全員」が戌を持って兵士に変身する
体制でした。これを表す漢字は咸です。

A さん：へえ、咸は塩辛いと思ったら、全員という意味もあ
　　　　りますね。

D さん：「塩辛い」を表す繁体字は鹹です。卤(塩を取るための海水
　　　　の池)+咸(全部)でできていますよ。

A さん：ワオ！塩水の池に漬かったということですね。塩辛
　　　　いわけですね。

D さん：はい、七言絶句(七言絶句)、空前絶后(空前絶後)の絶も挙
　　　　げておきます。完成する意味も持っています。

B さん：先生、いつも「でも」を言ってすみません。また「で
　　　　も」を言いたくなりました。

先生：どうぞ。

B さん：皆の皆です。咸には皆という意味もありますが、声
　　　　調的に陰陽が逆ですよ。

先生：そうですね。皆について、白川静先生がどのように説
　　　　明なされているのか、『字統』を見ましょう。「祖霊の降
　　　　るものが複数であるのを皆という」と言っていますよ。
　　　　「すべて」の祖霊が降るのではありませんよ。

B さん：そうか、「複数」がキーワードですね。「これもあれも
　　　　ほしい」と「これもあれも全部ほしい」の違いですね。

D さん：そう言えば、複数のイメージの诸、都、悉も第一声で
　　　　すね。しかし、辞書を調べたら、それぞれの文字が作ら
　　　　れた当初の意味はこうなります。

　　　　诸 zhū　　弁解の弁
　　　　都 dōu　　先祖が祭られている集落
　　　　悉 xī　　　詳細に審査して心の中ではっきりわかる

　　　ちなみに、悉の字と審査の審の字は、米というパーツ
　　　を共通に持っていますね。

A さん：米粒を、一つずつ見るのが「審」で、一つずつ知って
　　　　いるのが「悉く」ですね。なるほど、農耕民族だからこ
　　　　その言葉ですね。

C さん：はい、僕にも自慢させてください。僕は都の持つ「複
　　　　数のイメージ」が得意です。買い物から戻ってきた人に
　　　　声をかける例を挙げましょう。

　　　①手に一つしかショッピング袋を持っていない人には、
　　　　このように声をかけます。
　　　　你买什么了？(何を買いましたか)

　　　②手にいくつものショッピング袋をぶら下がっている
　　　　なら、複数の買い物が推測できるので、こう聞きます。
　　　　你**都**买什么了？(何を買いましたか)

A さん：へえ、こんなに繊細に表現を変えるのですか。

C さん：そのうち、A さんもこういう繊細なところを自慢でき
　　　　るようになりますよ。

D さん：はい、四字熟語を自慢します。囫囵吞枣です。棗とい

う果実を噛まずに味わずに丸呑みにする意味です。囫^{hú}
囵^{lún}は丸ごとで、やはり第二声です。

Aさん：鵜呑みにする意味ですね。へえ！日本は海や川の魚、
　　　中国は山の棗！言葉って生活から生まれるものですね。
　　　こう思えば、自然観察の結果を中国語に反映させ、第一
　　　声と第二声で表現するのもごく自然な発想ですね。

先生：Aさん良いことを言いましたね。第一声と第二声は自
　　　然観察の気持ちで眺めれば、難しいというより、楽しい
　　　ですね。

✶　なぜ、丸^{wán}は第二声だろう？

先生：完全^{wán quán}の話ですが、遠い昔、完全^{wán quán}と言いますと、身近で
　　　何を浮かべますか。

Cさん：満月です。人有悲欢离合, 月有阴晴 圆 缺^{rén yǒu bēi huān lí hé   yuè yǒu yīn qíng yuán quē}（人に悲歓離合
　　　あり、月に陰晴満欠ある）。蘇軾の詞です。

Dさん：先生、圆^{yuán}（円）と缺^{quē}という対で見ていくのですね。

先生：そうです。ここでの圆^{yuán}は完全^{wán quán}のイメージですね。

Cさん：そうか、丸^{wán}も！マル系は第二声なんですね。

Bさん：壺^{hú}も「丸い器」と『説文解字』は書いてあります。

Aさん：なら、車輪も丸いから第二声ですか。

Cさん：おお！第二声です。轮^{lún}（輪）です。ちなみに、車輪のス

ポークは輻条と言い、円状放射するのも第二声で、輻^{fú}です。すごい！思い出しました。人間の身体の踝^{huái}（くるぶし）、拳^{quán}（こぶし）、臀^{tún}（お尻）も第二声でしたね。それに、なんと、身体を丸める蜷^{quán}も第二声です！

A さん：身体を曲げるのも陰陽二元になっていますね。関節を曲げるのは、窮屈な思いがするから陰の弯屈^{wānqū}で言いますが、身体の関節を総動員して身体を丸めるのは積極的な動作のため、蜷^{quán}になりますね。また、感心した！

B さん：先生、珍珠^{zhēnzhū}の珠^{zhū}もまん丸ですが、第一声です。

先生：『説文解字』の解釈を見ましょう。

D さん：珠^{zhū}は陰の極みからできたものと説明しています。陰と明言していますね。第二声になるわけはないですね。

A さん：うん。丸いと言っても、機械的に一律ではなく、一つ一つ、文字とちゃんと向き合う必要がありますね。

先生：そのとおりです。自分の一つ一つの言葉に責任を持つのと同じで、一つ一つ文字の中身も見るようにしてくださいね。その文字を活かすためにも、是非、文字の意味と声調を理解したうえ覚えるようにしましょう。

♟ 盈亏^{yíngkuī}の声調違いは偶然？

A さん：先生、円満を連想しましたが、声調的に円満の満はどうなっていますか。「満」も丸いイメージがします。

Ｃ さん：Ａ さん、すごいよ！満（mǎn）は第三声ですが、満（mǎn）の欠ける
ところのない意味から見ると、満足（mǎn zú）の足（zú）、いっぱいにな
る意味の盈（yíng）、余剰のある余（yú）や残（cán）もいずれも第二声です。

Ｄ さん：飽（bǎo）(満腹)と余（yú）の意味を持つ饒（ráo）(『説文解字』『玉篇』)も、
溢れるほど豊富な水の洋（yáng）(『尓雅』注："洋，溢也。")もそろ
って第二声です。しかし、溢（yì）(いっぱいになって外にこぼれる)
も漫（màn）(むやみに広がって締まりがない)は、「過度」のニュアンス
を帯びているためかそろって第四声！

先生：次、円満の逆意味の欠乏系も見てみましょう。

Ｂ さん：欠乏は缺乏（quē fá）です。早速ですが、先生、缺（quē）の第一声はわ
かりますが、乏（fá）は乏しいのに第二声です。

Ｄ さん：調べましたよ。『新華字典』は乏（fá）についてこう言って
います。古代の射礼の際、審判員のような人が矢を受け
ないように、護身用の道具を使っていました。その護身
具は乏（fá）と言います。ちなみに、乏（fá）は屏風に似ているとか。
さらに、ちなみにですが、屏（píng）も第二声です。

先生：なぜ、屏（píng）となると第二声かについてはまた後程(P223 を
ご覧ください)。

Ｂ さん：盈（yíng）の反対は亏（kuī）(損・欠損する)です。盈亏（yíng kuī）は損益の意味で、
損益分岐点は盈亏平衡点（yíng kuī píng héng diǎn）とも言いますね。

Ｄさん：キズ、欠点、過失の意味の瑕疵は瑕疵〔xiá cī〕と言います。瑕〔xiá〕は玉石の一種で、疵〔cī〕はキズ、欠点です。

Ｂさん：豁〔huō〕(欠ける)です。例えば、碗豁了一个口〔wǎn huō le yī gè kǒu〕(茶碗は欠けた)とか、牙豁了一个口〔yá huō le yī gè kǒu〕(歯が欠けた)とか言いますね。

Ｃさん：「欠ける」「不完全」という意味では、切り株の株〔zhū〕、元々「折れた木」の意味の棵〔kē〕(『廣韻』)、地中に差し込む桩〔zhuāng〕(杭)も第一声です。同じ木の一部であっても、燃料用の柴〔chái〕や船用の杭〔háng〕となれば第二声！今更ですが、四声の振り分けに本当に感心してしまいます。

Ｂさん：欠けると言ったら空〔kōng〕、虚〔xū〕です。カルシウム欠乏なら骨质疏松症〔gǔ zhì shū sōng zhèng〕になります。すかすかは疏松〔shū sōng〕と言います。それから、斑点の斑です。全体の中で色が欠けて別の色になった個所は斑〔bān〕と言います。

Ｃさん：空〔kōng〕、虚〔xū〕の反対は陽で実〔shí〕です。

先生：はい、圓缺〔yuán quē〕の関連漢字はここまでにしましょう。

🦐 まとめ

先生：以上、陰陽の考えにおける太陽と月という属性から漢字を見てきました。いかがでしたか。

Ａさん：発光体と反射体、仕上げて完了と消えて終了の陽陰

　　　　二元的な見方にショッキングを覚えました。それに混
　　　　沌しうるものを陰陽二元的に見れば、こんなにもスッ
　　　　キリになるものか、これもまたびっくりしました。

Ｂさん：僕は、硫（liú）と硝（xiāo）です。声調で火薬成分の働きが分かる
　　　　なんて、中国語がどれだけ緻密か、言葉を失います。

Ｃさん：僕は、燃（rán）と焼（shāo）です。自然の燃焼の燃（rán）と、火の利用の
　　　　燃焼の焼（shāo）を声調で表していますね。私たちは先人の知
　　　　恵を受けっぱなしで、習慣的に、なんとなく、燃と焼を
　　　　使い分けていました。燃（rán）と焼（shāo）という陽から陰への変化
　　　　に今すごく人類の文明への第一歩を感じました。

Ｄさん：僕は、生（shēng）と成（chéng）という陰から陽への変化にすごく惹
　　　　かれています。生（shēng）は、やはり目立たずにコツコツと努
　　　　力するプロセスですね。平らな第一声がよくそれを表
　　　　しています。そして、成（chéng）になって初めて注目され、脚
　　　　光を浴び、上昇気流に乗りますね。上がる調子の第二声
　　　　がよくそれを表しています。中国語第一声と第二声の
　　　　素直さにもうただ、ただ、ただ、感心しています。

6-2　陰と陽における内と外❷

先生：では、陰陽の考えにおける内と外の属性がどのように
　　　中国語四声に表れているのかを見ましょう。少しおさ
　　　らいをしておきましょう。

Ａさん：はい、やります。導入部分では、皮肤（pí fū）(皮膚)、疾病（jí bìng）な

どの例がありました。皮膚はさらに陰陽的に分けられ
ていることに驚いたのを覚えています。

先生：はい、このような物理的な内外という視点に、抽象的
な内外の視点も入れて内と外の漢字群を見ましょう。

6-2-1　内 - 内と外

✕ 健康（jiànkāng）という言葉の奥義

Aさん：さっそくですが、中（zhōng）と間（jiān）（間）を挙げます。中（zhōng）は空間
的にも時間的にも抽象的にも「なか」の意味として使わ
れています。間（jiān）もそうですね。例えば、「昨夜、あなた
が夢の中に出てきた」と抽象的な「なか」としても使え
ますね。C先輩、中国語をお願いします。

Cさん：オッ！はい、昨晩你出現在我梦里（zuó wǎn nǐ chū xiàn zài wǒ mèng li）と言います。勿論、
梦里（mèng li）の代わりに梦中（mèng zhōng）でもいいです。ほかに、生活中（shēng huó zhōng）
（生活において）、工作中（gōng zuò zhōng）（仕事において）のように、中（zhōng）は一定
の範囲内という意味としていろんな場面に使えます。
間（jiān）も、身近な単語なら房間（fáng jiān）（部屋）、工作間（gōng zuò jiān）（アトリエ）など
あります。日本語の意味に近いので、中（zhōng）と間（jiān）の第一声
はわかりやすいです。それから、もう少し中（zhōng）の範囲を
広げると、中区（zhōng qū）、地区（dì qū）、経済特区（jīng jì tè qū）（経済特区）のようにあ
る一定のエリアを表す区（qū）も挙げることができます。

B さん：もっと広げると疆土の疆です。領土という内を強
く意識する漢字です。

D さん：範囲を縮め、同じ内のイメージを持つ郭を挙げます。
今は主に氏名に用いますが、戦国時代、外囲いのある町
を指していました。日本語の城郭はその名残です。

C さん：先生、边はいかがでしょうか。桌边(机のへり)、海边
のように、たしか周辺部位や隣接部分ですが、それぞれ
机、海の一部であることは変わらないから、内という陰
の属性に従っての第一声と理解してよろしいですか。

先生：よろしいですよ。国土の外側に近いエリアは疆、物の
外側と接する部分は边です。

B さん：首都圏の圈も円周の周も挙げておきます。

D さん：はい、帮です。今は帮助(助ける)、帮忙(手伝う)、帮
我一把(ちょっと助けて)の意味で使われますが、本来は鞋
帮(靴のクオーター)の意味でした。そこからものの外側を
指すようになり、白菜など野菜の外側の葉っぱを菜帮
と、舟の外側のようなものを船帮と呼びます。

C さん：镶(はめ込む)も周辺の仲間ですね。镶の最初の意味
はものを別の物の周りにはめ込むでした。镶牙は現在
の用例です。

B さん：そう、空と虚の第一声は内という陰の属性からも説

明できますね。

先生：そうです。内側に注目する漢字は実に多数存在しています。健康（jiànkāng）の健（jiàn）は中医学的に身体が外見からがっちりしている状態を指し、康（kāng）は体内の新陳代謝が良いバランス状態にあることを指しています。

A さん：健康（jiànkāng）は身体の内外両面から良い状態を表している言葉ですか。自分の健康の見方も見直さなくちゃ！

先生：以上、陰陽の考えにおける内について、区（qū）、康（kāng）が代表する内側全体と、周（zhōu）、边（biān）が代表する外に接する内側を見てきました。どちらも「内にある・いる」のがコアイメージでした。次、別の視点で内を見ましょう。

♀ なぜ、殷は自称商（shāng）だろう？

先生：それでは、陰陽の考えにおける内について、「内へ入れる」という視点で漢字を見ましょう。

A さん：はい、吃（chī）(食べる)、喝（hē）(飲む)、听（tīng）(聞く)、吸（xī）(吸う)、收（shōu）(受ける)です。さっき第三声のところで、ちらりと第一声の話がありましたね。気になってましたよ。なるほど、「身体に入れる・入る」イメージの漢字は陰陽的に第一声ですね。もう一つ、「飲み込む」も身体に入れる動詞なので、第一声になるはずですね。

B さん：呑咽（tūnyàn）と言います。噛まずに飲み込むは呑（tūn）で、噛むか否か関係なくぐいと飲み込むは咽（yàn）です。例を挙げます。

饿得狼吞虎咽_{è dé láng tūn hǔ yàn}（お腹が空いてガツガツ食べる）。

咽不下这口气_{yàn bú xià zhè kǒu qì}（不当に扱われ腹の虫が収まらない）。

先生：ちなみに、人間の最期は吸って死ぬらしい。咽气_{yàn qì}（息を引き取る）と言います。

A さん：へえ。咽_{yàn}の第四声のイメージがすごくつきました。

C さん：続けます。なんでも自分のものにする贪_{tān}（貪欲）、吃_{chī}の意味もある餐_{cān}、听_{tīng}（聴く）の意味もある聪_{cōng}（聡）を挙げます。

D さん：和尚さんの钵_{bō}（托鉢）を思い出しました。典型的な「内に入れる」漢字ですね。

C さん：はい、恩慈_{ēn cí}を挙げます。内と外の陰陽対になっています。外から受け入れる情けは恩_{ēn}、周りへかける情けは慈_{cí}です。感謝の気持ちは感恩之心_{gǎn ēn zhī xīn}と言い、慈悲の気持ちは慈悲之心_{cí bēi zhī xīn}と言います。

B さん：うん、遭殃_{zāo yāng}（災いが身に降りかかる）、遭遇_{zāo yù}の遭_{zāo}も内へのイメージを持っていますね。吃惊_{chī jīng}（びっくりする）の惊_{jīng}も大きな音などの刺激が身体に入ったための反応なので同じく第一声です。それから、「入れる」態様の一つになると思いますが、頭に知識を入れるは知_{zhī}です。相手の考え事などを当てて知るのは猜_{cāi}です。

D さん：そう言えば、殷では、神意を知ることを商_{shāng}と言って

いました（白川静著『字統』）。ちなみに、殷という呼び名
は周がつけたもので、殷は自称 商（shāng）でした。

C さん：なるほど、神意を知る王朝ということで 商（shāng）と自称し
たのですね。 商（shāng）の神意を知る嗜好のお陰で、我々は三
千年もの前の文字を見ることができましたね。

先生：ありがたいです。因みに神意を直接受信する役は巫（wū）と、
神意を伺う行為は占（zhān）と言います。 もっとも占領の意味
となると、第四声の法則が働き、占（zhàn）になります。

D さん：商（shāng）の商いの意味も神意を知るから生まれたのですね。
商売の相手の考えを伺うのが商いですね。すごい！「お
客様は神様です」の言葉はリアルに「商」という字に込
められていますね。はい、相手の売値を見図って知る行
為は估（gū）と言い、相手の行動を見図るまで広げて、估计（gū jì）・
估測（gū cè）（見計ろう）の形で使います。それから、物の重さを量
って知る行為は 秤（chēng）と言います。 もっとも重要な道具で
ある秤（はかり）は第四声の 秤（chèng）と呼びます。

B さん：招き猫の招（zhāo）を挙げます。一種の内へ入れです。も
っとも、上位者が下位者を呼び寄せるとなると、第四声
の召（zhào）になり、号召（hào zhào）（呼びかける）がその例です。調子が出た
ぞ。穴などの中のものを探り出す掏（tāo）、何かを掘り出す挖（wā）
はいずれも占有のための行為です。それから、カバン等
にものを詰め込む塞（sāi）・入れる 装（zhuāng）、家畜を囲いに入れる

圏、关(関)も挙げておきます。そうそう、国の歳入のメインを占める租税の租も、徴収行為の 征 も第一声です。征 税と言います。徴収額の評価・決定・徴収の一連を表すとなると、第四声になり、课税と言います。

C さん：弓を引くは 张 または拉です。手前への動作ですから第一声です。それから勝手なイメージかもしれませんが、私もまさに腕を大きく広げて稲を胸いっぱい抱えようとする字ですね。内へ入れる文字の代表格です。

D さん：稲と言ったら收获(収穫)を挙げます。收获もいろいろです。果実の収穫は采水果(果物を採取する)、摘水果(果物を摘まむ)と言います。采は、現在采取行动(アクションを取る)、采纳建议(提案を採用する)の形で使います。魚の漁は捕鱼、動物の捕獲は逮小动物、捉动物と、動物の狩猟は狩猎と言います。作物の刈取りは割と言います。

A さん：凄い！原始的な果物狩り、動物狩りはまだ第三声の動詞が残っていますが、麦や稲刈りとなると第三声の姿が消えました。麦や稲の栽培の頃となると、陰陽の考えがしっかりできあがっていると伺えますね。

先生：その通りです。陰陽の考えは農業の確立とともに歩んできたと考えられます。それから、収穫と言ったらもう一つ大切な漢字を挙げましょう。秋です。

C さん：秋から愁です！自然との闘いの中で、秋になると幾
度も悩んでいたでしょうか。愁はそういう言葉ですね。

B さん：収穫したものと一緒に人も家というものに入るので
帰も当然第一声です。ところで、先生、風ですが、よく
動くから一見すると第二声っぽいですが、洞窟から小
屋に移り住むようになった中国語原人にとって、无孔
不入（隙間につけ込む）のほうがより身体に応えていたと思
います。それに、大切な火を消したりしますね。風はど
うしようもなく第一声ですね。

先生：それもありますが、風は良いことももたらしてくれる
から、古代の人々は「風」に対して「天」と共通の感情
を抱いているかもしれません。

A さん：少なくとも風は香りを私たちの鼻や口に運んでくれ
ます。はい、香りも第一声のはずですね。

C さん：ピンポン。芳香と言います。それから……。

先生：匂い系は後程。ここで因果关系（因果関係）という言葉も
覚えましょう。ここの果はアウトプットですね。

C さん：因はインプットで、入れるほうですね。わお！中国
語四声は哲学だ！

先生：桌子（机）の桌、茶几（応接テーブル）の几、両手で何かを受
けとめる托、これらの第一声をどう思いますか。

Cさん：うん、物を受けとめるのも、内へ入れる態様の一つとも言えますね。はい、背中で何かを受けとめるは背[bēi]（背負う）と言い、遵守[zūn shǒu]（守る）、遵命[zūn mìng]（命令を受ける）の遵[zūn]（受ける）、接受[jiē shòu]（受け入れる）、支撑[zhī chēng]も内へ入れる場面の一つですね。

先生：宾客[bīn kè]の宾[bīn]（訪問者）も入れましょう。皆さん、陰陽の考えにおける「内へ入れる・入る」イメージがしっかりできたようです。次、内のさらなる中心へ進めましょう。

なぜ、枢[shū]と轴[zhóu]は声調違いだろう？

Bさん：内[nèi]のさらなる中心部である円心の心[xīn]、中央の央[yāng]を挙げます。

Dさん：円心ではないけど、上下左右の真ん中という意味の中庸之道[zhōng yōng zhī dào]（偏りがなく、過不足のない態度のこと）の庸[yōng]（偏らない、真ん中）を挙げます。

Cさん：温水[wēn shuǐ]（ぬるま湯）、温度[wēn dù]の温[wēn]も同じです。冷たくも熱くもないのが温[wēn]の本来の意味ですからね。

Bさん：はい、凹凸[āo tū]はいかがでしょうか。字の形からもわかるように中央が属性ですね。第一声です！

先生：因みに、凹凸[āo tū]は、たぶん、当初、地面をセンターラインという、上下のブレを表すために作られた漢字と思います。

Bさん：うんうん。センターの存在を前提に、左右のブレを

表すのは、偏(偏る)、颇(頭がまっすぐでないのが原義。かなり)、歪(斜め)、上下のうねりを表すのは坡路(坂道)の坡(坂)ですね。第一声ですね。

Ｄさん：中央、真ん中と言えば、亚洲(アジア)の洲(中州)、要冲(要衝)の冲、真ん中が赤色の木の朱も挙げておきます。

Ｂさん：はい、機能的に中枢機能を持つ枢(ドアの軸、国家権力の中枢)も第一声です。しかし、先生、似たような意味の軸は第二声です。なぜでしょうか。

先生：それなら軸を二元化にしてみましょう。

Ｂさん：うん、プロペラシャフトのように軸自身がクルクル回転して動力を伝達する軸と、回りものや巻物の中心となる軸の二タイプに分けることができます。枢は、周りが回るが、自身は回らない軸ですね。軸は、自身が回って周りを動かすから陰陽の考えにおける動という属性に従いますね。へえ、軸まで回っているのか回っていないのか区別して声調をつけていましたね。

先生：一貫しています。はい、中央、中心系の漢字は日常的なものとしてここまでにしましょう。

✿ なぜ、香が第一声だろう？

先生：では、Ａさんの香りを含め「匂い系の言葉は陰陽的に第一声である」仮説を検証しましょう。

Ａさん：はい、Ｃ先輩は芳香(fāng xiāng)を挙げました。では、薫るは？

Ｃさん：薫(xūn)です。ただ中国語の薫は薫衣草(xūn yī cǎo)(ラベンダー)の形で香りを表しますが、単文字の薫(xūn)は、香・匂いを付ける、煙や匂いが鼻につく意味になります。你那香水喷得太薰人了(nǐ nà xiāng shuǐ pēn dé tài xūn rén le)(ねえ、香水つけすぎ臭いよ)がその用例です。

Ａさん：薫衣草(xūn yī cǎo)の薫(xūn)がそんなふうに使われますか。いやだ！

Ｂさん：さらに嫌な臭いを言いますよ。蒜(suàn)(ニンニク)を食べた後の匂いですね。勿論、韮(jiǔ)(ニラ)、葱(cōng)(長ネギ)、姜(jiāng)(ショウガ)や椒(jiāo)(山椒)のような香ばしい系もあります。

先生：因みに、韮(jiǔ)の原産地は中国です。さらに、因みにですが、韮(jiǔ)の花は菁(jīng)と言います。エリートの精英は菁英(jīng yīng)と書くべきと説く人もいるぐらい、菁(jīng)は精霊の宿る花とされています。

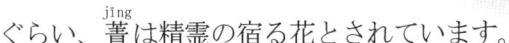

Ａさん：韮(jiǔ)の第三声と菁(jīng)の第一声に納得！

Ｂさん：でも、韮(jiǔ)、姜(jiāng)(ショウガ)や椒(jiāo)(山椒)はいずれも匂う植物であって匂いそのものではありません。

Ａさん：匂う植物も原則として陰に従って第一声になるということですね。

先生：仏教は、匂う野菜のことを葷（hūn）または辛菜（xīn cài）と呼んでいます（『蒼頡篇』）。

Aさん：辛苦了（xīn kǔ le）（お疲れ様）は、辛菜（xīn cài）や苦いものを食べることから生まれた言葉ですね。

先生：ところで魚や肉の臭みは何と言いますか。

Bさん：魚の臭みは腥（xīng）、牛肉や羊肉の臭みは膻（shān）、狐や人間の尿の匂いは臊（sāo）と言います。うん！匂いも第一声です。

Aさん：あっ、臭い！いい香りの漢字はもうないですか。

Cさん：芬芳馥郁（fēn fāng fù yù）（かぐわしい）です。芬芳（fēn fāng）は香りで、馥（fù）は強くにおう良い香りです。それから、遠くまで香るは馨（xīn）です。

Aさん：え？腥（xīng）は魚臭い、馨（xīn）は良い香り？厳しい！

Cさん：さいわいに組合せが違うので、それほど気にすることはありませんよ。

先生：ついでにですが、味覚の酸（suān）（すっぱい）、鮮（xiān）（旨み。旨みが効いておいしい）も同じく内へという陰の属性を持つため第一声です。辣（là）は、かなり近代になって中国にやってきたもので、刺激が「もっとも」強い香辛料だから第四声です。

Dさん：旨（zhǐ）は、今では主に企業宗旨（qǐ yè zōng zhǐ）（企業の趣旨、企業理念）の意味で使いますが、旨いという意味の旨（zhǐ）は熟語などにもまだ残っていますね。

Ｂさん：でも、我 尝 尝 (味見をする)の 尝 は第二声です。

先生：そうですね。尝 と吃の違いを考えましょう。

Ｂさん：お！尝 (味などを試す。トライする)は、外のものを身体に
入れていいかどうかを判断する段階で、ベクトルは「外
へ」向かっていますね。

先生：よく気づきました。それから、匂い系の漢字は基本的
に第一声ですが、第三声、第四声の法則と重なる場合も
あることを忘れないでください。

✿ なぜ、多は第一声だろう？

Ｃさん：京都の三十三間堂に行った時、先生は三十三間堂の
三と千手観音の千に多の意味があると言いました。テ
レサテンの『千言万语(千言万語)』の歌も、三思而后行
(熟考した上で行動する)の熟語もついでに覚えました。三、
千や多と先ほど出た诸、悉と都も多いというイメージ
があります。その第一声には陰陽的にどんな考え方が
働いていますか。

先生：はい、内という陰の属性が働いていますよ。

Ａさん：たしか多を意識する時、複数のものが一か所に固ま
っている、つまり、「ある一定の範囲」というイメージ
がつきますね。

D さん：缤纷(bīn fēn)も。ある一定の範囲内で種類や色が多い、多彩さ繁盛さを表す言葉ですね。

B さん：たくさんのものが一か所に積もるは积(jī)と言います。积了很多灰尘(jī le hěn duō huī chén)(沢山埃がたまっている)がその用例です。こぼれた水は一滩水(yì tān shuǐ)と言います。物や人が山のように積もる・集まる状態を一堆(yì duī)と言います。例えば、一堆西瓜(yì duī xī guā)(一山のスイカ)、一堆书(yì duī shū)(山積みになった本。本の山)、一堆人(yì duī rén)(人だかり)です。滩(tān)も堆(duī)も多いというコアイメージを持っています。ところで、先生、人がたくさん集まっている場合、一堆人(yì duī rén)のほかに、一帮人(yì bāng rén)、一伙人(yì huǒ rén)と一群人(yì qún rén)も言いますね。違いを教えてください。

先生：いろんなまとめ方はあると思いますが、せっかくなので、陰陽的にまとめたいですね。もうすこし第一声と第二声の法則を見てからにしましょう(P276 をご覧ください)。

B さん：はい、多いイメージの漢字を続けます。增加(zēng jiā)(増加する)、增添(zēng tiān)(増やす)、滋(zī)(増す)です。なんと数の増加の関連動詞まで第一声です！

C さん：昆虫(kūn chóng)の昆(kūn)も足の数が多いからの漢字ですね。丰富(fēng fù)(豊富だ)の丰(fēng)(豊)も言うまでもなく多(duō)ですね。

A さん：多いというなら、森という字ですね。

Cさん：森と言い、第一声です。同じパーツが三つも重なる文字として、さっき出た水晶の晶も第一声ですね、光をいっぱい反射しているからですね。

Dさん：鑫も！キンキンです。富み栄えるという意味ですね。やはり三が多いという意味ですね。

Aさん：三本の縦棒で山も！連なった山々ですね。

Cさん：区役所の区の繁体字は「區」です。何かが多いというイメージですね。それから爹です。子をたくさん持つ父親ですかね。

先生：はい、多とは、ある一定の範囲内で数を意識するときの漢字ですね。

Cさん：わかった！先生、少の関連言葉にもこのようなイメージを持っていますね。例えば、稀疏です。多と少は陰陽的に対概念ではないですね。

先生：そのとおりです。多も少も内という陰の属性を持っています。はい、少の関連用語は皆さん各自で「一定範囲内」という陰の属性を以ってまとめてくださいね。

🏃 なぜ、東西は第一声でものだろう？

Aさん：先生、「内に入る・ある」ものは日差しが届かないため、陰であり第一声で発音されるとよくわかりました。

そうしたら、包子(中華まん)や提包(手提げカバン)の包も同じ陰の属性で第一声になっているのですね。

先生：では、Aさんの「包の第一声説」を検証しましょう。

Bさん：包むですね。さっきの鞋帮(靴のクオーター)の帮も包むイメージです。

Cさん：Bさんは帮がお気に入りですが、私は着る系です。身体につける小物系は第四声の法則が働く話がありましたね。それに対して包む系の言葉、着るものと着る動詞の両方、まさに第一声のオンパレードですよ。はい、まず着る系です。穿衣服(服を着る)の穿(着る)、披衣服(服を羽織る)の披(羽織る)と搭衣服(服を肩などに掛ける)の搭を挙げます。それから名詞ですが、衣冠(衣服と冠)、袈裟(和尚さんの服)、马鞍(鞍。馬の服)、蓑衣(みの。雨の日の服)です。そう、そう。波も一種の水の服です。

Aさん：この言い方が好きです。季節ごとに水面が変わっています。まるで服を変えているようですね。

先生：ちょっと強引ですね。波の第一声にはちゃんと理由がありますよ。凹凸系の言葉を思い出してください。

一同：なるほど、波も水平というセンターラインを挟んで上下しています。凹凸、坡(坂)と共通項を持っています。

Dさん：はい。物を入れる兜(ポケット)、荷物を入れる箱子、

水を入れる缸(水カメ)、仏像を祭る龕は龛です。死後人間が入る予定の箱は棺です。

Bさん：因みに、手を兜に入れる動作は揣、人を胸に包み込む動作は拥と言います。穀物などを入れて保管する場所は仓、船や飛行機のそれに当たる場所も同じ発音の舱と言います。

先生：皆さん、❂と◖を見てください！何に見えますか。

Cさん：ネットのような入れ物ですね。袋です！

Dさん：見たことがあります。❂は东(東)の、◖は西の甲骨文です。なるほど、东と西を合わせるとどうして物の意味になるのか分かりましたよ！今までの「東市場と西市場での買い物」由来説だと、いくら遡ってもせいぜい漢の時代までextでした。しかし、その説だと、「物」という言葉が漢の時代に入ってからはじめて生まれたことになるからとうてい考えにくいし、市場が成熟した後に「物」という言葉が生まれるのも逆順ですね。なるほど、❂と◖は、簡単に言うと、そもそも物が入っているもの入れですね。だから、第一声で発音されて当然ですね。

Bさん：でも、どうして物の入っている物入れが方位を表す東西になったのでしょうか。

先生：私と同年代の中国人には、ちょっと古いけれども高倉健さんの大ファンが結構います。高倉健さんが主演の『幸せの黄色いハンカチ』が大好きです。

Ｃさん：そうか、記号だ！ ✿と❀を使って、それぞれ東と西を記していたのですね。黄色いハンカチのように。紀元前何千年、いや何万年の頃、定住し始めた人たちは、身近な皮紐などを使って袋状に結んだりして、物入れとして木に掛けながら、羅針盤の代わりに方角のしるしとしても使っていたのですね。一石二鳥ですね。

先生：縄文時代の人々の知恵です。

Ｂさん：東(dōng)と西(xī)の第一声の謎と東西(dōng xi)の物の意味の謎が解けました！ところで、先生、旗袍(qí páo)(チャイナドレス)の袍、服装(páo fú zhuāng)の服、裙子(fú qún zi)(スカート)の裙、裳(qún cháng)はいずれも第二声です。その謎も知りたいです。もっとも衣裳(yī shang)の二字で衣裳を表すとき、裳(shang)と軽く発音されます。

先生：袍(páo)について、『新華字典』は何と言っていますか。

Ｂさん：「長い服」「外側に着る服」と書いています。なるほど、外(wài)という属性を持っていますね。包むイメージのある衣にはまだ風雨を凌ぐイメージがありますが、生地を存分に使う長(cháng)(長い)着物の袍、裳(páo cháng)、裙(qún)となると、生活を楽しんでいて華やかさを追求するイメージが現れていて、声調も華(huá)(華やか)になりますね。

Ｄさん：服(fú)は、先生、元々服装の意味ではなかったですよね(『国語』周語)。

先生：そうです。服(fú)については後程(P227 をご覧ください)詳しく

話しましょう。东(東)と西ですが、朝日と夕日の出入りを見て、大昔の中国人は大自然のことをどのように感じていたのでしょうか。❉と❊という形からも、东と西の第一声に込められている古代の人たちの考え方はまだまだあるような気がします。それについてまた別の機会にしましょう。それでは、包むイメージの漢字はここまでにしましょう。

❉ なぜ、亲戚は親戚だろう?

C さん：先生、包む系言葉はいろんなものを同じ場所に入れるイメージも持っていますね。

先生：それで?

C さん：人や事物の集合を表す名詞、つまり、集合名詞にもそういうイメージができるのではないかと思います。

先生：例えば?

C さん：孙は孙以降の子孫を、衣冠 整齐(身なりがきちんとしている)の衣は衣類を、冠は王冠から普通の帽子までの頭にかぶる装飾品を、ほかに、书は手紙を含め書き物を、それぞれ括っています。昔、一封家书值千金(家族の手紙は千金に値がする)と言いましたね。それから金も、黄金を含め金属の総称です。そう、そう、珍も真珠、玉や金など希少価値のあるものの総称です。

Ａさん：さきの 光 も 香 も集合名詞ですね。

Ｂさん：菌 も。キノコや酵母のようなカビ類も乳酸菌のような細菌も全部括っています。

Ｃさん：思（思い）にもいろいろありますね。気にかけていることや心配していることはすべて思の中身になります（『書』洪範）。総称類というか集合名詞は陰陽的に確かに第一声ですよね。

Ａさん：そうすると、干支にも当てはまりますね。干は 10 個のものの集合体で、支は 12 個のものの集合体なので、干支は第一声のはずですね。

Ｃさん：ずばり、第一声です。干支と言います。

Ａさん：ワォ！そう言えば、tā も。すごくない！？一つの音で、他（彼）・她（彼女）・它（人間以外の物事の第三人称）と、人称代名詞と指示代名詞を全部包んでいます。

Ｂさん：凄い！こう見ると他・她・它が同じ発音になっているのは偶然ではなく、陰陽的に必然的ですね。たとえ漢字が生まれた時代が違っていても！はい、私も挙げますよ。体毛なら毛、ひげなら胡と、外という属性に従い第二声ですが、これらを括って言うのは須です。必須（しなければならない）が須の付く常用言葉です。それから、蔬菜（野菜）ですが、昔は蔬で野菜類を指していました。

先生：「問合せ」は、何と言いますか。

Bさん：咨询^{zī xún}です。

先生：咨询^{zī xún}の咨^{zī}と询^{xún}ですが、『左伝』襄公四年は、問合せの内容を5種類に分けています。そのうち、懇親のためのものは询^{xún}と、残りの四種類を咨^{zī}と総称していました。

Aさん：中国語は本当に複雑ですね。問合せ一つでも五種類に分けられますか。細かすぎと言いたいところですが、花^{huā}を今調べましたら、草木花の総称の意味もあると言っています。花^{huā}も陰の属性を複数持っていますね。

Cさん：桌子^{zhuō zi}も。受ける属性から第一声との話がありましたが、杯子^{bēi zi}と同じで総称ですね。办公桌^{bàn gōng zhuō}(事務机)、书桌^{shū zhuō}(勉強机)、饭桌^{fàn zhuō}(食卓)は、全部桌子^{zhuō zi}と呼んでいますし、ジョッキもマグもグラスもみんな杯子^{bēi zi}と言います。

Dさん：尊重^{zūn zhòng}の尊^{zūn}もお酒の容器の総称でした。それから丁^{dīng}も、兵役など課役の適齢男性の総称でした。どんどん行きますよ。亲戚^{qīn qi}です。血筋で繋がっている人達は亲^{qīn}で、戚^{qī}は、斧鉞の一種でしたが、家紋のようなしるしで、同じ戚を以て一族を示していました。だから、亲戚^{qīn qi}は親戚なのですね。ずっと不思議に思いましたよ。そういえば、先生、中国語の家族の呼び名も実に多いですね。爸爸^{bà ba}、父亲^{fù qīn}、爹^{diē}とお父さんの呼び名は三つもありますね。もしかして、第一声の呼び名は実は総称だったかもしれま

せんね。勿論 C さんの爹(diē)「子沢山説」もありですけど。

先生：可能性は十分あります。少なくとも、今でも第一声で発音される爹(父)、妈(mā)(母)、哥(gē)(兄)、叔(shū)(叔父)について、『新華字典』はそのように書いてあります。家族の呼び名について、声調的に横断的に見ると面白いので、また、四声法則を一通り見てからにしましょう。

C さん：僧(sēng)(出家修行者の集団)も特定のグループの名前です。

先生：蒸(zhēng)も挙げておきましょう。蜡烛(là zhú)(蝋燭)が現れる前の時代では、烛(燭)の燃料は、麻、苇(竹)(má wěi)、竹や木(zhú mù)などでした。それらを一字で表すのは 蒸(zhēng) でした。

A さん：蒸(zhēng) にはそういう成り立ちがあったのですね。でも、先生、 蒸(zhēng) の第一声は烧(shāo)の火の利用という陰陽の考えにおける生のイメージからも説明できますね。

先生：良い感じです。はい、内という陰の属性から「集合名詞系」の第一声の検証はここまでにしましょう。

6-2-2　外 - 内と外

☆　なぜ、革(gé)が第二声だろう？

B さん：さあ、陰陽の考えにおける外という陽の属性を見始める、見始めるぞ！

A さん：あら、B 先輩もずいぶん陽気になりましたね。

Ｂさん：ここに来ると、陰陽の考えの四声法則にはもう迷いはありませんよ。ほら、皮、皮膚の炎症（yán zhèng）が第二声でしたね。はい、行きますよ。魚の鱗は鱗（lín）です。動物の皮は革（gé）です。果実の堅い皮は殻（ké）です。軟体動物の堅い殻も同じです。貝殻（bèi ké）(貝殻)の殻（ké）や海螺（hǎi luó）(海の巻貝。巻貝の殻)の螺（luó）(巻貝の殻)も第二声です。

Ａさん：軟体動物にとって、殻（ké）や螺（luó）は皮ではありませんよ。

Ｂさん：でも、外側であることは変わりません。

先生：殻（ké）ですが、穀物の籾摺りは脱殻（tuō ké）と言いますが、第四声の脱殻（tuō qiào）という言葉もあります。皆さんならわかりますね。殻（qiào）は殻（ké）の強調型になります。はい、孫子兵法の金蝉脱殻（jīn chán tuō qiào）(兵法の第21計　金蝉脱殻)の殻（qiào）がその例です。ところで、細胞の外側のものは何と言いますか。

Ｃさん：膜（mó）です。細胞膜（xì bāo mó）です。先生、外側と言ったら、万里長城（wàn lǐ cháng chéng）を連想します。

先生：それでは、万里の長城のような近い外系の漢字を見てみましょう。

✖ なぜ、国（guó）は第二声だろう？

Ｃさん：はい、挙げますよ。万里長城（wàn lǐ cháng chéng）の城（chéng）が出たら、墻（qiáng）(壁)です。そして城墻（chéng qiáng）(城壁)より低く、または透かして

中が見えるのは垣_{yuán}です。それから、石でできたわけではないけれど、垣_{yuán}のような機能を持つのは篱笆の篱（まがき）と栅栏の栏_(欄)です。

B さん：はい、围_{wéi}(囲む)です。外側に囲んでいるものを围子と呼ぶ場合が多いです。给树木打围子_{gěi shù mù dǎ wéi zi}(樹木の冬越しのために根巻きをする)がその例です。そうそう、世界遺産福建省の客家土楼は俗に土围子_{tǔ wéi zi}と言います。空から見下ろすと环_{huán}(環)になっています。

福建客家土楼

D さん：うん。家の中でも、ベッド周りを囲む布は帏_{wéi}と言います。窓や入口に掛ける布は帘_{lián}と言います。そうそう、屏风_{píng fēng}の屏_{píng}も最初は外の視線を遮るために门_{mén}(門)の少し手前に作られる小さな塀でしたね。

C さん：ものではないけれど、萦绕_{yíng rào}(音楽などが頭上を回旋する)、缠绷带_{chán bēng dài}(包帯を巻きつける)の缠_{chán}を思い出しました。

A さん：なぜかパトロールを連想してしまいました。パトロールは何と言いますか。

C さん：巡逻_{xún luó}と言います。巡逻_{xún luó}も一種の囲いですね。無形の囲いですね。強引のようで強引ではないですね。

先生：はい、国という字は如何でしょうか。

D さん：なるほど、国の繁体字は國_{guó}ですね。エリアを囲むそ

のものですね。

♗ 墙(qiáng) と壁(bì)の違いとは？

Bさん：先生、墙(qiáng) が出ましたが、同じ壁の意味のある壁(bì)は第
　　　　四声です。確かに壁垒(bì lěi)(壁塁、砦)、壁画(bì huà)(壁画)、壁报(bì bào)(壁報)、
　　　　壁柜(bì guì)(壁埋め込み式収納)など、日常によく使うのが壁ですが、
　　　　その第四声のイメージは今一つはっきりしません。

先生：なら、質問です。中国歴史上有名な壁(bì)がありますね。

Dさん：赤壁之战(chì bì zhī zhàn)(赤壁の戦い)の壁(bì)ですか？なるほど、墙(qiáng) は、
　　　　外という陽の属性のほかに、人類の知恵の生成物とし
　　　　て陶(táo)、田(tián)、盐(yán) などに通じるところがありますが、壁はあ
　　　　りません。壁(bì)は崖のような天然なものも含んでいます。
　　　　そうでしたか。パーツを見ても、刃物で物をスパッと真
　　　　っ二つに切ったような崖が壁(bì)ですね。

先生：そのような天険を利用して身を守るために作られる石
　　　　小屋のようなものは壁垒(bì lěi)(砦)です。

Cさん：だから、中身を守るニュアンスも兼ねて、細胞壁、胃
　　　　壁(bì)と言いますが、人工物である 墙(qiáng) は使いませんね。

Bさん：だから、「内側」「天井と一体になって囲まれる」と守
　　　　られるニュアンスの壁は 墙(qiáng) ではなく、壁(bì)になりますね。

Ｃさん：逆に「人工的に遮断する」ニュアンスの壁は 墙（qiáng）になりますね。ファイアウォールは防火墙（fáng huǒ qiáng）と言います。

先生：はい、日常生活のなかではほとんど墙壁（qiáng bì）で壁の意味を表しますが、専門分野や四字熟語となると、依然として使い分けが厳格です。

　　　以上、陰陽の考えにおける内と外の外という視点で、囲うイメージの漢字を見ました。囲い関連の漢字は、ほかに囲まれた庭などもあります。またのちほど建築物のセッション（P413をご覧ください）で見ましょう。次、内と外をセットで見てみましょう。

✚ 五岳の名前の秘密

先生：陰陽の考えにおける内と外の属性に関して、皆さんはもう感覚を掴んだようですね。それでは、ちらっと、内と外を横断的に見ましょう。

　　　中国では、名山の中に特に五岳（wǔ yuè）と呼ばれるものがあることは、みなさん、とっくに知っていますね。

Ｃさん：はい、泰・岱山（tài dài shān）、华山（huà shān）、嵩山（sōng shān）、衡山（héng shān）、恒山（héng shān）です。华山（huà shān）に行ったことがあります。そこで、华山（huà shān）の华（huà）が第四声だと知りました。普通、中華料理と言うときの華は华で第二声ですが、五岳（wǔ yuè）となると、华（huà）となります。第四声の法則がしっかり効いています。

恒（héng）▲恒
泰（tài）▲泰
华（huà）▲华
嵩（sōng）▲嵩
衡（héng）▲衡

Ａさん：第四声の泰山^{tài shān}も変調経緯がありますか。

先生：泰山^{tài shān}の場合は少々複雑です。五岳^{wǔ yuè}の中で一番早い時期に注目された山なのです。詳しくはまた別途に話しましょう。

Ｃさん：もしかして…。五岳^{wǔ yuè}の位置を見てくださいよ。

Ｂさん：ほんとだ！第一声の嵩山^{sōng shān}は五岳^{wǔ yuè}の真ん中だぞ！

Ｄさん：背筋が寒くなった！

Ａさん：そうでしたか！山の名前が個々にではなく、陰陽的な位置関係でつけられていますね。あの時、もうすでに大地を俯瞰的に見ていたのですね！

Ｄさん：ここまで来ると本来ならば、もう驚くことはないと思いながら驚きました。中華思想の根拠とされていた周りの国の呼び名も……。

☆ なぜ、服^{fú}は服装で服従だろう？

Ｄさん：中華思想という議論がありましたね。その根拠の一つは、漢民族が自分たちの国を中国^{zhōng guó}と呼び、四方の異民族を东夷^{dōng yí}(東夷)、西戎^{xī róng}、南蛮^{nán mán}、北狄^{běi dí}と呼んでいたからです。中華思想の議論はさておき、ここでも陰陽の考えにおける内と外の属性が働いていますね。

Ａさん：ほんとだ！夷^{yí}、戎^{róng}、蛮^{mán}、狄^{dí}のいずれも第二声です。

先生：陰陽の考えにおける内と外は、内に対する外なので、異民族だけに向けているものではありませんよ。例えば、自分が宗(zōng)になると、息子の代以降は、もはや自分ではないので男系血筋を直系(zhí xì)と呼びます。女系血筋は旁(páng)系(xì)と呼び第二声で自分以外という属性を表しています。国の名前も同じように呼び分けているだけです。この点に関して、知識的にはDさんがより詳しいですね。

Dさん：恐縮です。先生の陰陽四声法則で見ますと、面白い現象が起きます。当初の中心である殷・商(yīn shāng)と周(zhōu)の名前は内という陰の属性に従い第一声になっています。さらに、もう皆さんどこかで聞いたと思いますが、周武王は、兄弟や子供を土地に封じました。それが衛星国になるので、当然外の属性に従い第二声になります。采地が大きければ侯国(hóu guó)と言い、領主も侯(hóu)と呼ばれ、小さければ伯国(bó guó)と言い、領主も伯(bó)となります。

先生：ちなみに、周は封建制度を創立したと言われていますが、たしかに血族による政治の点では封建的ですが、それぞれの采地の自治権を持たせた点からすれば連邦制ですね。そこで質問です。周はその政治体制を維持するために、どんな制度を作りましたか。

Dさん：周の政治体制と言うと礼法ですかね。中には五服(wǔ fú)という行政区画制度がありました。京畿(jīng jī)を中心として、外へ周囲500里ごとに

五つのゾーンに分けられ、それぞれのゾーンに異なる服装と礼儀作法が決められていました。それを真似て、官僚の階級の内部も、個々の家庭の中も同じ考えによる礼制が現れました。

A さん：そうでしたか。服は最初衣類の意味ではなく外交上のルールで遠近関係を表すための標識でしたね。今、中学生も服装で仲間意識などを確かめていますね。昔も今も人の発想はそう変わっていないですね。

先生：周では、五服の外、外交関係のない部落を、東なら夷、西なら戎、南なら蛮、北なら狄と呼んでいました。勿論、活動範囲の拡大に従って、中のエリアが大きくなり夷戎蛮狄も遠のいていきました。例えば、夷は殷の終わり頃、山東の後李文化のエリアでしたが、西周に入り、斉と魯の諸侯国の配下になりました。その時の夷というと今の朝鮮半島辺りだと言われています。

B さん：自ら統治しているエリアは内であり、京畿と呼び、外は五服制度で遠近を区別し、さらに遠方となると、夷戎蛮狄で表していましたね。

先生：そうです。では五服の中の、諸侯国を見てみましょう。

D さん：先生、小さい諸侯国も入れると莫大な数になりますので、戦国時代の主な七国を挙げますね。秦、魏、韓、趙、楚、燕、斉です。

A さん：第二声と第四声の法則がすごく効いていますね。

D さん：日本語の音読に大きな影響を与えた呉も諸侯国でしたね。三国志の曹操の曹も先生の陳も周の時代では諸侯国の名前でしたね。

先生：そうですよ。諸侯国の名前に由来する氏名は多いですね。では、諸侯国の名前はここまでにしましょう。はい、次、中国の呼び名を見ましょう。

A さん：先生、ちょっと待って！昨天、今天、明天も内と外の構図になっています！

C さん：本当だ！陰陽の考えにおける内と外がいろんなところに散らばっていますね。その気で見れば、いろんな発見ができそう。

✿ なぜ、九は好かれるだろう？

先生：質問です。中国の一番古い呼び名はなんでしょうか。

D さん：九州ですか。禹が治水に成功したのち当初の天下を九つに分けたと言われています。

先生：はい、禹の時代に盛んだったエリアを九つのブロック、つまり九つの州に分けたことに関しては議論のないようですが、地理的にそれぞれどこか、名前は何かについては意見の分かれるところです。

	北	
柱 (zhù)	玄 (xuán)	咸 (xián)
拾 (shí)	冀 (jì)	阳 (yáng)
戎 (róng)	迎 (yíng)	神 (shén)

（西 … 東、南）

分かれるところです。ここでは、山東省の泰安辺りを中

心とした唐の『初学記』の九州を見ましょう。

B さん：あ！真ん中の冀州と西北の柱州を除けば、残りの七
つの州の名前はキレイに第二声になっています。東南
は神州、南は迎州、西南は戎州、西は拾州、西北は
柱州、北は玄州、東北は咸州、東は阳州でした（『初
学記』巻八・州郡部・総叙・州郡・第一引『河図・括地象』）！

先生：因みに、西北の柱州の柱は、『説文解字』では楹とさ
れています。それから、『初学記』が依拠している『河
図』は夏に生まれたと言われる易の大元的な存在です。

B さん：だから、陰陽的な内と外がはっきりしています。

D さん：先生、なぜ中国人は九が大好きなのかわかったよう
な気がします。九がそろって、はじめて「全土」になり、
はじめて円満ですからね。夏の時代からすでにある概
念なので、九の第三声は容易く変えられませんね。

B さん：先生、質問です。九州は当初では人々の活動が盛ん
なエリアですよね。

先生：そうですよ。夏の九州と周の九州は違いますが、それ
ぞれその時代の栄エリアであることだけは言い切れま
す。因みに、夏よりも前の尭（堯）の時代では、陶出丘（現
在の山東省・菏澤）が天下の中心とされていました。

B さん：そこですよ。賑やかなエリアなのに、どうしてその
後中原と呼ばれるのですか。真ん中の原野？おかしく
ありませんか？

先生：確かにロジック的ではありませんし、地理的にも無理がありますね。それに関して奥深い話がありますよ。また後程(P310 をご覧ください) ！

官民(guānmín)・官僚(guānliáo)の声調組合せは偶然？

D さん：先生、商(shāng)や周(zhōu)に対して伯国(bó guó)や侯国(hóu guó)という対があり、天(tiān)に対して王(wáng)という対もありました。このように人の立ち位置によって、第一声と第二声の対が出来上がるのではないかと思います。

先生：もっと例が欲しいですね。

D さん：武王はのちに天子(tiān zǐ)と呼ばれるようになりましたが、その場合、天子(tiān zǐ)対伯爵(bó jué)や侯爵(hóu jué)という内外(nèi wài)の構図になっています。伯爵(bó jué)や侯爵(hóu jué)が自分の采地に戻ったら、論語にも出てくる君君臣臣(jūn jūn chén chén)のように、自分たちが政権の中心となり君(jūn)と呼ばれ、その周りのものを臣(chén)と呼ぶのですね。官僚(guānliáo)、官民(guānmín)も同じ組み合わせで、官僚(guānliáo)の官(guān)は職務の長で、僚(liáo)は官(guān)に属する周りの役人ですね。官民(guānmín)の官(guān)は権力の中、民(mín)は権力の外を意味しますね。

先生：その通りです。それがまさに陰陽の考えの具体的な表れです。**陰陽の考えは、物事を常に変化に応じて陰と陽両面からその相対関係を見ていく**考えです。

B さん：陰陽の考えはすごいとしか言いようがないですね。

役職の名称ではないため躊躇してしまいますが、宮廷^{gōng tíng}も同じ構造ですね。宮^{gōng}は、最初はどうであれ、使っているうちに故宮^{gù gōng}のように、皇帝などお偉いさまの住居の専門用語になり、皇室という内のイメージを持つ場所になるが、廷^{tíng}は君主^{jūn zhǔ}を囲んで政治をやり取りするため、伯爵^{bó jué}・侯爵^{hóu jué}、臣^{chén}たちが立つ場所で、外のイメージを持つ場所です。

先生：よく気づきました。陰陽の概念には、陰の中をさらに陰陽に分けることができ、宮廷^{gōng tíng}はまさにその例です。まだまだ挙げることができますが、上巻では取りあえずここまでにしましょう。

☆ なぜ、緣^{yuán}は第二声だろう？

先生：以上、内外^{nèi wài}の陰陽視点で横断的に九州^{jiǔ zhōu}などを見ました。

Cさん：先生、今度は近い「外」を見たいです。

先生：おっ！もうできたようですね。そうしましょう。

Cさん：はい、まず、旁^{páng}（脇。寄り添う）です。彼女の隣に一生寄り添うと言いたいときは、こうなります。

永远伴在你身旁^{yǒng yuǎn bàn zài nǐ shēn páng}。または、永远陪在你身旁^{yǒng yuǎn péi zài nǐ shēn páng}。

Bさん：はい、胁^{xié}（脇）です。「かたわら」「主役の次に位して、主役を助けるもの」の意味もあります。

Ｃさん：はい、「すぐそばのこと」を比邻（bǐ lín）とも言います。邻（隣）（lín）を挙げます。唐の王勃の詩の一句です。

海内存知己，天涯若比邻。（hǎi nèi cún zhī jǐ　tiān yá ruò bǐ lín）
（分かり合える友とはどんなに離れていても隣にいるようなものだ）

Ｄさん：こちらも詩で同じ発音の临（臨。目の前にする）（lín）の例を挙げます。宋代詩人宋庠（そうしょう）の『臨秋』の一句です。

兀坐临秋水，悠然到夕霏。（wù zuò lín qiū shuǐ　yōu rán dào xī fēi）
（秋の色がかすかに染めた草木の映る水を、ゆったりと夕霧が立つまで眺めてしまった）。

Ｂさん：皆さんの文才が羨ましいです。僕は近い外（wài）として隣り合わせイメージのものを挙げます。緣分（ご縁）（yuán fèn）の緣（yuán）です。物のふち飾りの意味もあります。それから、海に接する沿海の沿（yán hǎi）（yán）です。

先生：皆さんずいぶん余裕が出たようですね。ちょっとだけ質問しますよ。緣（yuán）と同じ発音の言葉にはどんなものがありますか。

Ｃさん：猿人（最初の人類）（yuán rén）の猿、元气（万物が生まれ育つ根本となる精気）（yuán）元（yuán qì）、源泉の源（yuán）（yuán quán）、中原の原（zhōng yuán）（yuán）……。

先生：はい、yuán の響きが感じ取れましたか。このような響きを持つ緣（yuán）なので大切にしましょう。

✗ なぜ、重(chóng)は第二声だろう？

Bさん：先生、陪(péi)や脇(xié)(脇)が出たので、从属(cóngshǔ)(従属)の从(cóng)と属(shǔ)も挙げたいと思います。それから、随行(suíxíng)(同行する)の随(suí)、陪同(péitóng)(付き添う)の同(tóng)、携行(xiéháng)(携行する)の携(xié)、白头偕老(báitóuxiélǎo)(偕老同穴)の偕(xié)です。そう、そう。援助(yuánzhù)(支援する)、扶持(fúchí)(助成する)も一種の脇役というか伴走ですね。

Cさん：陪(péi)や伴(bàn)は、一緒にいるというイメージも持っていますね。そこで、二つのものを接着剤でくっつける場合、例えば、粘(zhān)や胶(jiāo)はくっついたら一体になり自由に離れないため第一声ですが、一方、一緒にいるけれども、独自の存在意義があるイメージの言葉は第二声になります。例えば、盒子(hézi)(蓋付け容器)、重叠(chóngdié)(幾重にも重ねる・重なる)、一层楼(yīcénglóu) 两层楼(liǎngcénglóu)(建物の一階、二階)の层(céng)(階。層)です。

Aさん：へえ？重ねるがコアイメージですね。垂直方向の旁(páng)や邻(lín)になりますね。じゃ、建物の階段は？

Cさん：楼梯(lóutī)と言います。ちなみに、建物の入り口の階段、お寺の前の階段、つまり、高台に行くための階段は、台阶(táijiē)と言いますよ。梯(tī)と阶(jiē)は、いずれも第一声ですけど……。そうか、高(gāo)と共通項を持っていますね。「低所から高所へ」なので、上(shàng)という陽の属性を持っていないためですね。うっかりするところでした。

先生：素晴らしい！梯も階もほかにも陰の属性も持っています。詳しくは後程(P300をご覧ください)。

　ところで、梯と階を少し離れて眺めてください。そこに層(層)というイメージもしっかりできますね。

Ｂさん：そうでしたか！僕の大嫌いだったが、今は好きそうになった類似語です。階と似て非なる階級(階級)の級、班級(学年と組)・等級(等級)・級別(役職の等級)・提级(昇進)の級です。

先生：ありがとう。はい、級です。級は、階段の最小構成単位で、元々の意味は階段の段です。「最小構成単位」が易の核(P315をご覧ください)となる部分になります。四声法則においても重要概念なので、一応印象を残してくださいね。ちなみに、棋士の等級は、日本の場合、段と級に分けて一般的に９段６級と言いますが、中国の場合、一共有十七个级(全部で17等級がある)、17級で評価します。はい、続けましょう。

Ａさん：はい、「口紅を付ける」「服装を身に付ける」の「つける」にも「重ねる」イメージがあります。

Ｃさん：はい、口紅を付けるは涂口红と言います。この場合のつけるは涂です。服装を身に着けるは着装です。この場合のつけるは着と言います。確かにどちらも第二声です。ついでに、附着の附も付けておきます。

Ｂさん：そう言えば、粘も多音字です。先ほどの粘信封（封筒
　　　　の封をする）のような「くっつけて動かない」イメージがす
　　　　る第一声の粘のほかに、粘糊人的不都是女人（ねちこい人
　　　　は必ずしも女性だけではない）のような、「くっついて行動する」
　　　　という第二声の粘もあります。

先生：もっとも、1988年に粘は黏に戻されました。

Ｂさん：一字陰陽二役の言葉はこういうのもあります。糊で
　　　　す。糊风筝（糊で凧を作る）の糊は、空を舞うから動という
　　　　属性を持っています。一方、壁に珪藻土を塗り付ける場
　　　　合は、往墙上糊了一层硅藻土と言い、ぺたんと貼り
　　　　付き落ちない、一体をなすのが前提なので、静という陰
　　　　の属性を持っています。糊と第一声になります。

Ｄさん：从属や服从の从（従う）と同じコアイメージを持つ言
　　　　葉をもう少し挙げます。伦理（倫理）の伦です。人間関係
　　　　において順序に従う意味ですが、先人の跡をトレーシ
　　　　ングするので一種の重ねる行為です。それから、遵循（ル
　　　　ールなどに従って行動する）の循です。ちなみに、如果A就B（A
　　　　であればBになる・する）の如も最初は従う意味で作られたそ
　　　　うです（白川静著『字統』）。

先生：はい、「付随する」「重ねる・重なる」とイメージでき
　　　　るものは陰陽の考えにおける動の属性を持っているた
　　　　め、第二声で発音する、と皆さんがご理解できたところ

で、次に行きましょう。

☆ なぜ、醇(chún)は第二声だろう？

A さん：先生、前のセッションで習った「重なる・重ねる」イメージがする漢字は、モノの場合、重、叠(chóng dié céng tú)、層や涂、着(zhuó)でした。人間の行動の場合は、伦や循(lún xún)、粘・黏(nián nián)などでした。ふと、「香」のことを思いました。香りが濃いとは、薫る成分が重なった結果とも言えますね。濃いも第二声になりますね。

C さん：はい、浓(nóng)と言います。

先生：『説文解字』はまさに浓(nóng)を重ねるイメージのある厚(hòu)(濃い、厚い)であると言っています。

D さん：厚(hòu)と言えば、解毒(jiě dú dú)の毒も濃厚にすぎるものですね。

B さん：なるほど、なんでも濃厚すぎるとバランスが崩れ、害になるから毒(dú)になりますね。なんて哲学なのですね。

C さん：はい、好ましい濃厚なものを挙げます。香 醇(xiāng chún)(芳醇)の醇(chún)です。味が濃厚は醇(chún)のほかに淳(chún)も言います。それから、粘 稠(nián chóu)の稠(chóu)もお粥が濃いときに使う漢字です。濃くて焦げたお粥はそもそも第二声の糊(hú)でしたね。もっとも、お粥ではないけどお粥に似たような食べ物は糊(hù)と第四声に変わります。芝麻糊(zhī ma hù)(黒ゴマシロップ)は私の好物

です。

Aさん：濃厚で一つの成分になると純粋になりますね。

Cさん：はい、純粋(chún cuì)と言います。

Bさん：浓厚(nóng hòu)の反対は稀、疏、松(xī shū sōng)です。稀、疏、松(xī shū sōng)の第一声は、「重ねる」ようなイメージと相反しているところも一因ですね。

先生：その通りです。稠密(chóu mì)も稀疏(xī shū)(まばら)もある一定範囲内という前提の中で、重なる・重ねるなら第二声、重ならない・重ねないなら第一声、という陰陽の対を意識しながらこのセッションはここまでにしましょう。

☆ なぜ、邮は第二声だろう？

Dさん：先生、先ほど出た天涯若比邻(tiān yá ruò bǐ lín)(離れていても隣にいるようなものだ)の涯ですけど、果て、遠い意味ですね。遠いは外という陽の属性を持っていますね。远は第三声ですが、遠い系の言葉は外という属性を持つゆえに第二声になると思います。

先生：では、远(yuǎn)のイメージを持つ言葉を集めてみましょう。

Dさん：はい、垂(chuí)です。今は垂直(chuí zhí)の意味で広く使われますが、『説文解字』の時代では、遠く地球の果ての意味でした。名残として辺境にある村は边陲小镇(biān chuí xiǎo zhèn)と言い、パーツとして邮局(yóu jú)(郵便局)の邮にも使われています。邮は遠くへ

交信するための字ですね。

A さん：大学時代のはるばる届いた母の小包を思い出しました。中国語で何と言いますか。

C さん：<ruby>我<rt>wǒ</rt></ruby> <ruby>想<rt>xiǎng</rt></ruby> <ruby>起<rt>qǐ</rt></ruby><ruby>大<rt>dà</rt></ruby><ruby>学<rt>xué</rt></ruby><ruby>时<rt>shí</rt></ruby><ruby>代<rt>dài</rt></ruby><ruby>妈<rt>mā</rt></ruby><ruby>妈<rt>mā</rt></ruby><ruby>千<rt>qiān</rt></ruby><ruby>里<rt>lǐ</rt></ruby><ruby>迢<rt>tiáo</rt></ruby><ruby>迢<rt>tiáo</rt></ruby><ruby>发<rt>fā</rt></ruby><ruby>来<rt>lái</rt></ruby><ruby>的<rt>de</rt></ruby><ruby>小<rt>xiǎo</rt></ruby><ruby>邮<rt>yóu</rt></ruby><ruby>包<rt>bāo</rt></ruby>。はるばるは千里<ruby>迢<rt>qiān lǐ tiáo</rt></ruby> <ruby>迢<rt>tiáo</rt></ruby>の<ruby>迢<rt>tiáo</rt></ruby>と言い、迢よりも普通に使っているのは<ruby>遥<rt>yáo</rt></ruby>(遥か)です。『<ruby>在<rt>zài</rt></ruby><ruby>那<rt>nà</rt></ruby><ruby>遥<rt>yáo</rt></ruby><ruby>远<rt>yuǎn</rt></ruby><ruby>的<rt>de</rt></ruby> <ruby>地<rt>dì</rt></ruby><ruby>方<rt>fāng</rt></ruby>』は私の中国語カラオケ 18 番です。<ruby>在<rt>zài</rt></ruby><ruby>那<rt>nà</rt></ruby><ruby>遥<rt>yáo</rt></ruby><ruby>远<rt>yuǎn</rt></ruby><ruby>的<rt>de</rt></ruby><ruby>地<rt>dì</rt></ruby><ruby>方<rt>fāng</rt></ruby>，<ruby>有<rt>yǒu</rt></ruby><ruby>位<rt>wèi</rt></ruby><ruby>好<rt>hǎo</rt></ruby><ruby>姑<rt>gū</rt></ruby><ruby>娘<rt>niang</rt></ruby>……
（あの遠い大草原にキレイな娘がいます）

D さん：<ruby>遥<rt>yáo</rt></ruby><ruby>远<rt>yuǎn</rt></ruby><ruby>的<rt>de</rt></ruby>(はるか遠い)大草原がいいですね。<ruby>茫<rt>máng</rt></ruby><ruby>无<rt>wú</rt></ruby><ruby>边<rt>biān</rt></ruby><ruby>际<rt>jì</rt></ruby>(茫茫たる果てしない)の牧草に横たわって星空を見たいものですね。はい、<ruby>茫<rt>máng</rt></ruby>もぼんやりする程遠く果てしれぬ様です。

C さん：星空を眺めながらいろいろ<ruby>遐<rt>xiá</rt></ruby> <ruby>想<rt>xiǎng</rt></ruby>(思いをはせて)をして時間をゆったり過ごしたいものですね。

A さん：縁側に座って風鈴の音を聞きながらキラキラの星を眺めるのもいいね！

C さん：はい、中国語はこう言いますよ。

<ruby>坐<rt>zuò</rt></ruby><ruby>在<rt>zài</rt></ruby><ruby>屋<rt>wū</rt></ruby><ruby>檐<rt>yán</rt></ruby><ruby>下<rt>xià</rt></ruby>，　　　縁側に座って
<ruby>听<rt>tīng</rt></ruby> <ruby>风<rt>fēng</rt></ruby> <ruby>铃<rt>líng</rt></ruby> <ruby>阵<rt>zhèn</rt></ruby><ruby>阵<rt>zhèn</rt></ruby>，　　風鈴の音を聞きながら
<ruby>望<rt>wàng</rt></ruby> <ruby>星<rt>xīng</rt></ruby> <ruby>光<rt>guāng</rt></ruby> <ruby>闪<rt>shǎn</rt></ruby><ruby>闪<rt>shǎn</rt></ruby>，　　キラキラの星を眺めるのも
<ruby>也<rt>yě</rt></ruby><ruby>是<rt>shì</rt></ruby><ruby>一<rt>yī</rt></ruby> <ruby>种<rt>zhǒng</rt></ruby> <ruby>享<rt>xiǎng</rt></ruby><ruby>受<rt>shòu</rt></ruby>。　　なかなか楽しいもんですね

なるほど、<ruby>铃<rt>líng</rt></ruby>は遠く伝えるための道具ですね。そして、

遠く聞こえる鳥のさえずりは鳴（míng）ですね。

D さん：僕は現実的です。辽宁省（liáo níng shěng）（遼寧省）の辽（liáo）です。今は広い意味ですが、『説文解字』では「遠い」意味でした。

先生：远（yuǎn）（遠い）は、物理的に遠いという具体的な用法だけでなく、抽象的な用法もありますね。

C さん：はい、隔阂（gé hé）（わだかまり）です。人と人の心の距離感を表す言葉です。他和她产生了隔阂（tā hé tā chǎn shēng le gé hé）（彼と彼女の間に溝ができた）という感じで使います。

先生：不整脈などで意識が遠くなることもよく耳にしますね。

B さん：はい、病的に意識が遠くなるのは、厥（jué）と言います。もっともいまは晕厥（yūn jué）二字で表現します。生理的意識が遠くなるのは睡眠（shuì mián）の眠（mián）です。

先生：はい、B さん、類似語や場合分けが得意になりましたね。それでは、遠いというイメージのある言葉はここまでにしましょう。次、行きましょう。

✖ なぜ、长（cháng）は第二声だろう？

C さん：先生、遠い系の言葉は陰陽の考えにおける外の属性に従って第二声になることがよくわかりました。そして、遠いということは道が長いし、時間もかかるということで、多长时间（duō cháng shí jiān）（どのぐらいの時間）の长（cháng）（長い）のイメージを持つ漢字も第二声になると、そして、それは時間に

限らず、旗袍(チャイナドレス)や裙子(スカート)などのように、長い服まで第二声になっていると、理解して宜しいですか。

先生：それでは、Cさんの「长の漢字群は第二声」の仮説を検証しましょう。長さを意識させられる言葉から行きましょう。

Dさん：はい、不寻常(尋常でない)の寻(尋)と常です。両腕を広げる長さが1寻です。その二倍は常になります。常はいつからかわかりませんが、日本語と同じで、今は「つね、いつも、きまった、永久」の意味として使われるようになりました。それから、公式の長さの単位も挙げておきます。毫米(ミリ)、厘米(センチ)です。もっとも、長さとしての毫も厘も『詩経』にすでに登場していたので、言葉としては決して新しくありません。

Bさん：もう一つ、程度、旅程や路程(道のり)の程(一定の距離。隔たり)です。はい、長さを測る動詞の量も第二声です。量身高(身長を測る)がその例です。ちなみに、道具を使わずに、身振り手振りでおおよその長さを測るは比量と言い、量と軽声になります。逆に、物の数や量に用いる場合は、第四声と量になります。

Cさん：はい、長いものの例をあげます。绳子(縄)、琴弦(琴線)の弦、一条小路(一本の小道)の条(本)を挙げます。

Ｄさん：はい、幅^{fú}です。绫罗绸缎^{líng luó chóu duàn}（絹織物）のような縦長の織物
　　　　の幅を表す言葉です。身近な例として条幅^{tiáo fú}（垂れ幕）を挙
　　　　げておきます。

先生：はい、陰陽の考えにおける外^{wài}の属性を持つ長^{cháng}について、
　　　まず、長さのイメージがする言葉を見てきました。それ
　　　では、次、時間の長いものも見てみましょう。

♔　なぜ、挨近^{āi jìn}と挨时间^{ái shí jiān}は声調違いだろう？

Ｂさん：時間的に長いイメージのあるものとして、恒常^{héng cháng}（いつ
　　　　も変わらない）を挙げます。恒^{héng}はこんな感じで使います。
　　　　做事要有恒心^{zuò shì yào yǒu héng xīn}（物事はやり抜く力が重要だ）。

Ｄさん：面白い長^{cháng}（長い）を見つけましたよ。酋长^{qiú zhǎng}（酋長）の酋^{qiú}で
　　　　す。酋^{qiú}はもともと長い時間をかけて作られたお酒の意
　　　　味で、平たく言いますと陈酒^{chén jiǔ}と言います。

Ｃさん：私は苦しい長^{cháng}を見つけました。难熬^{nán áo}（大変苦しい）や熬^{áo}
　　　　出头^{chū tóu}（苦境から脱出する）の熬^{áo}です。時間が長い意味です。漢
　　　　方薬を煎じるのにたいてい時間がかかるため、熬药^{áo yào}と
　　　　言います。一方、普通に水炊きの場合、第一声の熬^{āo}にな
　　　　り、熬白菜^{āo bái cài}（白菜と肉の水炊き）がその例です。

Ｄさん：もう一つ挙げますよ。挨得很紧^{āi dé hěn jǐn}（ぴったりくっついている）、

挨时间（つらい時間をやり過ごす）の対です。時間が長く感じる場合は挨时间と言います。それから、唠嗑（おしゃべりをする）と唠叨（くどくど言う）も挙げておきます。

Bさん：私は仕事人間です。お客さんの過度の短納期要求に、能不能再延长两三天（もう二三日延ばしてもらえませんか？）と言いたいです。

Aさん：時間を延ばすの「延ばす」は延长と言いますね。

Bさん：はい、迟（遅れる）です。どこの航空会社とは言いませんが、しょっちゅう出発が遅れます。その都度、家に这班飞机又延迟起飞了（このフライトの出発はまた遅れました）の電話を入れなければならないのです。うん、仕事はたしかに苦労が多いけれども、お客様の誉め言葉は徐徐春风（そよ風）になり疲れを取ってくれます。はい、徐はゆっくりの意味です。もっとも日常的には、傲慢のような用法も持つ第四声の慢（ゆっくり）がよく使われます。

Cさん：Bさん、お疲れ様です。停停留留（止まる）も時々必要ですよ。はい、停留は、時間がかかるつまり時間が長くなるので、停と留も挙げておきます。

Bさん：停と留はどう見ても動きが止まっているので、第一声のはずなのにね。

先生：静をさらに陰陽二元的に見ますと……。

B さん：また間が抜けちゃった。停と留は、何かの目的や原因で留まるわけですね。存も同じですね。一見すると動きはないけれども、将来動き出すための静ですね。

先生：その通りです。

B さん：なるほど、インターネットで検索をかけたら、陰陽の属性についてどこも、陽にはポジティブの属性を持っていると説明しています。ポジティブとはこの目的性のことでしょうか。

先生：はい、それが一因であることは間違いないでしょう。それでは、長寿の寿と長久の久も忘れずに、このセッションを終わりにしましょう。

✠ なぜ、連は第二声だろう?

D さん：先ほどの存にはその状態を長くつなぎとめておく意味がありますね。「つなぐ」「連なる」もスタート点から外へ広がるとイメージができます。そこにも陰陽の考えにおける外の属性が働いていると思います。

先生：説得力があります!

D さん：例えば、心心相連（心が繋がっている）の連（連なる）、保持联系（連絡を取り合う）の联（連絡の連）です。

A さん：ほんとですね。外へ、隣りへ、子孫への「繋げる」「連なる」はすごくイメージしやすいです。そこでど

んどん質問しますよ。先輩たち、中国語をお願いします。二つのものを繋げるための「縫う」は？

Ｃさん：縫（féng）または縫合（féng hé）です。

Ａさん：二人が出会ったという「繋げる」は？

Ｃさん：同じ発音で、逢（féng）です。

Ａさん：お母さんと胎児を繋げるものは？

Ｃさん：臍帯（qí dài）です。おへそは臍（qí）です。

Ａさん：遺伝子で繋げていくのは？

Ｃさん：遺伝（yí chuán）です。

Ａさん：職人の技を繋げていくのは？

Ｃさん：伝承（chuánchéng）です。

Ａさん：上の世代のやり方を自分の行動につなげるのは？

Ｃさん：遵循（zūn xún）です。遵（zūn）はそれを受けて、循（xún）はそれに従って行動するという感じですね。

Ａさん：既存のやり方を踏襲していくのは？

Ｃさん：沿襲（yán xí）です。そうか、これも一種の繋がりですか。

Ａさん：はい、私からは以上です。

Ｂさん：「繋がる・繋げる」にはいろんな態様がありますね。これはどうですか。波及（bō jí）(波及する)の及（jí）(及ぶ)で、ほかのも

のに及ぼすので周辺への広がりが感じる言葉ですね。遍及(biàn jí)(あまねく及ぶ。隅々に行き渡る)で例文を挙げます。グローバル的な業務展開を見せていることをアピールしたいときは、もちろん、我们是跨国公司(wǒ men shì kuà guó gōng sī)(わが社はグローバル企業です)と言えばいいですが、我们公司的业务遍及全球(wǒ men gōng sī de yè wù biàn jí quán qiú)(わが社の業務はグローバルに展開している)という言い方もいいですよね、先生?

先生：はい。全く問題ないです。

D さん：私も。连绵不断(lián mián bú duàn)(延々と続く)、绵延(mián yán)(延々に)の绵(mián)を挙げます。文字の成り立ちは蚕の糸が延々と出てくる意味らしいです。それから、人の動作などは頻繁に行われ、絶たない様は、频频(pín pín)(頻繁に)と言います。

C さん：究極の「連なる」ですね。长(cháng)の属性も持っているのでまぎれなく陽の第二声ですね。はい、僕も挙げます。掌声迭起(zhǎng shēng dié qǐ)(拍手が波のように打ち寄せる様)の迭(dié)(波のように打ち寄せる様)です。一つの波が消えないうちに次の波がまた打ち寄せてきた連続様です。

先生：皆さん、陰陽的な考えが徐々に身体に染み込んできましたね。それでは、ちょっとだけハードルを上げますよ。この文書を見てください。

夫设情有宅，置言有位；宅情曰章，位言曰句。故(fū shè qíng yǒu zhái, zhì yán yǒu wèi; zhái qíng yuē zhāng, wèi yán yuē jù. gù)
章者，明也；句者，局也。局言者，联字以分疆；(zhāng zhě, míng yě; jù zhě, jú yě. jú yán zhě, lián zì yǐ fēn jiāng;)
明情者，总义以包体。区畛相异，而衢路交通(míng qíng zhě, zǒng yì yǐ bāo tǐ. qū zhěn xiāng yì, ér qú lù jiāo tōng)

矣。夫人之立言，因字而 生 句，积句而为 章 ，积 章
而 成 篇（『文心雕龍』巻七：章句）

Ｄさん：先生、この文章は、句、 章 と篇とは何かを説明し
ていますね。句とは、言の置き方であり局です。「言
を局する」とは、ひとまとまりになるように字と字を
聯、つまり連結することであると言っています。さら
に、句を積(積)して 章 になり、 章 を積して篇になる
と言っていますね。この文章は、 章 と篇、局と句の
関係を説明していると同時に、 章 と篇の第一声、局
の第二声の所以も教えてくれてますね。

Ｂさん：そうですか。 章 と篇の第一声は、積が持ってい

る「一か所にいる・ある」、内と静という陰の属性に
よるもので、局の第二声は、聯が持つ「連なる」、外
という陽の属性によるものですね。

先生：『文心雕龍』は約 1500 年前できた古典です。この文
章の後半は、句の重要性も説明しています。 章 と篇
は句の良し悪しによって決められると語っています。

Ａさん：句は第四声なわけですね。

先生：はい。連続系の言葉の第二声はこれぐらいにしまし
ょう。

✘ なぜ、观と察は声調違いだろう？

Ｂさん：先生、知识(知識)、观察(観察)、甘甜(甘い)のように、
　　　　類似語で一つの言葉になるものがよくありますね。

先生：それで？

Ｂさん：陰陽の考えで説明すると面白いと思います。例えば、
　　　　知识は、知は外のものを内に入れて吸収する意味で、识
　　　　(識)は中のものを使って外の事物を弁識することです
　　　　ね。陰陽の対になっていますね。

Ｄさん：つまり、知识とは、学んで使って初めて知识と言え
　　　　ますが、学んで使わなければ単なる知ですね。そうか、
　　　　行動弱化の原因は、もしかしたら知识の声調にあるか
　　　　もしれませんね。识がちゃんと第二声で発音されず、蔑
　　　　ろにされているからですね。

Ｂさん：观察も挙げます。观はよく見て悟という内の属性を
　　　　持っていて、察はよく見て対応するという外の属性を
　　　　持っています。甘甜も、甘は骨まで沁みる甘味で、甜
　　　　は舌や舌の先っぽで感じた甘味という内と外の対です。

Ｃさん：深みのある甘味は甘で、普通の甘味は甜ですね。だ
　　　　から、苦境を覚悟したうえ、立ち向かう心の準備が出来
　　　　ているという意思を表示したいときは、心甘情愿と言
　　　　い、一方、笑みが甘いと言いたいときは、笑得很甜と
　　　　言いますね。

内 nèi		外 wài	
知 zhī	(情報を内へ入れる)知る	识 shí	(外の事物を)弁識する
观 guān	(情報を内へ入れる)見る	察 chá	(外を)観察する
甘 gān	(深く沁み込む)甘味	甜 tián	(表面的で浅い)甘さ

✽ なぜ、情は第二声だろう？

D さん：心甘情 愿の情も、『新華字典』によりますと、他人
や事物など「外」に感じて動く心の働きであり、喜怒哀
楽などの心理状態と言われています。なるほど、情は外
に起因しているもので、陰陽の考えにおける外という
陽の属性を持っていますね。

B さん：辨別の別、感覚の覚、さっきも出た 尝 试の 尝 も外
の世界へのタッチですね。

C さん：外の世界を認識、識別する際、その対象が人物であ
れば、仪表や容颜を、事物でれば情 形を、真っ先にキ
ャッチしておく必要がありますね。

D さん：外の風の微妙な変化、つまり 凉 意で秋の到来を察知
し、寒意の微妙な衰えで冬の終わりを予感しますね。

先生：闻という言葉はどうですか。

B さん：传 闻(伝聞)、见 闻(見聞)、新闻(ニュース)と、闻には外が
キーワードですね。

D さん：うん、うん。闻の動詞は、外の世界を目、耳や鼻で分

かろうとするイメージがより鮮明になりますね。

先生：そのとおりです。聞^{wén}は、能動的に外の世界をタッチする点では、识^{shí}、察^{chá}、别^{bié}、尝^{cháng} と仲間です。

✖ なぜ、谜^{mí}は第二声だろう？

先生：外の世界を察してはっきりになる場合は明^{míng}ですが、分からない、理解しづらい場合は何と言いますか。

Aさん：なぞです。

Bさん：谜^{mí}(なぞ)と言います。因みに、「これを知らずにいる」愚^{yú}の場合もあります。先生、外の世界をはっきり捉えられないときも第二声ですね。例を挙げます。道がわからなくなった迷路了の迷^{mí lù le}、霧などがかかってお月さまがはっきりしない朦胧の朦と胧^{ménglóng méng lóng}、距離が遠くてぼやけて見える茫^{máng}、真偽不明で疑問に思う怀疑または疑^{huái yí yí}、不可解と思う奇^{qí}、ときれいに第二声にそろっています。

Aさん：だから、疑問意味の漢字は第三声のほかに第二声しかないですね！谁^{shuí}(誰)、何^{hé}、哪^{nǎ}(どれ、どこ、どの)、怎^{zěn}(そのように、いかが)、几^{jǐ}(幾)。什么^{shén me}(何)も挙げておきます。

Cさん：はい、外の世界を偽りなどをして真偽不明にする言葉も陰陽的に第二声です。隐瞒事实^{yǐn mán shì shí}(真実を隠す)の瞒^{mán}(騙す・隠す)、蒙混过关^{méng hùn guò guān}(ごまかして通る)の蒙^{méng}(覆い隠す)、佯装不知^{yáng zhuāng bù zhī}

(知らないふりをする)の佯（偽る）はこの例です。

先生：はい、外の世界に明るい明[míng]も、外の世界に暗い愚[yù]も第二声ですね。くどいけれども、陰陽の考えは善悪の判断でないことはもう一度確認できたかと思います。

✿ まとめ

先生：陰陽の考えにおける内と外を見てきました。感想を一言、どうぞ。

Aさん：はい、「外の世界へのタッチ」が陽の属性に従って第二声になることに驚きました。どの言語も、疑問文は基本的に上がり調子になっているとの話がありましたね。陰と陽の感覚は、強弱があるにしても、もしかして世界共通？と思いました。

Bさん：僕は、縁[yuán]が、猿[yuán]・元[yuán]・源[yuán]・原[yuán]と同じ発音に驚きました。中国語には、四声法則のほかにも仕掛けがあるのではないかと感じました。

Cさん：へえ？私は単純です。吃[chī]（食べる）・喝[hē]（飲む）・观[guān]（観る）・听[tīng]（聴く）と 香[xiāng]・光[guāng]・声[shēng]・音[yīn]、それから恩[ēn]の第一声が持つ自然への感謝の響きに感動します。

Dさん：僕は、商[shāng]の第一声、それから九州の名称、山岳名、地名、諸侯国名に見られる第一声と第二声の陰陽構図に感心しました。第一声と第二声がエリート主導の声調であることが身に染みるほどわかりました。

6-3　陰と陽における動と静❸

C さん：先生、やっと動と静になりますね。僕は、「歩き回る
　　　　ばかりで頭を使わないのはバカ。勉強ばかりして行動
　　　　に移らないのもバカ」と聞いたことがあります。よく考
　　　　えてみれば、それは動と静のバランスを取れという意
　　　　味でしたね。

先生：そうだと思います。動と静のバランスは人生において
　　　　大変重要ですが、ここでは、声調中心に見ましょう。く
　　　　どいですが、動と静にもいろいろありますね。具体的と
　　　　抽象的、表面的と本質的。それを念頭に第一声と第二声
　　　　を見ましょう。

6-3-1　静 - 動と静

☆　なぜ、休、歇は第一声だろう？

B さん：はい、導入部分に出た待と同じ発音の呆（ぼつねんとする
　　　　さま）を挙げます。看着 窓 外发呆（窓の外をぼんやり見る）が
　　　　その用例です。それから、性格が温厚で器用に立ち振舞
　　　　わない憨（純朴である）、頭が働かない痴、身体が不器用な
　　　　拙を挙げます。どちらも相対的な静なので第一声です。
　　　　そして、頭と身体を分けずに鈍いのは第四声の笨です。

C さん：はい、「休む」も相対的な静なので、休息系の言葉は
　　　　第一声になると思います。例えば、安安稳稳地休息（落ち

着いて休む)。安、休と息はいずれも第一声です。そして、同じ休憩を口語では歇と言います。歇会儿吧(ちょっとだけ休憩しましょう)はその例です。それから、鳥などの動物がねぐらに戻って休むは栖と言い、生息しているも棲と言い、いずれも第一声です。

Bさん：はい、「止まる」系を挙げます。渋滞するは、堵车や塞车と言います。塞が喉に起きる場合、噎と言います。「餅が喉に詰まった」は、被年糕噎住了と言います。それから、動物などが道を塞ぐ場合は当路と言います。当も「阻害する」「道を拒む」意味があります。

Cさん：身体の「塞ぐ」現象を挙げます。憋住笑(笑いをこらえる)、憋住不哭(涙をこらえる)の憋(堪える)です。もちろん、おしっこなどを我慢するにも使えますし、水中で呼吸を止めるにも使います。憋尿(おしっこをこらえる)、憋气(呼吸を止める。息苦しい気持ち)と言います。

Aさん：なぜか、ワインの瓶栓やガス栓など中身が外に出るのを止める系のものを連想しました。

Cさん：はい、ワインの栓は瓶塞、瓶 栓 で、ガス栓は煤气 栓と言います。ちなみに、封筒など、中身が出てこないように止める動作は封と言います。请把包封好(包みの封をちゃんとしてください)がその用例です。

Dさん：「止まる」にいろんな場面があります。下水道の汚泥

は污泥または淤泥と言いますが、污は、元々流れが止まった水の意味で、淤は詰まっている状態または詰まった泥の意味です。それから、血巡りが滞っているは瘀で表しています。口語では瘀血と言います。

Bさん：はい、僵硬の僵を挙げます。そういえば、硬いものはたいてい動きがあまりないイメージですね。堅持(頑張って続ける)の堅、鋼鉄の鋼です。鉄よりさらに堅牢度をあげたのが鋼ですね。硬という言葉もあります。態度が硬いにも使えるからか第四声です。

Dさん：定居の居も動かないイメージですね。家、屋と宮は内のほかに静という陰の属性も持っていますね。

Bさん：先生、質問です。通です。塞(塞ぐ)と反対なのに、塞と同じ第一声になっています。

先生：では、通のつく漢字を挙げてごらんなさい。

Cさん：はい、交通、中国通、通过(通過する)を挙げます。

先生：どういう場合は交通の通、通过の通と言えますか。考えておいてくださいね。通は、陰陽の考えにおいて大きなテーマなので、また、後ほど(P318をご覧ください)。

✖ なぜ、悄悄も偷偷も第一声だろう？

Aさん：私にもやらせてください。先輩たちが動かないという

静でまとめられましたが、私は物音を立てない静で行きます。中国語をお願いしますね。はい、そっと近づく。「そっと」です。

C さん：悄悄地走近。<ruby>悄悄<rt>qiāoqiāo de zǒu jìn</rt></ruby>悄悄と言います。

A さん：ひそかにあなたを愛してしまった。「ひそか」です。

C さん：偷偷地爱上了你。偷偷です。告白の練習ですか？

A さん：はい、言える日のために練習しておきます。続けます。愛していると囁いた。「囁く」です。以上です。

C さん：轻轻地说了一句我爱你。轻轻地说です。この三フレーズで十分相手を殺してしまいますね。

　　　　はい、水が静かに流れ出る意味のある溜を付け加えます。子供の頃、誰でも一度お母さんの「目を盗んでこっそり家を抜け出す」ことがあったと思います。はい、溜出去玩と言います。気まずい雰囲気になったりして、その場を人に気づかないように抜け出すのは溜走です。

D さん：微もひそかに進行する意味がありますね。「ひそかに」といえば、前に出た『左伝』荘公二十九年の侵と伐の対もここに置きますね。

先生：もう一対を見ましょう。尘埃です。

D さん：両方ともほこりですが、尘土飞扬の言葉があるように、ほこりはまだ飛んでいる状態では尘で、落ちてどこかに付着している状態は埃になるということですね。

Bさん：尘と埃は同じ意味と思いましたよ。陰陽の視点で見る
とこんなに違いますね。

Cさん：なるほど。空気に尘がたくさん浮いている状態は空
气浑浊と言いますね。そのような天気は、雾霾天气と
言いますね。尘が浮いているは霾と言いますね。ＰＭ
2.5を連想してしまいますね。

先生：伐と侵、尘と埃、このような動と静の組合せはほかにも
ありますが、日常の中国語勉強の中で陰陽の目を光ら
せて見つけてくださいね。

★ なぜ、主要と要求が声調違いだろう？

先生：先ほど、陰陽の考えにおける静の属性に従って、動きに
関して「動的でない」「止まる」という切口で見てきま
した。「動的でない」場面の中に「止められる」という
イメージを持つものもあります。

Cさん：はい、監禁(監禁)、关押(閉じ込める)、拘押(拘禁する)を挙
げます。犯人の逃走を防ぐ道具は、古代では枷、現代で
は手铐(手錠)と言います。ちなみに、「手錠をかけろ」は、
铐住他または把他铐住と言います。铐は第四声の典型
例です。そう、動物を紐で止めるは拴と言います。そ
して動物の群れをある場所に止めるは圈、关でしたね。

Bさん：はい、拘(拘束する)は、感到拘束(窮屈な思いをする)のよう

にも使います。この場合の拘束(拘束する)は、目に見えないものにより行動が拘束されています。はい、人の行動を拘束する概念的なものを挙げます。まず法律、宪法(憲法)、标准(基準。標準)です。一定の标准を用いて分類したものは科です。病院の内科や外科がその例です。标准は、組織内の人間の行動を決めるに用いる場合は規範となり纲と言い、纲领がその用例です。規定(規定)の规(规)も望ましくない行動を止めるための働きがあります。そして、規範や規定をはみ出していないか、監督(監督する)は時々必要です。限制(制限)も挙げておきます。

C さん：敷かれているレールの上を走るという言い方があるように、レールも制約のイメージを持つ言葉ですね。轨道の轨(レール)です。

D さん：はい、行動制御系を挙げます。操控(コントロール)の操(操る)と控(制御する)です。馬を操るには绳 (手綱)や羁(くつわ)が必要です。それも一種の捆绑(縄などで縛る)とも言えます。捆绑は第三声ですが、束缚(束縛)は、強度な「縛る」で、心まで縛る意味も持つため、第四声です。

C さん：捆绑より軽めの縛るは扎です。例えば、把头发扎起来(髪の毛を束ねる)です。ちなみに、扎は、扎头发、扎针(注射する)のほか、挣扎(もがく)の扎もあります。この場合の

扎^{zhá}は陰陽の考えにおける動の属性に従っています。

D さん：一字にどうして複数の声調を持つのか、先生の四声法則のお陰で、やっとその存在理由がわかりました。

B さん：僕も。はい、馬が出ましたら、牛も言わなくちゃ！ 牽^{qiān}牛要牽牛鼻子^{niú yào qiān niú bí zi}(牛を従わせるには牛の鼻綱を牽く)の牽^{qiān}(牽く)です。牽^{qiān}とよく組合せる拉^{lā}(引く、引っ張る)、地面に引きずりながら引っ張る拖^{tuō}、弦や縄を張り詰める绷^{bēng}を挙げます。绷带^{bēng dài}(包帯)がその例です。

先生：牽牛要牽牛鼻子^{qiān niú yào qiān niú bí zi}の要^{yào}、意思を表現する場合の要强^{yào qiáng}(向上心)、要好^{yào hǎo}(向上心。人に親しくしたい気持ち)の要、重要を表現する場合の主要^{zhǔ yào}、要紧^{yào jǐn}(肝心だ)の要^{yào}は第四声ですね。

C さん：わかりました。第一声の要^{yāo}も挙げなくちゃ。はい、何かを後ろ盾に相手に要求・強要するは要求^{yāo qiú}と言い、脅迫するは要挟^{yāo xié}と言います。相手を抑圧するから陰の属性に従って第一声です。

先生：はい、陰陽的な考えにおける静の一場面である「行動が制限されている」という視点での漢字はここまでにしましょう。

✿ 行政区画の名称と第一声

C さん：先生、标准^{biāo zhǔn}(標準・基準)や规定^{guī dìng}(規定)は人の行動を制限

するという静の一面のほかに、「勝手に動かすことはできない」という静の一面もありますね。

先生：それで？

Cさん：行政区画も一種の标准（biāo zhǔn）や规定（guī dìng）であり、いったん決められたら、それなりに不動のものになります。ですので、行政区画も静という陰の属性を持っていると思います。

Bさん：はい、『百度』の中国行政区画を持ってきましたよ。

Cさん：まず、辽宁省（liáo níng shěng）（遼寧省）の省（shěng）、新疆维吾尔自治区（xīn jiāng wéi wú ěr zì zhì qū）（新疆ウイグル自治区）の区（qū）、北京直辖市（běi jīng zhí xiá shì）（北京直轄市）の市です。省、自治区（zì zhì qū）、直辖市（zhí xiá shì）の下に、さらに大连市（dà lián shì）（大連市）など普通の市（shì）、县（xiàn）と盟（méng）があります。その更なる下には、区（qū）、镇（zhèn）（鎮。町）、乡（xiāng）（郷）と旗（qí）があります。

Bさん：区（qū）の下に区（qū）、市（shì）の下にさらに市（shì）、县（xiàn）の下にも市（shì）があるところが紛らわしいですが、一応行政区画の名称には、省（shěng）、市（shì）、县（xiàn）、区（qū）、镇（zhèn）、乡（xiāng）、それから州（zhōu）もありますが、第一声は期待するほど多くありませんね。先生、それは第四声に変調したからですか。

先生：いいえ、今の行政区画ですからね。第一声の「動けない」という属性を見るには、時代をグーンと遡りましょう。また変哲のない質問をしますよ。中国の一番最初の行政区画らしいものは何でしたか。

Dさん：州（zhōu）です。九つの州（zhōu）をもって全国を表していましたね。

先生：それでは、殷の勢力圏の区画を見ましょう。Ｄさん、お
　　　願いします。

Ｄさん：はい、殷は、その活動エリアを、まず宗廟などが設け

られている中心地を都と呼びまし
た。その外、宗廟のない外の
エリアを畿と呼んでいました。
畿の外は卜辞では鄙と呼び、
鄙の外は戈で、諸侯国の邑が
このエリアに分布していまし
た。更なる外のエリアに散在し
ている人々の活動拠点を土または

方と呼んでいました。殷では、まだ国という呼び名はな
かったらしいですよ。

Ｂさん：地方、四方、方言や遠方などの言葉はここから来て
　　　　いるかもしれませんね。

先生：日本語の方の尊敬語の用法も、身を寄せる場所として
　　　○○方の用法もここから来ている可能性が大きいと思
　　　います。ちなみに方の用例はこの頃が最初のようです。

Ｃさん：氏名の話を思い出したが、日本語の氏、畿や方の使い
　　　　方を見ますと、弥生人は、この頃日本にやってきたよう
　　　　な気がします。

先生：３千年も前に弥生人が日本に来たことになります。今
　　　の通説を繰り上げることになりますよ。面白い話です

が、また別の機会にしましょう。それでは、次、周のエリアの呼び名というか行政区画を見ましょう。

Dさん：周になって、邦<small>bāng</small>や国<small>guó</small>の呼び名が現れました。大きい国は邦<small>bāng</small>と、小さい国は国<small>guó</small>と名付けられました（『周礼』太宰）。周<small>zhōu</small>も当然邦<small>bāng</small>となり、邦主<small>bāng zhǔ</small>は周 天子<small>zhōu tiān zǐ</small>という呼び名に改められました。一方、諸侯国の領主は君主<small>jūn zhǔ</small>と、采地は国<small>guó</small>となりました。

　邦<small>bāng</small>と国<small>guó</small>は、陰陽の考えにおける内外の対になっています。国が大きければ安定しますので第一声となり、大きければ城もできるので邦<small>bāng</small>の字にお城のマークである「阜」がついていますね。一方、小さい国は、中心になれず外にあるので第二声となり、当然、お城ではなく塀で囲むぐらいなので、国<small>guó</small>という漢字になります。

Aさん：国<small>guó</small>の呼び名はいつから邦<small>bāng</small>を退けたのでしょうね。

先生：また、別の機会に議論しましょう。では、周<small>zhōu</small>の都市企画はどうなっていたか見てみましょう。

Dさん：殷から都<small>dū</small>と畿<small>jī</small>を援用し、都と国にはレベルが違いますが、ともに京<small>jīng</small>という凱旋門を設けていました。畿<small>jī</small>では、殷でも塀で囲んでいましたが、邦<small>bāng</small>になると、宮殿のエリアにはさらに高い城壁で囲まれるようになり、二つの

塀の間の住居エリアは郭（guō）と名づけられました。

先生：郭（guō）という市街を少し見ましょう。

Ｄさん：はい、郭（guō）の市街は坊（fāng）、人が住んでいる宅地は里（lǐ）と言います。もっとも、これも時代とともに変化しています。北宋の時代に入って、里坊（lǐ fāng）が廃止され、坊巷制（fāng xiàng zhì）になり、一つの巷（xiàng）には、商業施設など都市生活に必要なものも備えるよう都市企画されていました（『都城紀勝』）。

先生：市街は街区（jiē qū）とも言いますね。はい、少し郭（guō）の外を見ましょう。諸侯国の市街はどうなっていましたか。

Ｄさん：周（zhōu）の時代では、国（guó）のエリアの中に乡（xiāng）（郷）と党（dǎng）の基礎組織が作られていました。乡（xiāng）は、同じ鍋で食べている関係のある人たちの集まりで、党（dǎng）は血縁関係でつながっている人々でした（『礼記』喪服。鄭注）。

先生：それでは、少し外へ広げて見ましょう。

Ｄさん：はい、周（zhōu）の時代では、畿（jī）から一定の距離のところに郊（jiāo）门（mén）（郊門）が設けられました。郊門（jiāomén）の中は乡（xiāng）と言い、郊門（jiāomén）の外は县（xiàn）（県）と遂（suì）などの基礎組織が設けられ、五つの县（xiàn）は一つの遂（suì）になっていました。後で、新たに獲得した辺境の地を郡（jùn）と呼んでいました。

Ｂさん：こう見ると、確かに王権が強くコントロールしている

<ruby>邦<rt>bāng</rt></ruby>、<ruby>都<rt>dū</rt></ruby>、<ruby>畿<rt>jī</rt></ruby>、<ruby>郭<rt>guō</rt></ruby>、<ruby>京<rt>jīng</rt></ruby>、<ruby>坊<rt>fāng</rt></ruby>、<ruby>街<rt>jiē</rt></ruby>、<ruby>区<rt>qū</rt></ruby>、<ruby>乡<rt>xiāng</rt></ruby> (郷)はいずれも第一声で、外に行くにつれて第四声が現れてきましたね。戦がそこでよく起きるから強く呼ぶようになったのでしょうか。

Dさん:同感です。ちなみに、人の集まる場所として、少し大きめのものは<ruby>村<rt>cūn</rt></ruby>と、数世帯しかないものは<ruby>落<rt>luò</rt></ruby>、豪族の住むところは<ruby>庄<rt>zhuāng</rt></ruby>、軍隊の駐屯地は<ruby>屯<rt>tún</rt></ruby>、軍事要塞は<ruby>寨<rt>zhài</rt></ruby>、陣屋は<ruby>営<rt>yíng</rt></ruby>と言います。

Bさん:こう見ますと、大阪府の<ruby>府<rt>fǔ</rt></ruby>、<ruby>辽<rt>liáo</rt></ruby><ruby>宁<rt>níng</rt></ruby><ruby>省<rt>shěng</rt></ruby> の<ruby>省<rt>shěng</rt></ruby>はかなり後に表れた行政区画の名称になりますね。

先生:そうです。府は唐の時代から清の時代までの区画名で、<ruby>省<rt>shěng</rt></ruby> は<ruby>元<rt>げん</rt></ruby>の時代からの区画名です。

Bさん:そうでしたか。だから中国で<ruby>府<rt>fǔ</rt></ruby>と呼ぶ地方機関が見えなくなりました。

Aさん:すごい！なぜか、急に、<ruby>京都<rt>jīng dū</rt></ruby>、<ruby>东京<rt>dōng jīng</rt></ruby> (東京)の中国語発音がすごくきれいに聞こえてきました。それに、<ruby>内<rt>nèi</rt></ruby>という陰の属性を持つ<ruby>都<rt>dū</rt></ruby>、<ruby>京<rt>jīng</rt></ruby>、<ruby>郭<rt>guō</rt></ruby>、<ruby>街<rt>jiē</rt></ruby>、<ruby>区<rt>qū</rt></ruby>の第一声のコントロールの効いている安定感と、<ruby>县<rt>xiàn</rt></ruby> (県)、<ruby>郡<rt>jùn</rt></ruby>、<ruby>寨<rt>zhài</rt></ruby>の第四声の主張しあう意思の熾烈感もすごく対照的です！それから駐屯地の<ruby>屯<rt>tún</rt></ruby>と陣屋の<ruby>営<rt>yíng</rt></ruby>の動的というか目的感がすごく感じています。

✦ なぜ、弯、曲は第二声だろう？

B さん：先生、肩、腰、髋（股関節）、膝の身体の大きい関節がそ
ろって第一声でした。それに、弯曲の弯、曲、屈もいず
れも曲がる意味で、いずれも第一声です。曲がっている
人間も動物もあまり動けないので、静という陰の属性
を持つため第一声と考えられます。

先生：はい、その通りです。それでは曲がっているイメージの
ある漢字を見てみましょう。

C さん：勾です。指切り拳万は、勾着手指许约と言います。勾
着手指は小指を曲げて絡む意味です。ちなみに、釣り針
は鱼钩と言います。

先生：大人の指切り拳万の掛け声は、一言为定ですが、子供
の場合、特に物のやり取りをする際、大連あたりでは、
こうなります。
拉勾 上 吊，一百年不许要（指切りは、約束を破る時の首切りと同
じ意味なので、永遠に返してと言わないよ）。

A さん：へえ、かわいい。はい、復習です。普通に腰を曲げる
は弯腰、腰を曲げてお辞儀するは鞠躬、しゃがむは蹲で
したね。

B さん：はい、手のひらをお皿状にして水を掬うは掬と言い
ます。因みに、手や腰の形と関係なく両手で物を受ける
ときは、第三声の捧になります。

Cさん：はい、言いたいことをそのまま言えないのも窮屈の思いがするので、冤と第一声です。無実で責められたり、良い事をやったのに、ないことにされたりして、不当に扱われたと感じるとき、我覚得很冤（wǒ jué de hěn yuān）と言います。

Dさん：はい、腕は腕（wàn）と言います。手腕（shǒu wàn）（腕前）、大腕（dà wàn）（大物）のような、能力の意味も持つようになったため第四声です。

Bさん：肘は第三声（zhǒu）のままですね。よく使う関節だから大衆主導で変調ができなかったのですね。それから、踝关节（huái guān jié）（足首）の第二声ですが、踝（huái）（くるぶし）が円いという陽の属性を持っているため第二声という話もありましたね。

先生：馬の足首は丸い形をしていないため附关节（fū guān jié）と言い、きちんと陰の属性に従って第一声になっています。それから弯曲（wān qū）と言ったら、廊腰缦回（láng yāo màn huí）（長い廊下が曲がりくねる）、各抱地势（gè bào dì shì）（楼閣が各々山勢を抱く）の阿房宫（ē páng gōng）（杜牧『阿房宮賦』）も覚えましょう。

Dさん：阿房宫（ē páng gōng）の阿（ē）は山や川の曲がって入りくんだ所の意味ですね。そう、そう、婀娜多姿（ē nuó duō zī）（婀娜っぽい）はまさに女性の身体曲線美を表す言葉ですね。

先生：それでは、弯曲（wān qū）のイメージを持つ漢字はここまでにしましょう。次、動静の動の漢字群を見ましょう。

6-3-2 動 - 動と静

✹ なぜ、年と時は第二声だろう？

Aさん：先生、陰陽の考え方における动(動)について、年や時
(時)の時間の流れと河の水の流れでリアルに理解する
ことができました。今現在、暦法上時間を表す言葉は主
に第四声になっていますが、時間を表す言葉は、本来陰
陽的に動の属性を持つため第二声のはずですね。

先生：その通りです。時間表現は本来陽の第二声に従います
が、岁、季、月、日のように、言葉がほかの重要な概念
も持つようになった場合、その重要な概念に従って第
四声へと変調し、年や時は、時間という範疇内にとどま
り、そのまま第二声を維持できたと考えられます。

Aさん：はい、上旬、中旬、下旬の旬も第二声でした。そう、
旬の野菜を中国語で言いたい！

Cさん：Aさん、旬と旬の重ねは時間だけですよ。旬の野菜
は、时令蔬菜または时令菜と言いますよ。

Aさん：ありがとうございます。野菜などの旬は时令と言い
ますか。なぜかなじみやすいです。

Dさん：僕も挙げます。春节の节(節)です。节は、清明节、端
午节(端午の節句)、中秋节(中秋節)で「祭り」「祭日」のイ
メージが強いですが、もともと24节气(節気)の节から来

たものです。24節気の最初の节は立春です。寒も24節気の中で重要な節です。寒露を以って、秋の終わりと冬入を告げます。そして、大寒を以って冬のピークのまもなくの終焉と春の到来を知らせます。

A さん：ワオ！寒、节、旬、时(時)、年の第二声は庶民の日々の農耕生活リズム感がすごく響いています！

C さん：ワオ！候、日、月、季、岁(歳)、纪と宙の第四声は、帝王の全体を見渡す覇気がすごく響いています！

先生：はい、お二人の芝居ありがとう！春夏秋冬の四声を皆さん、どう思いますか。

B さん：へえ、季節の名前となると、時間を表す第二声がきれいさっぱり消えましたね。春は、生 のイメージからも、2月、3月と4月を括っていることからも、陰の第一声になります。夏の第四声は、夏王朝と関係していますね。

先生：B さんよくまとめました。動という陽の属性を持つ時間表現を横断的に見ました。それでは、別の視点で、動を続けてみましょう。

✿ なぜ、徘徊は第二声だろう？

A さん：シンプルに行きます。習ったばかりですが、旅游(旅行)、游玩(歩き回って遊ぶ)は动(動)の典型例です。

C さん：徘徊、彷徨、踌躇、徜 徉も动の典型例です。

Ａさん：何、それ？いきなり難しい！

Ｃさん：説明します。徘徊（はいかい）は、迷いながら歩き回る場合や単に何気なく歩き回る場合の「歩き回るさま」です。

Ａさん：そうか、日本語も最近認知症関連でよく徘徊（はいかい）の言葉を耳にしますね。

Ｃさん：それから、彷徨（ほうこう）（彷徨う（さまよう））は、心の不安や迷いで方向が定まらないさまです。躊躇（ちゅうちょ）（躊躇う（ためらう））は、態度がぐらついて踏み迷うさまです。倘佯（しょうよう）は、楽しい気分で歩き回るさまです。

Ａさん：歩き回る、定まっていないというところが動く感がたっぷりですね。

Ｂさん：Ｃさんは文学的ですね。僕は仕事人間なので勤労（きんろう）（勤労）を挙げます。もう説明は要りませんね。それから、くるくる回ると言えば、車輪（しゃりん）（車輪）の輪（りん）（輪）、車軸（しゃじく）（シャフト）の軸（じく）（軸）です。車輪や軸のくるくる回るさまは旋転（せんてん）と言い、鳥や飛行機のくるくる回って上昇したり下降したりするさまは盤旋（ばんせん）（旋回する）と言います。

先生：ちなみに、盤旋（ばんせん）の盤（ばん）は、料理をテーブルに運ぶためのものが原義でした。スープを口に運ぶためのものは匙（ち）（レンゲ）で、口語では羹匙（こうち）（シロップ用匙）の二字で表します。鍋から食器に食べ物を移すためのものは勺子（しゃくし）です。もっとも、現在、匙（ち）と勺（しゃく）を区別しない人も増えました。

Aさん：おかずやご飯を口に運ぶのは筷子_{kuài zi}です。筷子_{kuài zi}の第四声ですが、上手に使えた当初の中国人のドラ顔を想像すれば、すごく納得します。

Cさん：第二声の動に戻ります。一気に行きますよ。
　　　我去迎客人_{wǒ qù yíng kè rén}（お客様を迎えに来る）の迎_{yíng}（迎える）
　　　把这儿腾出来给客人_{bǎ zhè r téngchū lái gěi kè rén}（この場所をお客様用に空けて）の腾_{téng}（場所や時間を空ける）
　　　把椅子拿到那边_{bǎ yǐ zi ná dào nà biān}（椅子をあっちに持って）の拿_{ná}（手に持つ）
　　　把柜子往 墙 边挪一挪_{bǎ guì zi wǎngqiángbiān nuó yī nuó}（箪笥を壁のほうへずらして）の挪_{nuó}（人や物の場所を移動する）
　　　把桌子往 右边移一移_{bǎ zhuō zi wǎng yòu bian yí yī yí}（机を右へ移動して）の移_{yí}（人や物の場所移動。時の移ろい）

Bさん：Cさんほどきれいに揃えないけれど、爬行_{pá xíng}（這う）、匍匐_{pú fú}（腹ばいで動く）、航 行_{háng xíng}（航海する）、执 行_{zhí xíng}（実施する）、游 行_{yóu xíng}（デモ）、それから、行 为_{xíng wéi}（行為）、查询_{chá xún}（荷物などの追跡）、花が風に揺れる場合の揺_{yáo}（揺れる）を挙げます。销 量 在逐月 上 升_{xiāo liàng zài zhú yuè shàng shēng}（販売高は月を追って上昇している）の逐_{zhú}（追う）も挙げておきます。

Dさん：僕も挙げます。粮 食の粮_{liáng shi liáng} です。もともと旅行の携帯用食べ物の意味らしいです。行 囊の囊_{xíngnáng náng}です。古代の旅用包みです。物入用の包や 箱_{bāo xiāng} は第一声ですが、同じ包みとしても、旅用となると囊_{náng}は第二声になります。そう、そう、似たような対はこういうものもあります。

xiǎo niǎo diāo le yī tiáo chóng zi
小鸟叼了一条虫子(鳥が虫を銜えている)。

xiǎo niǎo zài zhuó chóng zi
小鸟在啄虫子(鳥が虫をつついている)。

diāo
叼(くわえる)は鳥の口は動かないが、zhuó啄(つつく)は、鳥の口というか頭がしきりに動いています。それから、こういう一対もあります。

āi jìn yì diǎn　qié zi
挨近一点，茄子(詰めて、チェーズ！)。

ái le yī dùn mà
挨了一顿骂(叱られた)。

āi jìn
挨近(くっ付く)は中へ詰めるという内の属性により第nèi一声ですが、挨骂(叱られる)ái màは、する方は動く場面で、される方は耐えるという時間を長く感じる場面なので、陽の属性により第二声です。

Ａさん：すごい！初心者の私でさえもすごくわかりました。先輩たちに触発され、私も挙げます。回来(戻ってくる)です。huí lái

先生：確かに回は旋回の意味で動きのある漢字ですが、来は、huíláiもともと「来る」ための漢字ではありませんでしたよ。詳しくは、後ほど(P411をご覧ください)。それでは、動感豊かな漢字はいったんここまでにしましょう。

☥　なぜ、拦截は第二声だろう？
lán jié

Ｂさん：先生、さっきから聞きたかったのですが、塞车(渋滞)、sāi chē拴狗(犬を繋ぎ止める)のような場合は、どちらかと言うと、shuān gǒu動かないもので動いているものの動きを止める漢字で

したね。ですので、塞(塞ぐ)や 拴 (繋ぎ止める)は第一声です。これに対して、動作で動いているものの動きを抑える場合は、第二声になりますね。

先生：例えば？

Bさん：はい、例を挙げます。

　　　　妨碍别人工作(人の仕事を妨げる)
　　　　泥石流将山路拦腰截断(土石流により山道が途切れた)
　　　　3亿日元银行特大抢劫案(三億円銀行強奪事件)

　　妨(妨げる)、拦(通行を遮る)、截(切断する)と劫(力で行く手を止める)はいずれも動きで相手の動きを制する動詞です。つまり、塞车、拴狗の第一声の場合は不動対動でしたが、今の例は、動対動で、動で相手の動きを制するので第二声です。

Cさん：うん、うん！対象の動きを止める点は同じであっても、止め方に動きがあるかどうかによって、その止め方の動詞が第一声と第二声に分かれていくということですね。古代の中国人にまた脱帽してしまいました。何でここまで陰陽の考えを反映させなければならないのか。

先生：一貫しているだけですよ！

❈　孤と独の違いとは？

先生：孤立と独立の違いを考えてみましょう。

B さん：簡単に言いますと、「孤立」は繋がりや助けのない状態で、この意味の孤立に対する「独立」は自分の意思で繋がりや助けを断る意味だと思います。

先生：ありがとう。もう一つ質問します。"結"には jiē と jié の二つの声調があります。次の二つの文は、どちらが第一声で、どちらが第二声ですか。

① 柿子树今 年结果了 _{shì zi shù jīn nián guǒ le} (柿の木は今年実がなった)

② 这是你努力的结果 _{zhè shì nǐ nǔ lì de guǒ} (これはあなたの努力の結果だ)

B さん：①は植物は実がなる"结"は分や 生 という陰の属性により、第一声の结果になります。これに対して、②は行動の結果なので动という陽の属性により第二声の结果になると思います。

先生：正解です。はい、三つ目です。倾(傾ける)と斜の違いは？

D さん：倾は、第一声なので、センターラインに対する左右のズレ、つまり内という陰の属性に従い傾く状態を表す漢字です。一方、斜は、第二声なので、字形も参考にすれば、"斗"という容器を傾かせて中身を出す動作を表す漢字とわかります。つまり、斜は意図的に傾け、傾けさせる意味合いがあると感じます。

C さん：そうですね。斜着把瓶子里的东西倒出来(瓶を傾けて中身を出す)と言いますね。倾は使いませんね。

先生：もう一対見ましょう。"胳"にはgē と gé があります。

下のどちらが第一声、どちらが第二声ですか。

① **胳膊** _{bo} 腕

② **胳肢人发笑** _{zhī rén fā xiào} 脇の下をくすぐって笑わせる

Aさん：先生、①は第一声の胳で、②は第二声の胳になります。①の胳膊は肩以下の部位なので、この場合ほかの声調法則との重ねもないので、第一声になります。

Cさん：本当に気づきませんでした。声調違いの裏にこんな陰陽の考えが潜んでいるなんて、いまだに不思議で仕方がありません。

Dさん：自然体の休、歇、息の第一声と意識的に止まるや止める停、留や泊の第二声も対照的でしたね。

Cさん：だから、谋求の谋と求、媒人(仲人)の媒は第二声ですね。それから、企图の图ですが、何かを図る意味なので、意識的に何かをするというイメージを持ちますね。だから第二声ですね。

Aさん：そうすると、神様に幸せを求める意味の「祈る」も第二声になりますね。

Cさん：ピンポン！祈福になります。ちなみに、招募(募集する)の募、欲望(欲望)の欲と望も「求める」意味があります。

Bさん：そうだ！拳头の拳も。さっき、圆のセッションでも話が出ましたが、拳は指を意識的に曲げなければ拳头

(こぶし)にならないし、たいてい拳にするのが次の行動のための場合が多いので、自然体の弯曲状態や抑制されて動けない弯屈とはイメージが違います。これも拳の第二声のもう一つ理由ですね。

先生：良いですね。

Cさん：うん、うん！これで平の第二声にも納得できました。平は、結果としての「平」ではなく、「平らにする」意味でしたね(辞海編輯委員会（1999）辞海 上海辞書出版社)。だから平は第二声ですよね。同じく、恬静の恬も心の平穏を乱すようなことに対して「無為でいる」ように、「平静でいる」ように、ということなので、悠然さを保たせる意味が僕的にすごく感じ取れます。

Bさん：そう言えば、潜と藏も目的意識の動詞ですね。藏は意識的に次のチャンスを狙うための藏なので、単純に「内へ入れる」収と違って第二声ですね。動物も冬越しのために藏をします。蟄伏(虫の冬ごもり)と言います。水を蓄積する原義のある涵养の涵も、屯集(集める)の屯と集も目的系の言葉で第二声ですね。

Cさん：この目で見ますと、瞄准(狙いをつける)の瞄(狙う)、目掛けて投げる投擲の投、裁縫(衣服を仕立てる)の裁などこの辺の例が結構多いですね。

先生：そうです。"忽視"という言葉はどうですか。

Ｃさん：忽视と発音します。心に勿ですので無意識です。第一
声です！

Ａさん：面白い！中国語を習ってよかったです。

✡ なぜ、精は第一声だろう？

先生：陰陽の考えにおける陽の属性と関連して、目的意識と
いうコアイメージを持つ動詞をいくつか見てきました。
そこで質問です。知識をどんどん谋求して(求める)、経験
をどんどん集结(集結する)すると、どうなりますか。

Ｃさん：最終的には知恵の凝縮されるもの、いわ
ばエキスのようなものが出来上がります。

先生：はい、陰陽的にそれを精と呼びます。も
う一つ聞きます。技術の研磨を重ね、やっ
とできた製品のことを何と言いますか。

Ｃさん：结晶の晶と言います。うん、子供は愛の结晶です。

Ｄさん：はい、さっきの珍珠の珠です。水精(水の精霊)とされ
ています。確かに珍珠には何かの精(精霊)が宿っている
と感じられます。

先生：では、人間のどこに精が宿っていると感じますか。

Ｂさん：眼睛(目)です。黒目は睛と言います。辞書も目が人間
の身体の精(精霊の宿る場所)と言っています。

Ｃさん：なるほど！「目は口ほどものをいう」とか「目は心の鏡」とか、そういうことですね。

先生：それでは、植物の精^{jīng}は？

Ｃさん：英雄^{yīng xióng}の英^{yīng}（はなぶさ）で、エリートは精英^{jīng yīng}と言います。

先生：では、書籍の中で、重要素がいっぱい詰まっている本のことを何と言いますか。

Ｄさん：経典^{jīng diǎn}の経^{jīng}と言います。こうしてみると、精の仲間は結構ありますね。感動や叙情をぐっと濃縮するものという点からすれば、詩^{shī}も精^{jīng}の一つと言えますね。

Ｃさん：先生、功^{gōng}も精^{jīng}っぽいですね。成功^{chéng gōng}という言葉は、まさに修練を重ね、磨きをかけ、やっと奥義を手に入れる意味ですからね。

先生：そのとおりです。功^{gōng}は知恵や努力をぐっと凝縮してできたものです。

Ｃさん：じゃ、先生、動物にも精^{jīng}がありますね。

先生：勿論。大昔一番旨い箇所が動物の精^{jīng}とされ、それが脂肪でした。角のない動物の脂肪は神之液とされ膏^{gāo}と言い（『春秋』玄命苞）、角のある動物の脂肪は脂^{zhī}と言います。牛乳や羊乳の脂肪分は酥^{sū}と言います。

Ｄさん：膏^{gāo}、脂^{zhī}と酥^{sū}は、脂肪同士で第一声にそろうわけです。今でもトロが一番おいしい部位とされていますね。脂

肪の脂に旨いというパーツが付くわけですね。

★ 一堆人、一帮人と一群人、一伙人の違いとは？

B さん：先生、なぜか先ほど一堆人、一帮人と一群人、それから一伙人の言葉を思い出しました。

先生：そうですね。そろそろその話をしましょう。それでは、いくつか質問しますね。老乡（同郷）の乡（郷）はどういうイメージですか。

B さん：出身地が浮かびます。老乡は土地柄上の繋がりのある人たちです。

先生：祖宗（祖先、先祖）の宗は？

B さん：血筋で繋がる人たちです。

C さん：未来のほうへ血筋を見る孙も、曾孙（孫の子）も第一声ですね。うん、うん、鞋帮（靴のクオーター）、菜帮（野菜の外側の葉っぱ）という言葉があるように、一帮人とは、構造上というか立ち位置上の繋がりでできた人の群れですね。

B さん：なるほど、乡の地縁、宗の血縁、帮の構造上の連帯縁は、いずれも、いったん出来上ったら、付き合いがなくてもその関係が残っていて基本的に変動しないものですね。なので、静という陰の属性を持っていますね。

先生：よく気づきました。ちなみに、今では強い連帯縁を持つ

人たちの集まりを〇〇帮(bāng)と言います。

D さん：四人帮(sì rén bāng)です。中国の文化大革命を実質上指導していたとされる四人組ですね。

C さん：極道の人たちのことも黒帮(hēi bāng)と言いますね。

B さん：ということで、人だかりを表現したいとき、連帯感を強く感じれば帮(bāng)と、連帯感は強く感じない場合しかも動(dòng)が強く感じられる場合は群(qún)という感じで、とりあえず一帮人(yì bāng rén)と一群人(yì qún rén)を使い分けてもよいですね。

先生：良い感じです。一帮人(yì bāng rén)(連中)は、横の繋がりのある、メンバーの出入りがあまりない静という陰の属性を持つ人の群れです。一方、一群人(yì qún rén)(人だかり)は、何かのことや目的で集まって、原因が解消したらまた去っていき、またはメンバーの出入りが頻繁に起きている動という陽の属性を持つ人の群れです。

C さん：野次馬が群(qún)の典型例ですね。围了一群人看热闹(wéi le yì qún rén kàn rè nao)(大勢の野次馬が集まっている)。それから、堆(duī)ですが、先生、場所の移動など動きがあまりない場合は堆(duī)ですね。そう、そう、堆(duī)は、遠近法的に、離れたところから人の群れを見る時の表現ですね。那里围了一堆人，在干什么(nà lǐ wéi le yì duī rén, zài gàn shén me)(あそこ人だかりができている。何をしているかな)？と言いますね。

先生：良いですね。つまり、一堆人(yì duī rén)(人だかり)は、「中(そこ)にい

る」という陰の属性と場所の移動や動きがあまり感じられなくて「山のように静止している」という陰の属性を掛け持ちしている人だかりです。

Dさん：残りの伙(huǒ)ですが、火を囲んで一緒に生活するという繋がりからすれば、帮(bāng)と共通のイメージがありますね。

先生：伙(huǒ)は、残念ながら甲骨文がなくて、「夥」の由来とされています。しかし、人の群れを表す最古の言葉としては間違いないようです。その分、帮(bāng)や群(qún)と重なる部分はありますが、逆に原始的な人群れなので、どこか、「共同で生計を立てる」「人数感が薄い」「野暮ったい感」があります。

Cさん：だから、一緒に事業を起こして営む仲間は、合伙人(hé huǒ rén)と言いますし、詐欺集団の警察官役や弁護士役をする人たちを、他们是一伙的(tā men shì yì huǒ de)(彼らは仲間だ)と言いますね。

先生：Cさん、ありがとう。人だかりと一言言っても、さらに陰陽的に見る必要のある典型例ですね。時間があれば、帮(bāng)、群(qún)、堆(duī)と伙(huǒ)のそれぞれの熟語を一覧にして比較してみれば、帮(bāng)と堆(duī)、群(qún)、伙(huǒ)の陰陽法則性と第三声法則性がより鮮明になるかと思います。

✿　なぜ、和(hé)、谐(xié)は第二声だろう？

先生：「一か所にいる・ある」について、陰陽の考えにおける

内や静のセッションで 中 や区など代表例を見ました。
それでは、「一か所にいる・ある」のもう一面、動とい
う陽の属性を持つ第二声の漢字群を見ましょう。

Aさん：一群人の群の仲間を見るということですね。

Bさん：はい、思いついたものを挙げますよ。まず、集まると
いう視点から行きます。集合、凝結（凝結）、磁石の磁、
朋友の朋、联盟（連盟）の盟を挙げます。

Cさん：はい、木が一か所に集まって相寄って生きるのは丛林
です。一か所に集まる脂肪細胞は外から見るとそれが
肥（デブ）です。

Aさん：Cさん、笑っちゃうよ。人が真剣に聞いているのに。

Bさん：いやいや、間違っていないと思います。はい、和、同、
协、和谐を挙げます。抽象的になりますが、共通の目標
や目的で「一か所」にベクトルを向かわせる漢字です。

Cさん：人の集まりには、和谐、协同を保つような調整役はよ
く現れます。はい、调节（調節）や调解（調整）の调です。そ
う、そう、「集める」そのものではありませんが、同類
を増やすという目的関連の漢字も第二声です！繁殖の
繁と殖、培养の培、填加の填です。

Dさん：はい、食物の食を挙げます。容器に盛る食べ物が食の
最初の意味と言われています。そう、現在経営企画上よ

く使われる运筹(戦略の策定)、统筹(統括する)、筹划(企画する)、筹办(企画実施する)の筹も、いくつかの签を一セットに集めるものを表すための字です。聚も、「集める・集まる」意味の漢字ですが、その重要度のためか第四声になりました。しかしよく調べたら、『集韻』(1039年著書)の頃は、まだ上と同じで第三声でした。それから、国籍、戸籍の籍も同じです。文字を記した木や竹の札が一束に集められると籍になります。

先生：はい、「一か所にいる・ある」漢字群は、陰陽的に内や静の属性を持っているため、第一声で発音され、「一か所に集まる・集める」漢字は、さらに細かく見ると「何かをなすため」「同じ方向に向かう」など目的意識を持つため、陰陽的に動であり、第二声で発音されます。

　　以上、陰陽の考えにおける動と静の属性を見ました。動と静の哲学的な感性は日本語にもたくさんあるからか、皆さんの例挙げ作業のスムーズさに感心しました。中国語常用漢字の中には以上挙げてきた以外の漢字も多数ありますが、それを続編でまとめますので、楽しみにしてください。

6-4　陰陽の考えにおける上と下❹

先生：では、陰陽の考えにおける上と下の属性を見ましょう。

導入部分で話した 上^{しゃん} と 高^{がお} の違いを意識しながら、まず、
上^{しゃん} のイメージを持つ漢字を見ましょう。

✖　なぜ、云^{yún}は第二声だろう？

先生：まず、典型的な 上^{shàng}、つまり、そもそも頭上にあるもの
　　　を見ましょう。自然界で言いますと……？

Aさん：はい、雲^{くも}、霞^{かすみ} です。

Dさん：云^{yún}、霞^{xiá}と言います。それから、頭上の空を挙げます。
　　　　秋の空は旻^{mín}で、頭上のドーム状の空は 穹 窿^{qióng lóng} です。

Cさん：はい、ドーム状と言ったら、虹^{hóng}を挙げます。虹^{hóng}と言
　　　　ったら雨^{yǔ}です。タイミングの良い雨は霖^{lín}と言います。雨
　　　　と伴ってくるのは雷^{léi}です。雷^{léi}の響きは霆^{tíng}と言います。空
　　　　からは鸟 鸣^{niǎomíng}(さえずり)も聞こえてきます。そう、鳥の巣
　　　　は、木の上のものは巣^{cháo}と言い、崖や屋根にあるものは窝^{wō}
　　　　です。鳥の巣についても陰陽的に二分化されています。

Bさん：はい、地面に近い空中を見ます。まず、宙づり状態は
　　　　悬^{xuán}と言います。それから、雲は山の斜面にかかると岚^{lán}と
　　　　言います。雲は地面に来て視程を狭めると、人間の活動
　　　　の邪魔になるので、第四声の雾^{wù}と呼ばれます。

先生：はい、昔の家を見上げれば必ず見えるのは……？

Ｂさん：梁<ruby>梁<rt>liáng</rt></ruby>、屋頂<ruby>屋頂<rt>wū dǐng</rt></ruby>・房盖<ruby>房盖<rt>fáng gài</rt></ruby>(屋根)、房檐<ruby>房檐<rt>fáng yán</rt></ruby>(軒)です。先生、上<ruby>上<rt>shàng</rt></ruby>と高<ruby>高<rt>gāo</rt></ruby>のイメージの違いがすごくわかりました。また感心してしまいますが、高<ruby>高<rt>gāo</rt></ruby>と言ったらすぐ上の部分に目が行ってしまうのは私だけでしょうか。人の成功を見るときも成功した時点だけ見てしまいがちですが、その人が低いところからどのような努力をしてきたか、この部分になかなか目が行かないのですね。古の中国人はより物事の全体を見ていましたね。四声はなんと人生の哲学まで教えてくれました。

☆ なぜ、岩は第二声<ruby>岩<rt>yán</rt></ruby>だろう？

Ｂさん：「山」が出ましたね。山の関連漢字も陰陽的に、第三声的に、第四声的に具体的に見る必要がありますね。

先生：そうです。整理しましょう。

Ｂさん：まず、山<ruby>山<rt>shān</rt></ruby>の第一声ですが、陰陽の考えをここまで見てきたので、わりとわかりやすいと思います。なんといっても、山は不動なものである静という陰の属性も持っているからと思います。

Ｃさん：山<ruby>山<rt>shān</rt></ruby>の第一声のわけは僕的に高<ruby>高<rt>gāo</rt></ruby>に共通して大地に座っているからだと思います。山が高いはたしかに高いですが、山の裾部分は決して陽と言えないから、全体として陽の第二声にはなれないと思います。

Ａさん：山はいろんな食べ物を採りに行く場所である点は大昔も今も変わらないし、食べ物だけでなく、動物などい

ろんな命を育んでくれる場所でもあるので、生（shēng）と通じるところもあると思います。

先生：皆さん、よく挙げてくれました。Aさんの山（shān）が生（shēng）に通じる視点もたいへん素晴らしいです。易の生成変化の法則と深く関連していますので、また詳しく話しましょう。以上、自然界における山という層で陰陽的に見ました。それでは、山というカテゴリーの中でさらに陰陽を意識して具体的に見ましょう。

Cさん：はい、崖を挙げます。人間の頭部にあたるので头（tóu）（人間の頭髪の生えた部分）と同じで第二声です。そして、同じ山の頭部分であっても、尖っていれば峰（fēng）と言います。裾が広がっていても上部が尖っているので、冈（岡）（gāng）はやはり第一声です。

先生：岗（崗）（gǎng）と冈（gāng）の違いは四声法則ではっきりなりますね。はい、次に行きましょう。

Dさん：続けて山の形です。崔（cuī）を挙げます。現在主に氏名用ですが、大昔きっと鋭い爪やくちばしを持つ隹（zhuī）（ワシやタカなどの猛禽類）に連想させられる山や崖と思います。ちなみに、ワシの雕（diāo）も第一声です。

Cさん：はい、第二声の山を挙げます。岩（yán）です。山の頂上当たりはたいてい岩だらけになるからです。それから山峦（shān luán）（連峰）の峦（luán）です。山並みが起伏する連峰という連（連なる）（lián）

に通じ、陽の属性に従います。それから大きい土の山は
陵（líng）と言います。でも、僕には陵（líng）はなぜ第二声なのかわ
かりません。それに、お墓の意味もあるのに陽気な第二
声です。坟（fén）もそうです。

先生：そうですね。岩を見る目線で陵（líng）や坟（fén）を見てみたら。

C さん：圓形（yuánxíng）(円形)や台形（táixíng）(台の形)になっています。陵（líng）や坟（fén）の
第二声のわけがここにありますね！

先生：それから、陵（líng）の阝に注目してください。細かい研究デー
タはまだ別途発表しますが、結論から言いますと、邑、阜、
阝は、中国の最初の建造物のマークと見てよいと思います。
具体的にそれが村のランドマークだったり、富の象徴だっ
たり、高台への階段だったりするかもしれませんが、人工
物であるという結論自体は間違いないと思います。

D さん：なるほど！陵（líng）について、ほとんどの辞書は「大きな
おか」と解説しているので、てっきり陵（líng）が自然なものと
思い込んでしまいました。陵（líng）は歴然な古代中国人の知
恵の生成物ですね。绳（shéng）(縄)、陶瓷（táocí）(陶磁器)、糖（táng）、盐（yán）(塩)、
钱（qián）(お金)など、成（chéng）の仲間ですね。坟（fén）も同じですね。

C さん：だから、帝王や王妃のお墓の名前は、ほとんど陵（líng）が
ついていますね。

A さん：はい、陵（líng）が出ましたら、丘陵の丘（おか）も言わなくちゃ。

☆ 孔子の名前の丘と尼に込めた願いとは？

Ｃさん：はい、丘は丘と言います。

Ａさん：丘は周囲より高いですが、山よりは低くかつ傾斜の
　　　　ゆるやかな地形ですね。丘の第一声はなぜでしょうか。

Ｃさん：丘は、口語では山包とも言いますね。丘の第一声は、
　　　　このイメージから来たのかもしれませんね。

Ｄさん：『新華字典』は丘を众人聚居的地方、つまり居住地
　　　　であると解説しています。人の居住地は、「内にいる・
　　　　ある」という陰の属性を持っています。

先生：ちなみに、黄河中下流域には現在でも名前に丘のつく
　　　都市が多いし、丘のついていない都市でも、遡っていけ
　　　ば丘だった場所も結構あります。丘は古代では居住地
　　　という意味がまずあります。それから、丘には、中央が
　　　低く周りが高い地形との説明も多数ありました。

Ｂさん：凹凸の仲間ですね。やはり第一声ですね。

Ｄさん：ふと、思いましたが、先生、孔子の本名は孔丘と言
　　　　いますね。孔丘の丘は生まれつき孔子の頭のてっぺん
　　　　の真ん中が窪んでいて丘状になっているため、のちに
　　　　そのように名乗ったと言われていますね。

先生：孔丘の丘の由来についていくつかの説があり、てっぺ
　　　ん丘状説はその一つでした。しかしですね。孔丘とい

う名前は親がつける本名ですよ。孔子の親は、文武とも優れた人物で、年取ってからどうしても男の子がもう一人欲しくて孔子を産んだと言われていますよ。

B さん：待望の息子にてっぺんが丘状になっているから本名として付けるなんて、いくら何でもおかしいですよね。それなりの名士である孔子のお父さんなら、なおさら考えにくいですね。

C さん：造詣の深い孔子の父親がつけたのだから、丘（qiū）はきっと物理的な丘の意味ではないと思います。

先生：その通りです。夏禹時代に九丘（jiǔqiū）という幻の本がありました。九丘（jiǔqiū）について、孔子の編纂とされる『尚書』の序は、丘（qiū）とは「聚なり」と言っています。本文はこうです。

九州之志，谓之九丘。丘，聚也，言九州所
（jiǔzhōuzhīzhì wèizhījiǔqiū qiū jù yě yánjiǔzhōusuǒ）

有，土地所 生 ， 风气所宜，皆聚此书也。
（yǒu tǔ dì suǒshēng fēng qì suǒ yí jiē jù cǐ shū yě）

A さん：わかりました。「居住エリア」の意味は丘（qiū）の表面的な現象で、本来の意味は「聚なり」ですね。人が集まってできたものは「居住エリア」ですからね。

D さん：うん、九丘（jiǔqiū）とは、国土、物産、文化習慣などをすべて収録している書籍と孔子は言っていますね。ここでは、丘（qiū）は、天下のものを「一か所に集める」というイメージを持つ文字ですね。

A さん：内（nèi）や収（shōu）という陰の属性を持っていますね。

先生：孔子の字（あざな）は仲尼（zhòng ní）と言います。仲（zhòng）は二番目の男の子の

意味です。では、陰陽の考えをここまで探ってきた皆さんに質問します。丘と尼についてどう思いますか。

Dさん：一阴一阳(陰と陽の対)、一静一动(動と静の対)の関係があります。

Aさん：声調的には確かそうですけれども、尼の动についてすこし説明してくださいよ。

Dさん：尼は、尼のほか、亲昵(睦まじい、人懐こい)・昵 称 (愛称)の昵(親しい、近い)の意味も持っています。尼の音がする字には、ほかに泥、忸怩の怩もあります。

Bさん：そうか！泥は粘り気のある液状のもので、忸怩の怩は、例えば、恥ずかしくてお母さんにくっついて離れない子供が典型なシーンですね。尼がつく昵、泥、怩のいずれも「親しみ」「近づく」がキーワードですね。

Dさん：丘は天下の物・人の集まり、つまり内という陰の属性を持っていますが、尼は人が親しんで近づいてくる、つまり動という陽の属性を持っています。

Bさん：なるほど、丘と尼は、陰陽バランスを狙っているだけでなく、「親しんで集まってくる」という意味上の関連性も狙っていますね。『易経』を成立させた孔子だからこそのネーミングですね。

先生：沢山の人に親しんで近寄ってほしい、儒教をもっと広く広げたい！これが孔子の切実な願いかもしれません。

孔子の自称の孔丘^{kǒng qiū}と字^{あざな}の孔仲尼^{kǒng zhòng ní}にそのような願いが込められていますね。

☆ なぜ、石^{shí}は第二声だろう？

B さん：先生、先ほど山の話のところで、岩石^{yán shí}の岩^{yán}が出ましたが、岩^{yán}も石^{shí}も第二声です。まさか陰陽的に同じ扱いをされているのではないですよね。

先生：それなら、岩^{yán}と石^{shí}の違いをはっきりさせましょう。

B さん：はい、まず大きさでは、山にもなる岩^{yán}ですので、大きいです。そのため、大地に座って動かすのが大変です。一方、投げたり運搬したりすることができるのは石^{shí}です。先生、分かりました。岩^{yán}と石^{shí}は、確かに声調は同じではありますが、異なる陽の属性を持っていますね。岩^{yán}は山の上部、つまり上^{shàng}という陽の属性を持っていますが、石^{shí}は動^{dòng}という陽の属性を持っています。

先生：石^{shí}は、岩^{yán}に対してたしかに動^{dòng}の属性を持っています。しかし、それだけではありません。もう少し深く堀り下げましょう。そこで質問します。古の人たちがなぜ、どうして石^{shí}という言葉を作ったのでしょうか。

D さん：石器時代という言葉がありますし、今でも石を使うサルやチンパンジーがいるぐらいなので、人類は遥か昔人類になる前からもう石を使っていたと思います。

人類になってから、石の道具を改善するようになり、コミュニケーションに言葉で表現する必要が出てきたと思います。つまり、石という言葉は、当初石ころという意味ではなく、狙ったものを打つための石、石器、つまり道具の意味合いで、人間の知恵の生成物を表現するために生まれたと思います。

A さん：うんうん！生 成 の成に通じるところがありますね。大昔、人間の知恵を凝縮したものとして 縄 (縄)、陶瓷(陶磁器)、盐(塩)、钱(銭)、陵など、全部第二声ですものね。

B さん：納得！だからか、岩は天然なものとはっきりイメージできますが、石は、天然のものに限らず、加工した石から、加工が予定される鉱石も含んで全部石と呼んでいますね。

D さん：もう一つ、石器を作る原材料としての石という原の発想もあったかもしれませんね。

一同：ということで、石はもう第二声で発音するしかない！

先生：ちょっと待って！易は常に相対的に物事を見ていますよ。石は、石器の原材料としての石、石器としての石は確かに第二声ですが、ほかに具体的な石もありますよ。

一同：そうか！川底の砂利は砂で、海底の大きな石は礁または礁石と言います。

✖ 玉いろいろ

Ｃさん：先生、玉も石の一種ですね。前は、玉の原石が特別扱いをされ璞玉と呼ぶ話がありましたね。璞は陰陽の考えにおける原の属性を持っているため、第二声で発音されることはよくわかりました。先生、玉も石の一種である以上、陰陽的には陽に従いますね。

先生：その推測は正しい！ただし、それは自然界の存在としている場合の話で、玉というカテゴリーの中では……。

一同：わかりました。さらに陰陽的に見る必要がありますし、第三声法則と第四声法則との調整も必要ですね。

Ａさん：はい、復習です。宝物の総称は珍で、玉がその代表とされています。

Ｄさん：字形からも玉の特別扱いが分かります。玉は王様の腰を飾るものの意匠と言われています。

Ａさん：うん、旧石器時代の中国では、石器の最たるものである玉を上手に操る人が王であるということを想像してしまいますね。

Ｄさん：今は、何を上手に操る人が王になりそうですかね。そう、そう、「王へん」と呼んでいる文字はほとんど、本来「玉へん」というべきですね。

Ｂさん：確かに、玉石を表す字はほとんど「王へん」ですね。環境の環は、字の通り、輪の形になっている玉です。

<ruby>安全<rt>ān quán</rt></ruby>の全は、元々非常に優れた完璧な玉の意味でした。

それから<ruby>球<rt>qiú</rt></ruby>です。元々まん丸の美玉を表す字でした。

「美玉」としか説明されていない玉として、<ruby>琳<rt>lín</rt></ruby>、<ruby>瑜<rt>yú</rt></ruby>、<ruby>琼<rt>qióng</rt></ruby>、

<ruby>瑶<rt>yáo</rt></ruby>などがあります。今は主に女性の名前に使われます。

C さん：<ruby>琼瑶<rt>qióng yáo</rt></ruby>という作家が大好きですよ。彼女のドラマは結構見ました。

先生：それなら、<ruby>琼瑶<rt>qióng yáo</rt></ruby>の出典が分かりますね。

C さん：えっ？考えたことはないですよ。

先生：<ruby>琼瑶<rt>qióng yáo</rt></ruby>という言葉は、前にも話に出た『詩経』という中国最古の詩集から出る言葉ですよ。

<ruby>投<rt>tóu</rt></ruby><ruby>我<rt>wǒ</rt></ruby><ruby>以<rt>yǐ</rt></ruby><ruby>木<rt>mù</rt></ruby><ruby>桃<rt>táo</rt></ruby>，<ruby>报<rt>bào</rt></ruby><ruby>之<rt>zhī</rt></ruby><ruby>以<rt>yǐ</rt></ruby><ruby>琼瑶<rt>qióng yáo</rt></ruby>，<ruby>匪<rt>fěi</rt></ruby><ruby>报<rt>bào</rt></ruby><ruby>也<rt>yě</rt></ruby>，<ruby>永<rt>yǒng</rt></ruby><ruby>以<rt>yǐ</rt></ruby><ruby>为<rt>wéi</rt></ruby><ruby>好<rt>hǎo</rt></ruby><ruby>也<rt>yě</rt></ruby>。
私に木桃を贈ったあなたに美しい玉を贈ります。これはお返しというわけではありません。あなたの真心をずっと大切にしたい私の心です。

C さん：そうでしたか。<ruby>琼瑶<rt>qióng yáo</rt></ruby>は 2 千 7 百年も前の深い愛の歌に出る言葉ですか。投げてきた求愛の果実の桃に美玉で応じる、一見すると今どきの<ruby>炫富<rt>xuàn fù</rt></ruby>(富を見せびらかせる)行為で、ばかばかしく見えますが、「いや、永遠の愛のためだ」と言っていますね。物的レベルでは木桃と<ruby>琼瑶<rt>qióng yáo</rt></ruby>はとても釣り合いませんが、愛の本気度レベルでは桃と美玉は同じだと歌っていますね。古のロマンに圧倒されました。

A さん：なんて深い！早く詩経が読めるようになりたい。

先生：玉関連漢字の四声に戻りましょう。

D さん：はい、璧玉(bì yù)です。趙と秦の間で起きた完璧帰趙(wán bì guī zhào)（完璧帰趨）の話に登場する名玉で、王様の娘の結納として使われる富の象徴です。完璧という言葉もここから出たのです。

A さん：だから、璧(bì)は第四声ですね。岐阜の阜(fù)、富裕の富(fù)と裕(yù)、いずれも富を表す字で、いずれも第四声ですね。

D さん：第四声の玉にはもう一つあります。瑞(ruì)です。今はめでたい意味になりますが、信義の証として諸侯たちの携帯用の玉でしたね。

C さん：はい、好玩儿(hǎo wán er)（面白い）の玩(wán)を挙げます。玉を手にとり鑑賞する動作が玩(wán)の最初の意味だそうです。それから玲(líng)です。玉の鳴る音でした。

B さん：へえ〜！良品の良(liáng)も美玉の意味でした。本当にいろんな美玉がありますね。

D さん：人類全体でも言えますが、旧石器時代が長かったですね。中国の先人たちもきっと、石器を使いこなそうとする長い長い時代の中で、いろんな石や玉石を見つめていたに間違いないですね。

C さん：へえ？！現在の現(xiàn zài)(xiàn)も、玉の光と解釈されたり、玉を見せびらかすと解釈されたりしていますね。何となくわかります。

B さん：はい、理解の理(lǐ jiě)(lǐ)です。玉に表れる線のような模様に

沿って、玉石を加工する意味を表す漢字でしたね。

D さん：班も玉です。瑞を割って作った割符です。割るという分の属性を持っているため第一声です。もっとも今は、上班（出勤する）下班（退勤する）という言葉のよう、班は玉と全く無縁になりました。

先生：全、良、現、理、班など玉関連の漢字も、第一声から第四声にわたっていますが、決してランダムではないことはもう皆さんなら整理できていますね。

☆ なぜ、神、佛、皇 は第二声だろう？

先生：さきほど、頭上というキーワードがありました。頭上はより太陽の光を受けているので、頭上のイメージを持つ言葉は第二声で発音されると見てきました。さて、その延長線上でもう少し考えましょう。頭上にあるのは、雲など自然界のものだけではありません。

A さん：はい、神様、仏様など人間を超え、人間の上に立つイメージがする存在もあります。

C さん：ほんとだ！神様は神で、仏様は佛・如来です。神にお祈りするは祈祷と言い、佛のように悟りを開くための座禅の禅は禅と言います。神や佛に対する崇拝は 崇 拝と言い、これらは一言で言うと、福を求めるお祈りで、祈福と言います。

Ｂさん：神や佛は人間の灵魂(魂)と関係が深いですね。

Ｄさん：はい、初期の人類にとって、作物を育てる人はきっと神様のような存在でした。農耕の神様は神農と言いますね。そう、月の女神の嫦娥も第二声です。

Ｃさん：はい、阎王です。仏教の死後世界の神様です。神である以上、第二声ですね。

Ａさん：すごい！祷や拝の第三声と第四声の動詞はありますが、神々の名前は立派に第二声揃いですね。

Ｂさん：いいえ、最上位の天神は帝で、「最」のキーワードが効いて第四声です。はい、先生、質問です。中国でよく神仙(仙人)と言いますね。先生、神仙の仙はなぜか第一声ですよ。

先生：それでは、神仙とは何かをまず考えましょう。

Ｃさん：「ウィキペディア」などによると、神仙は、仙人とも言い、修行を重ねて道教の不滅の真理を悟ったことにより、不老不死を手に入れた者たちのことでした。

先生：それをより易的に言いますと、仙とは、自分の肉体と自然界を完全に一体化し、天地合一に達した状態です。ここの一は易的には生の意味があります。

Ａさん：なるほど、生を手に入れて不老不死なわけですね。だから仙も第一声ですね。

先生：ちなみに、仙人^{xiān rén}はまた真人^{zhēn rén}とも言います。

Bさん：なるほど、真^{zhēn}の第一声のわけはここにありましたか。

　　　うん、神様ではないけれども、王^{wáng}も皇^{huáng}も第二声ですね。

Aさん：王^{wáng}、皇^{huáng}は、神^{shén}、佛^{fó}ほどではないけれども、人々から
　　　の目線が同じですからね。仰がれるからですね。

Cさん：はい、王^{wáng}、皇^{huáng}ほどではないけれども、英雄^{yīng xióng}の雄^{xióng}、
　　　豪杰^{háo jié}の杰^{jié}(傑)も仰がれる存在です。

Bさん：豪杰^{háo jié}(豪傑)ではないけれど、徳高く才能多き人は賢^{xián}(賢)
　　　と言います。人材募集は、一般人向けは招聘人才^{zhāo pìn rén cái}と言
　　　い、エキスパート向けは招賢納士^{zhāo xián nà shì}と言います。それか
　　　ら、哲学^{zhé xué}、哲人^{zhé rén}(見識の優れる人)の哲^{zhé}も挙げておきます。

Cさん：夺魁^{duó kuí}(一位を勝ち取る)の魁^{kuí}も、侠义^{xiá yì}(義侠心)、大侠^{dà xiá}の侠^{xiá}も
　　　憧れの目で見られる存在です。

Bさん：德仁^{dé rén}、賢哲^{xián zhé}が群を抜いて優れている場合、卓^{zhuó}とも言
　　　いますね。

先生：はい、このセッションでは、崇拝者から
　　　憧れる者まで、呼び名を見てきました。
　　　「仰がれる」、上という陽の属性を持つの
　　　が共通項でした。次、行動レベルで陰陽の
　　　考えにおける上の属性に従う漢字を見ま
　　　しょう。

✿ 行動規範関連の漢字を見よう

Bさん：先生、行動レベルで陰陽の考えにおける上(shàng)の属性を
　　　　持つ漢字と言ったら、真っ先に浮かべるのは、仁義道徳(rén yì dào dé)
　　　　と、それを唱える儒(rú)です。よく考えてみれば、仁義道徳(rén yì dào dé)
　　　　は法律ではないけれども、長い間、法律のような機能を
　　　　してきましたね。

Cさん：Bさんの言いたいことが分かります。今の法治国家で
　　　　は平等がキーワードですが、少し昔まで、法律(fǎ lǜ)のような
　　　　ものは王権(wáng quán)(王権)が上から決めるものでしたね。

Dさん：はい、王権(wáng quán)の代表格である刑、罰(xíng fá)を挙げます。それ
　　　　から、劉備の刘も皇権(liú huáng quán)(皇室大権)のシンボルでした。

Bさん：法律(fǎ lǜ)の話に戻ります。社会では法律(fǎ lǜ)、会社では規則(guī zé)
　　　　(規則)や章程(zhāng chéng)(明文化規定)、製品では規格(guī gé)(規格)、生活様式
　　　　では習俗(xí sú)(習俗)ですね。そして、これらを原則(yuán zé)(原則)とい
　　　　う言葉で括ることができますね。

先生：現代社会では、こういった決め事のその最上位のもの
　　　は何と言いますか。

一同：宪法(xiàn fǎ)(憲法)です。第四声のイメージが沸く！

✿ 描眉(miáo méi)と画眉(huà méi)の違いを楽しもう

Cさん：先生、法規範や道徳規範は、人々に「〜に照らして行

動する」働きを持っていますね。

先生：それで？

Cさん：この場合の照らすは按照(àn zhào)と第四声ですが、その目線の動きからすれば、上(shàng)という陽の属性も持っていると思います。

先生：具体的には？

Cさん：例えば、学(xué)と习(xí)(習)や读书(dú shū)(読書。教育を受ける)の读(dú)(読む)は、明らかに見本や手本の存在が感じられる漢字だと思います。

Bさん：そう言えばそうですね。誊写(téng xiě)(謄写)の誊(téng)も、摹仿・模仿(mó fǎng)(模倣する)の摹・模(mó)(真似る)も、描写や描绘(miáo huì)(描く)の描(miáo)(なぞる)もその例ですね。はい、描(miáo)はこんな感じで使います。
人物描写得惟妙惟肖(rén wù miáo xiě dé wéi miào wéi xiào)(人物描写が実に生き生きとしている)。
描绘公司愿景(miáo huì gōng sī yuàn jǐng)(会社のあるべき姿を描く)。

Aさん：じゃ、女性は眉毛を描くも描(miáo)ですね。

Cさん：えーと、描眉(miáo méi)と画眉毛(huà méi máo)と言い方は二つあります。今まではてっきり同じ意味と思っていました。陰陽属性からすれば、ニュアンスが違うはずですね。先生？

先生：そうですよ。では、どう違いますか。

Cさん：はい、描(miáo)と画(huà)の声調からの想像になりますが、描眉(miáo méi)は、「沿って描く」ので、眉の形は基本的変わりません

が、一方、画眉毛<ruby>画眉毛<rt>huà méi máo</rt></ruby>は、絵を描く感覚で眉を描く意味合いが強いと思います。

先生：その通りです。ですので、描いた眉がただ濃すぎると思う場合、描得太浓<ruby>描得太浓<rt>miáo dé tài nóng</rt></ruby>と言い、描いた眉は形が変だなと思う場合は、画得怪怪的<ruby>画得怪怪的<rt>huà dé guài guài de</rt></ruby>と言います。

Ｂさん：四声法則が分かっていれば、漢字の使い分けはこんなふうに繊細にできますね。なんだか中国語の細かさが楽しくなってきました。

☆ なぜ、沉<ruby>沉<rt>chén</rt></ruby>と浮<ruby>浮<rt>fú</rt></ruby>は同じ第二声だろう？

先生：陰陽の考えにおける上という陽の属性を持つ名詞群を中心に見てきました。次、同じ属性を持つ動詞群を中心に見ましょう。

Ｂさん：早速ですが、拔<ruby>拔<rt>bá</rt></ruby>(引き抜く)、扶<ruby>扶<rt>fú</rt></ruby>(助ける)を挙げます。拔牙<ruby>拔牙<rt>bá yá</rt></ruby>(歯を抜く)、选拔<ruby>选拔<rt>xuǎn bá</rt></ruby>(選抜する)がその用例です。それから、扶<ruby>扶<rt>fú</rt></ruby>ですが、力を貸す・借りることで立ち上がる・立ち上がらせる意味です。こんな感じで使います。

把摔倒了的人扶起来<ruby>把摔倒了的人扶起来<rt>bǎ shuāi dǎo le de rén fú qǐ lái</rt></ruby>(倒れた人に手を伸ばして助け起こす)。
他扶着墙站起来了<ruby>他扶着墙站起来了<rt>tā fú zhe qiáng zhàn qǐ lái le</rt></ruby>(彼は壁に手をついて立ち上がった)。

Ｃさん：上へ上げる動詞を挙げます。手で物などを頭上へ上げるは举<ruby>举<rt>jǔ</rt></ruby>と言います。同じ「挙げる」であっても、オリンピックの聖火を挙げる場面となると、敬意を払う意

味が加味されるので擎_{qíng}となります。例えば、高擎奥运_{gāo qíng ào yùn}
圣 火跑了进来_{shèng huǒ pǎo le jìn lái}(オリンピックの聖火を高く挙げて走って入ってき
た)です。手に限らず「揚げる」は扬_{yáng}と言い、扬帆起航_{yáng fān qǐ háng}
(船が出航する)がその例です。

B さん：繊細な中国語を楽しみましょう。顎を上げ意気揚々
としている様子は昂头_{áng tóu}・昂首_{áng shǒu}と言います。うつむく状態
から頭を挙げるは抬头_{tái tóu}と言い、後ろへ反るほど頭を挙
げるは、扬头_{yáng tóu}と言います。勿論第三声の仰头_{yǎng tóu}(仰ぐ)もあ
ります。

C さん：はい、乘 车_{chéng chē}(乗車)の乘_{chéng}(乗る)、骑自行 车_{qí zì xíng chē}(自転車に乗る)、
骑马_{qí mǎ}(乗馬)の骑_{qí}(乗る)も一種の上がると思います。

A さん：うん、そうしたら、浮くも挙げたいですね。

C さん：はい、浮_{fú}または上 浮_{shàng fú}と言います。立派な第二声です。
そうか！悲 伤_{bēi shāng}(悲しい)はなぜ第一声なのか、気持ちが沈
むからです。活動能力は下がるからです。陰陽の考えに
おける陰の属性を持っているからです。

B さん：先生、質問です。上へ上げる・上がる場合は、第二声
とよくわかりますが、下へ沈む沉_{chén}も、地下に埋める埋_{mái}も
第二声ですよ。

先生：では、聞きますよ。なぜ、沉_{chén}、埋_{mái}をするのでしょうか。

D さん：『新華字典』によると、沉_{chén}も埋_{mái}も甲骨文にもある文字

で、牛などを川に沈め、河の神様に捧げるのは沉(chén)と言い、地下に埋め、土地の神様に捧げるのは埋(mái)と言います。

Aさん：動作は「下へ」に見えますが、神様に捧げる目的からすれば、本質的には上という陽の属性を持ちますね。

✿ なぜ、攀登(pān dēng)は第一声だろう？

Cさん：先生、「下へ」という陰の属性を持つものも見たいです。行きますよ。まず、危险(危険)(wēi xiǎn)の危(wēi)を挙げます。崖から落ちるという下への力を危惧する状態です。それから、踏み外して倒れる場合ですが、跌落(転げ落ちる)(diē luò)、坠落(墜落する)(zhuì luò)、扑倒(前へ倒れる)(pū dǎo)と跌倒(尻もちをつく)(diē dǎo)を挙げます。

Bさん：山が崩れる、山崩(山崩れ)(shān bēng)の崩(bēng)、塌方(地滑り、落盤)(tā fāng)の塌(tā)を挙げます。

Dさん：こういうのはいかがですか。攀岩(ロッククライミング)(pān yán)の攀(攀じる)(pān)、登山(dēng shān)の登(登る)(dēng)です。表面的に人間が上へ移動していますが、下を向く力があるからこそ、上への移動が成り立つので、攀登(pān dēng)は「下への力」が本質なので、第一声と言えるのではないでしょうか。そうそう、蹬地(地面を蹴る)(dēng dì)の蹬(dēng)ならより分かりやすいですね。上への移動はありませんが、力が確実に下へ向いているので、第一声です。それから、背着二胡(二胡を背負う)(bēi zhe èr hú)の背(背負う)(bēi)、

支撑 (支える) の撑 のいずれも、下向く力を受けています。

先生：攀と登、蹬、背、支撑 は基本的にこの理解で宜しいです。攀と登の、「下からスタート」という下の属性もお忘れずに！

Ａさん：前に出た阶梯(階段) も思い出しました。

Ｄさん：なるほど、升学(進学)、升降 (昇降) の升 も下からスタートを意識させられる言葉ですね。

先生：その通りです。

Ｃさん：はい、神魂颠倒です。主に恋愛に使う表現で、相手に魅惑され他が見えないほど夢中になり心が奪われる状態をいう熟語ですが、颠倒の意味は本末転倒の意味で、下が本質です。颠をパーツとする巅峰(山のてっぺん)の巅 も同じです。なぜ、山の頂上には山顶と山巅の二つの言葉が必要かわかりましたよ。やっとわかりましたよ。

Ａさん：なぜですか。

Ｃさん：山顶は一般意味の頂上ですが、山巅は、一歩動けばもう山の最高点ではなくなり、下山の道につくという地点の頂上と思います。人生のピークはよく峰巅(峰の絶頂) で喩えられます。なるほど峰巅のあとは緩やかな下り坂かいきなりの崖かは別として、下を向くという

点では変わらない、と意識させられる漢字ですね。

A さん：また哲学的ですね。上へ上へと上ばかりにはならないということですね。頂点に立ったら逆に下りる道しかなくなりますね。ウフー！

B さん：はい、前にも出た蹲(しゃがむ)^{dūn}、洼^{wā}と坑^{kēng}を挙げます。共通項は基準ラインより下^{xià}という点です。

D さん：なるほど、ある一般的な水準より低いなら、社会地位や身分の低い卑^{bēi}もそうですね。そして地位や身分は低いわけではないが低姿勢の恭^{gōng}と謙^{qiān}も第一声です。

先生：皆さん、下^{xià}についていろいろ見ました。坑^{kēng}が代表する物理的な下^{xià}もあれば、攀登^{pāndēng}が代表する力の向くところの下^{xià}もありました。それから、さらに抽象的になって人間の態度まで広げ、その代表は謙恭^{qiāngōng}でした。このような下^{xià}をコアイメージとする漢字は第一声であるのに対して、蟄伏^{zhéfú}、沉^{chén}、埋^{mái}のような、一見すると下^{xià}のように見えるが、本質的に再びの立ち上がりや神様への捧げという上^{shàng}に向けてのものは第二声でした。易は機械的に上下を判断していない、つまり、分析的に物事を見ていることを漢字の第一声と第二声の法則からも体験できたと思います。

一同：はい、よくわかりました。

7 生命各ステージの呼び名の秘密

——陰陽の考えにおける原と分❺

先生：いよいよ最後の原と分になりますね。陰陽の考えについて、語学学習の便宜上、私たちは五つの属性に分け、四つを見てきました。ここでは、人生を通して、易の陰陽の考えを体系的に体験し、四声の陰陽法則を理解しましょう。

Cさん：先生、人の身体部位名称、皮膚病名、排泄物の四声グルーピングにびっくり仰天の思いをいまだ鮮明に覚えています。今度は人生ですか。どんな驚きが待っているのかドキドキしてしまいます。

7-1 易における生命ステージの呼び名

Bさん：先生、人生が長いのでステージに分けてみますね。はい、ステージの一般的な分け方は、乳児期、幼児初期、幼児期、学童期、青年期、成人期初期、成人期後期と老年期です。そうか、胎児期も入れますね。

先生：さらに胎児がどこからきたかまで遡りましょう。

Cさん：はい、陽気の強い男と女の間に愛が生まれ交わります。交です。そして、精子と卵子の細胞核が結合して受精卵ができます。合です。受精卵は細胞分裂という分をしながら、数の増加という繁と機能の分化という协をすることで、身体の形を作り、機能を形成し、受精後10か月ほど赤ちゃんとして生まれてきます。分です。

先生：細胞分裂段階にあるものは何と言いますか。

Ｂさん：胚(胚芽)と言います。

先生：胚は、人間や多細胞生物の成体の基盤になっています。四声を理解するうえで大変重要なプロセスなので押さえてくださいね。

　　　はい、乳児期から一般意味のライフサイクルに入りますね。乳児期つまり赤ちゃんのことは何と言いますか。

Ｄさん：語素で言いますと、生まれたてから離乳までの赤ちゃんは嬰と言います。幼児初期、幼児期の子供は孩、学童期の子供は童と言います。そして、青年人、 壮 年人、 中 年人、老年人と呼んでいきます。

Ａさん：そうか、動き回ることのできない赤ちゃんは第一声の嬰と、どんどん伸びて活発になっていく子供は孩と童と、呼びますね。動と静の陰陽属性がリアルに表れていますね。しかも、青年になって初めて人と呼ばれます。

Ｂさん：自分も不思議に思いましたが、孩と童の違いはここにあったのですね。

先生：童は字形から「労役に服する子供」と一般的されていますが、「ものの番をしたり、田畑仕事などを手伝ったりする年齢の子供」と解釈することもできると思います。童の金文は、「辛」の下に目のマークがあります。

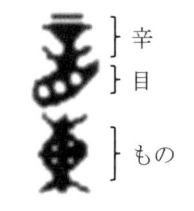

辛 ｝
目 ｝
もの ｝

「辛」は古代で「新」と通じますし、「辛」の下の目の

マークと合わせると、見習いと解釈することもできると思います。「目」の下の物入れのマークである♮と合わせると、物の留守番などをしたりする意味とも解釈できます。孩(幼児)は、「幼児」の意味で複数の古典に用例が見られます。漢字の厳密性を私たちは何度も体験してきましたね。孩から成人の間という子供の大切な成長時期だけ呼び名がなく空白になるというのも考えにくいので、童は「労役に服する子供」という身分を表す狭い言葉ではなく、「働きを見覚える年齢の子供」と広く解釈したほうがよいかと思います。

D さん：大賛成です。実際に自然と家事手伝いを始める年齢も童と重なりますし、「労役に服する子供」に言葉を作るのに、一般的に存在するわが可愛い子に呼び名を作らないなんておかしいです。それに先生の解釈で、童のいままでの用例にも合致しますね。

B さん：字形だけを頼りに言葉を解釈すると、時々こんなあり得ない現象が起きてしまいますね。

先生：一つのことで結論を出すのは常にこういう恐れがあります。やはり、陰陽の両面から物事を観察しましょう。横断的、縦断的に見れば、より物事の本来の姿を見ることができますね。はい、生まれたら人生を通して人の儿(子)になるという点も念頭に置いて、ライフサイクルの関連用語をまとめましょう。

B さん：はい、こうなります。原→交→本→分→初→ 長 →
成 → 衰 →归

表 17.　生命ステージの呼び名

陰陽	中国語			説明
^yáng^ 阳	^yuán^ 原	^xì bāo hé^ 細胞核		原初	男女のそれぞれの生殖細胞の核
^yīn^ 阴	^jiāo^ 交	^yīn^ 阴	^jiē^ 接 接する	精子が卵細胞に接する
			^rù^ 入 入る	精子が卵細胞に入る
		^yáng^ 阳	^hé^ 合 結合	卵子の核と精子の核が結合する
			^chéng^ 成 受精完了	受精卵が生まれる
	^běn^ 本	^pēi^ 胚	^fēn^ 分	受精卵が細胞分裂し始める
			^fán^ 繁 胚芽完成	細胞分裂が形や働きを変え繰り返すことで細胞の数を増やし人間の成体になるための基盤である胎芽が形成される
		^tāi^ 胎	^fēn^ 分 機能形成	成長しながら細胞は役割分化をする
			^xié^ 协 機能統合	細胞の役割分化を高度化していきながら、細胞が担う各機能を統合する(協力関係を築く)ことで進化し、人間の形を形成する。
	^fēn^ 分	^shēng^ 生	誕生	赤ちゃんが生まれてくる
		^chūchǎn^ 出产	出産	母は出産する
	^chū^ 初	^yīng^ 婴	乳児期	生後 1 年前後までの、人としての本来の特徴をまだ示していない、無能力で全面的に親の養護を必要とする時期をいう
^yáng^ 阳	^zhǎng^ 长	^hái^ 孩	^ér^ 儿	幼児初期 幼児期	《广韵》。現代中国語では、子供の意味まで広げる。
		^tóng^ 童	^wá^ 娃	学童期	古代で労働できる年齢に達したが未成年の子供を指す。
	^chéng^ 成	^chéngrén^ 成人		^chéngrén^ 成 人とは、女子なら初経を迎えた、男子なら精通を体験したことを指す。
^yīn^ 阴	^shuāi^ 衰	^zhōngniánrén^ 中 年人	成人期後期
		^lǎoniánrén^ 老 年人	老年期
	^guī^ 归	^sǐ^ 死	世を去る

✶ 生命誕生のプロセスで易を実感してみよう

B さん：生命を易的に見る場合、その原初とは核ですね。核
は阳、极、原の仲間です！

A さん：ワオ！何度もびっくりしてすみません。そんな大昔
の中国人は、細胞核まで考えたのか信じられません！

先生：果実の「たね」も 核 と言いますよ。
自然観察から原理的に、生命が核から
スタートすると考えていたと思いま
す。

養生の定番である 枣（棗）

B さん：総合的に生命を見ていたのです
ね。中国語四声は、生命科学まできちんと反映している
なんて、すごいとしか言いようがありません。

先生：B さん、感心しているところですみません。中国語四
声が生命科学まで反映しているのではありませんよ。
中国語四声も生命科学も、その根底には同じ考え方が
あるからです。それは何でしたっけ？

一同：中国の古代哲学である易の考えです。

先生：それでは、第一声と第二声という陰陽の視点から、生
命のプロセスの呼び名を更に詳しく見ましょう。

A さん：はい、生命は阳の核からスタートして、阳、阴、阳、
阴とサイクルしていくものですね。受精卵から胚は細
胞分裂、胚から胎は機能分化、お母さんのお腹から赤ん

坊は分身！生命の誕生過程はいろんな形の分^(fēn)の過程でもありますね。これで 生^(shēng)、分^(fēn)と出^(chū)がなぜ同じ第一声かすごくイメージできました。へえ、こんなふうに生命の誕生を見るのもものすごく面白い！

D さん：僕もうんうんと頷いてしまう。精子が卵子の中に入るという阴^(yīn)、精子の核と卵子の核と合^(hé)するという阳^(yáng)、受精卵の分裂という阴^(yīn)、細胞が繁殖^(fánzhí)していくという阳^(yáng)と、阴^(yīn)と阳^(yáng)の消長をリアルに見ることができました。顕微鏡もない時代なのに、どうしてここまでわかるだろう。

先生：くどいけれども、易の陰陽の考えは宇宙の法則です。法則とは、目の前に見えるものも見えないものもすべて適用するものです。目に見えない部分についても、法則に従って分析すれば的確に推測できます。

A さん：だから、易は占いに利用されますね。

B さん：所詮現代科学は、世界の物事を現代技術でより鮮明に、より精細にしたのであって、法則的に目新しいものはないかもしれませんね。言いすぎかな。

先生：さあ、中国語四声に戻りましょう。繰り返しになりますが、ライフサイクルに表れた 原^(yuán)→交^(jiāo)→本^(běn)→分^(fēn)→初^(chū)→長^(zhǎng)→成^(chéng)→衰^(shuāi)→归^(guī)という法則は、易が見ている世の中の物事の生成変化の法則であること、中国語四声の第一声と第二声も易のこの陰陽法則に従っていること、この二点を押さえください。

Cさん：わかったぞ！わかりましたよ！先生、中原(zhōng yuán)という言葉の本来の意味が。

7-2　第一ステージの原(yuán)の漢字群を見よう

中原(zhōng yuán)という言葉の本来の意味とは？

先生：Cさん、また新発見があったようですね。中原(zhōng yuán)という言葉の本来の意味とは何か、話してみてください。

Cさん：先生、易の陰陽の考えは世の中の物事にすべて適用する法則ですね。

Aさん：変な質問！その話をずっとしてきたのではないですか。中原(zhōng yuán)の中(zhōng)も陰陽の考えにおける内(nèi)という陰の属性に従って第一声になっていることも一緒に挙げてきたのではないですか。

Cさん：中(zhōng)はさておき、中原(zhōng yuán)の原(yuán)ですよ。中原(zhōng yuán)という言葉について、現時点では、そろって「中華文化の発祥地である黄河中下流域にある平原のこと」とされていますよ。どう思いますか。

Bさん：わかった！Cさん、僕の疑問にヒントをくれてありがとう。中原(zhōng yuán)の原(yuán)は、平原の原ではなく、易の陰陽の考えにおける阳(yáng)の原初の原(yuán)ですね。

先生：その通りです。まず中原(zhōng yuán)の中(zhōng)ですが、地理的な「真

ん中」などではありません。夏の中心、殷の中心、周の中心、さらに、夏よりも前の堯の中心がそれぞれ異なる話がありましたね。

Aさん：そうでしたか！いまでも、各国の世界地図を見ても、どの国も自国を世界の中心に置いていますね。そういうことですね。地球から見ると、太陽が中心になりますが、太陽の公転中心はまた別にありますね。中は立ち位置によって変わりますね。相対的な概念ですね。

Dさん：それはそうですよ。易という3千年以上経ってもなお生きている哲学を産んだ当初の中国人は、ある場所だけが永遠に世界の中心と、そんな機械的で不変的な固定概念を作るとは思えないし、易らしくないですね。

Bさん：先生、そろそろ蓋を開けてくださいよ。

先生：はい、太极图をもう一度見てください。黒い魚の白い魚眼は、今の皆さんなら、何と呼びますか。

一同：原です。

先生：白い魚の黒い魚眼は何と呼びますか。

一同：中です。

先生：易の陰陽の考えは世の中のすべてを見るときの見方です。内とは、いろんな外の阳を取り入れ吸収する場所で、中とは、さらにそれを凝縮して精を作り出す場所なの

です。原とは、中の精からさらに新しい何かを創始するオリジナルの意味の原です。

Ａさん：そーか！中原とは易の陰陽の対ですね。万物の生成変化を表している阴阳の組み合せですね。

Ｂさん：先生が考えている中原の中はすごく謙虚な中で、原はすごくダイナミックスの原ですね。

先生：古の中国には、敬天敬地（敬天愛人）という言葉があります。敬う心を持つという意味です。**易は、もともと世の中の物事をちゃんと認識して自分の行動を調整するためのものです。**その第一歩は、事実尊重にあるので謙虚であるわけです。

Ｄさん：だから、中国文明が長生きできたのですね。

先生：ちなみに、周王朝の発祥の地は周原と言います。『周易』の著者とされる周文王の祖父が岐山にやってきてから付けたらしい。

Ａさん：周原と中原！発音が似ていますね。

先生：『周易』がのちの中国文化への影響と、中国語第一声と第二声を通して中国語への影響を考えると、周原の原はまさに発祥の原ですね。

✘ なぜ、北京故宮は紅・黄・藍・白に拘るだろう？

Aさん：先生、私も新発見です。

先生：オ！何でしょう？

Aさん：色の三原色です。絵の具の三原色である紅、黄、藍がそろって第二声です！

一同：紅・黄・藍の第二声は原だからです！

Cさん：面白い！三つの絵の具を混ぜると黒になります。黒はすべての光を吸収してしまう收という陰の属性を持っています。

一同：だから、黒は第一声です。

Bさん：今日は、光の技術があるから光の三原色で作れば、白も容易く作られますが、色の三原色で色を作る大昔では、三原色をどう混ぜても作られないのが白ですし、どんな色にも染められるのも白です。

一同：白は色の原点だから第二声だ！

Dさん：北京故宮の建築の色もこの四つの色でできている！屋根は黄、壁と柱は紅、壁と柱と屋根などの間は藍、台基は白です。そうか、それは中国の独特な色彩の美感覚と思っていましたが、どうやら勘違いでしたね。

一同：その奥には、易の原、陰陽の陽^{yáng}があったんだ！

先生：皆さんの文化大発見に脱帽します。それでは、原^{yuán}をスタート点とするライフサイクルに出てきた陰陽の順でそれぞれの漢字群を見ていきましょう。

☗ なぜ、模^{mú}と型^{xíng}はそろって第二声だろう？

C さん：はい、「原点」「オリジナル」というイメージの原^{yuán}ですね。前に出た細胞の核^{hé}、水の源の泉^{quán}、水源だけでなく万物の元を表すようになった源^{yuán}も挙げておきます。それから、人民币^{rén mín bì}の元^{yuán}も紀元の意味ですね。元年^{yuán nián}、元月^{yuán yuè}（1月）、元日^{yuán rì}がその例です。それから、人間がこの世にデビューする際、大抵头^{tóu}（人間の頭髪が生える部分）からです。

D さん：昔、筆頭妻は嫡^{dí}（正妻）でした。原配^{yuán pèi}とも言います。

C さん：そうか、嫡出子は嫡^{dí}が生む子供だからの名ですね。

B さん：はい、モノづくり系に行きます。部品などの製造は材料と型からできますね。まず部品の元は材料^{cái liào}または原材料^{yuán cái liào}と言います。部品の形の元となるのは型です。木でできた型は模具^{mú jù}と言い、土や砂でできた型は型^{xíng}です。模^{mú}、型^{xíng}、材^{cái}の大元は設計図の図^{tú}です。

D さん：はい、原石を挙げます。ダイヤモンドなどの宝石の

場合、日本語と同じで原石(yuán shí)と言いますが、玉の場合、前にも話が出たが、専門用語まで作られ、璞玉(pú yù)と言います。

C さん：萌(méng)を挙げます。今は、日本語の影響で、很萌(hěn méng)・萌萌哒(méng méng dā)(萌え)とよく耳にしますが、元々、芽生える意味です。萌动(méng dòng)(物事の怒り始める)の組み合せで使います。

D さん：スタート点という視点で見ますと、干支の寅も四季のスタート点、春の始まりという意味がありますね。口語ではあまり使わないけど。

先生：はい、陰陽的に物事の原初を表す原(yuán)系列の漢字はここまでにしましょう。

✖ 文(wén)と字(zì)の違いとは？

D さん：先生、質問です。这个字怎么念(zhè ge zì zěn me niàn)(この字は何と読むの？)の字(zì)は文字の意味ですね。なのに、甲骨文(jiǎ gǔ wén)、金文(jīn wén)などは字(zì)のことを文(wén)と呼んでいます。どうしてですか？

先生：そうですか。文(wén)と字(zì)の違いで悩んでいますね。ところで、涟漪(lián yī)の涟(lián)、花纹(huā wén)の纹(wén)はどんな意味でしたっけ？

D さん：涟漪(lián yī)はもともと、風に吹かれて起きるさざ波が連なっているさまですが、今はよく心の微妙な動きや揺らぎに使います。
他的那句话让她的内心泛起了阵阵涟漪(tā de nà jù huà ràng tā de nèi xīn fàn qǐ le zhèn zhèn lián yī)(彼の言葉を聞いた

彼女は心の中にさざ波が起きた)。

それから、花纹（huā wén）の纹（wén）ですが、模様ですね。

Aさん：涟（lián）、纹（wén）の共通項は模様です！

Cさん：そうか、人類の文字も模様から始まったのですね。文（wén）は文章の文とばかり思っていました。文（wén）は模様でしたね。字（zì）はその後に生まれたと推測できますね。

先生：はい、文（wén）は漢字が生まれたて頃の文字を指しています。より正確に言いますと、パーツを持たない漢字を文（wén）と言い、パーツを持つ漢字を字（zì）と言います。

Dさん：文（wén）は文字の雛型で、字（zì）は文字の成熟型ですね。だから甲骨文（jiǎ gǔ wén）、金文（jīn wén）と言いますね。

先生：同じ要領で言（yán）と语（yǔ）を見ることもできます。

Dさん：はい、五言詩、七言詩のように、単音節で意思を表現するのは言（yán）、今私たちのように二文字及びそれ以上の文字で意味を表現するのは语（yǔ）（語）ですね。

Aさん：へえ！？そうなんですね。単文字は意思伝達の最小単位なので、言（yán）は第二声ですね。

Dさん：言（yán）の第二声に易（yì）の原（yuán）の考えが潜んでいるとは、信じられません！

先生：词(詞)の第二声はどうでしょうか。

B さん：単独で文節を構成することのできる語と書いてあります。词は文節の最小単位ですね。

先生：局部(局所)、局面(局面)の局の第二声はどうですか。

D さん：なるほど、『文心彫龍』によれば、局は言や词を繋げる働きをするので连(連なる)という陽の属性を持っていますが、ほかに、「句者，局也」なので、句という文章の最小単位の属性も持っていますね。

C さん：先生、わかりました！易の陰陽の考えにおける原の属性は、今まで主に赤ちゃんの誕生や物について見てきましたが、言語など、こういう抽象的な事柄にもきちんと働いているということですね。

先生：ピンポン。その目線で見るといろいろ面白いですよ。

B さん：ほんとだ！挙げますよ。社会の最小構成単位は、グループで見ると家族の族ですね。個体で見ると人です。軍隊では、兵士が最小構成員で卒です。会社などの組織では、社員が最小構成単位で員です。法律や規則では、独立で使える最小単位は条です。

D さん：面白い！自分で言うのもなんですが、面白い発見がありました。今まで考えもしなかったのですが、歌と谣

です。大自然の中で伴奏もなく地声で自由気ままに歌う謡の第二声と、もっぱら宮廷で歌う、決まりの多い歌の第一声と、その違いがすごく鮮明になりました。

Bさん：从（から）、由（より）の第二声も起始点の意味からのものですね。

先生：はい、皆さん、易の陰陽の考えにおける原の第二声法則は、原単位関連の漢字にも効いていることをしっかり押さえましょう。

7-3 第二ステージの交の意味の漢字群を見よう

先生：易の、原→交→本→分→初→长→成→衰→归という生成変化法則における第一ステージの原について、複数の角度から見てきました。それでは、この生成変化法則の第二ステージである交について、同じ要領で関連の漢字を見ましょう。

☗ なぜ、希望の希は第一声だろう？

Cさん：はい、交と言ったら、それは何といっても交朋友（友達を作る）の交、日中の邦交正常化（国交正常化）の交です。先生、この目で交を見ますと、交がいろんな生の前提条件になっていることがよく分かります。

先生：例えば？

C さん：いろんな楽器が交わって響きあうことで交 响 乐(交 _{jiāo xiǎng yuè}
響曲)がはじめて生まれます。合作关系(協力関係)は交流 _{hé zuòguān xi} _{jiāoliú}
がなければ生まれてきません。交をして交易(取引)がは _{jiāo} _{jiāo yì}
じめて生まれます。交渉をして、Win-Win の結果がはじ _{jiāoshè}
めて得られます。そう、そう、杂交(交雑)をして花など _{zá jiāo}
の新品種がはじめて誕生します。交は、こんな深い意味
があるなんて気づきませんでした。今まで、在哪儿交钱 _{zài nǎ ér jiāoqián}
(どこで払いますか。レジはどこですか？)ばかり覚えていました。

B さん：はい、交が出たら、交接(仕事の引継ぎ)です。交であれ _{jiāo} _{jiāo jiē} _{jiāo}
ば必ず相手がいます。「お互いに」という場面が生まれ
ます。はい、相 です。相 のつく言葉を調べましたよ。 _{xiāng} _{xiāng}
驚きました。ものすごい数がありました。僕は次の三つ
を挙げます。

互 相 尊 重 是 团 队 合 作 的 基 础(チームワークは尊重し合うこと _{hù xiāng zūn zhòng shì tuán duì hé zuò de jī chǔ}
の上で成り立つ)。

日本人严谨，中国人豪放，两 者 相 辅 相 成，成 就 了 _{rì běn rén yán jǐn zhōngguó rén háo fàng liǎng zhě xiāng fǔ xiāngchéng chéng jiù le}
这 个 开门红(日本人の謹厳と中国人の敢行が補いあって幸先の良いス _{zhè ge kāi mén hóng}
タートが切れた)。

今年达标，还需要大家鼎力相助(今年の目標達成も皆さんの _{jǐn nián dá biāo hái xū yào dà jiā dǐng lì xiāngzhù}
全力サポートが必要だ)。

C さん：はい、编 (編む)と织(織る)です。编剧(シナリオを書く)、编 _{biān} _{zhī} _{biān jù} _{biān}

程 (プログラミングをする)の编は、ドラマやプログラムを編み出す意味としてよく使われていますね。织は织布(布を織る)、织毛衣(セーターを編む)で、中国語を習いはじめる頃の例文でした。

B さん：それに加えて、组织(組織。組織・運営する)も挙げます。イベント企画・運営・実行を表す言葉としてもよく使いますね。こうなります。

怎样组织一场有趣的团体活动(多人数参加のイベントを面白くするには？)

先生：编・织と関係のある道具や装置などの四声を調べれば面白いかもしれません。また別の機会にしましょう。

B さん：先生、先ほど、陰陽の考えにおける陰の内のセッションに出た边、疆、郊は、交という属性から見ても第一声ですね。横滨の滨(濱)、濒临灭绝的物种(絶滅危惧種)の濒(瀕)、天津の津(渡口)のいずれも、陸地と水の交わる場所ですね。

先生：交の属性をよく掴んでいますね。それでは、聞きますよ。希望の希の第一声はなぜですか。

D さん：はい、希は、何かが交差していることが字形からもわかります。文字が作られた当初、交の属性を持っていたと考えられます。従って、希の第一声には交という陰

の属性もその一つと思います。

先生：その通りです。交叉(jiāochā)しているのが刺繍の糸です。

A さん：刺繍は今でも普通じゃないと言えば普通じゃないですね。遠い昔、刺繍が生まれたての頃なら、もっと普通でなく珍しかったと思います。きっとそうだと思います。珍しいものなのでほしがられますね。そこから希望(xī wàng)の意味が生まれてきたのですね。

C さん：なるほど、「ほしい」も一種の「内に入れる」ですね。希(xī)は、いろんな陰の属性を持っていますね。

なぜ、输(shū)は第一声で負けるだろう？

A さん：私も挙げます。拼音(pīn yīn)（ピンイン）の拼(pīn)（寄せ集める）です。入学前の体験レッスンで先生が話してくれましたね。拼音(pīn yīn)は、母音と子音と声調の組み合せだからですね。そこから、中華料理の前菜は拼盘(pīn pán)（盛合せ料理）と言い、パズルは拼图(pīn tú)になり、乗り合わせは拼车(pīn chē)と教わりました。そこで、私は、中国語の音の仕組みと文法の「動詞＋目的語」という仕組みを一気に理解でき、大好きになったのです。拼(pīn)も交(jiāo)の場面の一つですね。

D さん：交(jiāo)の場面は実に多いです。先ほどの歌谣(gē yáo)の歌(gē)もまさに複数の楽器といろんな決まりが交差していますね。

交のもう一つ典型的な場面として約会(約束する)の約を挙げておきます。応該(すべきだ)の該も約の一種で、軍事行動上の約でした。だから該は「すべき」や「しなければならない」ような義務的な意味合いが強いわけですね。うんうん、期ももともと約会の意味でしたね。不期而遇(約束のない偶然に出会う)の形でよく使いますね。

Cさん：僕は、交通の通を挙げます。Bさんが質問しましたね。どうして、塞車(渋滞)の塞(塞ぐ)と交通の通(通る)という全く逆なイメージの言葉が同じ第一声か、ということですが、そのなぞなぞが解けましたよ。交ですよ。通と言えば、必ず何と何が接する・通じるという交接の性格を持っているからです。交差点があったからこそ、私たちはいろんなところへ行くことができ、通になります。川と交差しているからこそ、川の向こうにも行けて通になりますね。ですので、塞車の塞は静という陰の属性に従って第一声ですが、交通の通は交という陰の属性に従って第一声になっていますね。

Dさん：なるほど！ところで、交通と言えば、運輸が浮かびますね。輸の左側は车(車)で、右側は俞という中国の最初の船で、丸木舟です。輸は車や船を使ってものを遠方の人に渡すという交のコアイメージの言葉で、交の属性に従って第一声になっているのですね。

Bさん：『新華字典』にも輸に交の意味があるとして用例をいくつも挙げています。

Dさん：それから、輸はなぜ負ける意味なのかを調べました。「一籌を輸する」という言葉を思い出してください。古代、負けたら相手に一籌を交（渡す）するから、その動作から輸には負ける意味も持つようになったとされています。

Cさん：へえ、日本語の輸にも、負けの意味がありました！

先生：はい、交には、「交わる」「渡す」など複数の意味があるが、交通の通、運輸の輸はいずれも渡すという点で、交と共通な陰の属性を持ち第一声になっています。

7-4 第三ステージの本の漢字群を見よう

先生：続けて、易の、原→交→本→分→初→長→成→衰→帰という生成変化法則における第三ステージの本を見ましょう。まず、本の中身を確認しておきましょう。

Aさん：はい、本には、胚と胎の二段階に分けられます。胚は人間の成体になるための基盤となり、胎は人間の形の基本を形成します。胚と胎からなる本は、人間の基礎作りのステージです。

先生：ありがとう。では、基礎作りという視点で漢字を見ていきましょう。

Ｃさん：はい、胎(tāi)は、人間だけでなく動植物にもあります。草木など植物の場合、種子が持つ胚(pēi)という新生命のための本(běn)のほかに、自身の基盤と栄養吸収のために、もう一つの本(běn)である根(gēn)を持っています。根本(gēnběn)という言葉がそれを表しています。因みに、枝や花の基盤は茎(jīng)ですね。

Ａさん：はい、踵です。身体を支える基盤である点は植物の根(gēn)と通じますね。大地との接点という交(jiāo)の属性も持っていますね。

Ｃさん：踵は脚跟(jiǎogēn)の跟(gēn)と言います。お！跟の第一声のわけがここにありましたか！踵も結構目立つ存在なので、手(shǒu)や脚(jiǎo)と同じ第三声になるはずと思いましたよ。

Ｄさん：はい、第三声の踵もあります。踵(zhǒng)と言います。

Ｃさん：やっぱり！跟(gēn)は、陰陽の考えに合わせて後で作られたっぽいですね。

先生：そうですね。『新華字典』の踵(zhǒng)と跟(gēn)の用例を見ても、跟(gēn)より踵(zhǒng)のほうがはるかに多いし古典の著書年代も早いです。

Ｂさん：はい、建物を挙げます。设计图(shè jì tú)の图(tú)は建物の原(yuán)に当

たります。建物の土台である地基の基と柱の土台である础が本に当たります。基と础によって平屋か高層ビルか異なってきます。因みに、打好基础(基礎・基本をしっかり作り上げる)という言葉はよく耳にしますね。

C さん：その重要度のためか、基本という言葉もすごく一般的に使われますね。

D さん：先生、祖宗(祖先)の宗も現代的に「おおもと」という意味がありますね。宗は「血筋のつながり」から内と静という陰の属性のほかに、「おおもと」という本の属性も持っているからですね。それから、宗師は第一の師として尊敬すべき人を言います。家元の意味です。中国語四声法則に関しては、陳先生が宗師になりますね。

先生：宗師という名称には性格的に馴染みにくいですね。汉语声调揭秘第一人(中国語四声法則第一人者)という平たく言い方のほうがいいかも。ところで、皆さん、坯という字に見覚えはありませんか？

C さん：知っています。好坯子の坯です。坯は窯に入れる前のレンガ・瓦・陶磁器・七宝などの白地、素地です。こんな用例があります。好模子出好坯子(良い型から良い白地が作れる)。子供の育成は家庭が土台であるという意味合いの言葉です。僕はこの言葉で坯を覚えましたよ。

B さん：早速調べてみました。坯のつく言葉もそれなりあります。鋼坯はビレットで、いろんな部品を作る素材です。毛坯房は中国では分譲マンションの一般的なスタイルで、素建ての意味です。買ってもすぐには入居できません。そこから自力で内装や外装をやるのです。

C さん：恢复(回復)の恢はいかがでしょうか。「もとに戻る、戻す」という「もと」に着眼する言葉なので、第一声と説明できないでしょうか。それから、事業活動などの元手である資本の资も挙げておきます。

D さん：先生、机会(機会)の机(機)もおおもと的なニュアンスがありますね。その机を捕まえなければ後は後悔しかないですね。ちょっと無理な解釈ですかね？

先生：その感覚で宜しいと思いますよ。机には事物の変化の本という意味もあるからです。ちなみに、机には兵器の機構上、中枢的でキーとなる働きも持っています。机は陰の属性をいくつか持ち合わせているので、なじみやすいほうで四声を覚えましょう。

7-5 第四ステージの分の漢字群を見よう

先生：易の、原→交→本→分→初→ 長 → 成 → 衰 →归という生成変化法則における第四ステージの分関連の言葉

を見ましょう。

Aさん：はい、復習です。導入のところで、分のイメージの一つである「元から分かれる」「枝分かれ」を見ました。枝分かれは分枝、分丫と言います。人間の 生 も枝分かれ的な性格を持っているため、生 と分は同じ陰の属性により第一声で発音されると習いました。

先生：ありがとう。分娩という言葉がまさに 生 と分の関係を語っています。それでは、まず、生 関係の漢字に焦点を当てましょう。

🧍 生 いろいろ

Cさん：早速ですが、出 生 や日出の出を挙げますよ。出について、『新華字典』は『説文解字』を引用して「草がだんだんと生えて伸びる」と説明しています。

先生：はい、「木が土を破って伸びる」意味を持つ 升 (昇)も挙げておきましょう。辞書にはありませんが、『周易』の46 番では、地 中 升 木(地の中に木を生ずるは昇なり)を 升 のイメージとしています。

Dさん：へえ、升 は、日が昇る意味もあるけれど、易的に 生 とされていますね。第一声なわけですね。なるほど、升 と出は、木と草の違いがあるが、同じく土を破って世に顔を出し、盛衰をしていくイメージを持っていますね。

Bさん：生と言ったら、発音が全く同じである孳生（zī shēng）と滋生（zī shēng）を挙げます。孳生（zī shēng）は、主にハエや蚊の繁殖に使います。滋生（zī shēng）は、芽など小さいものがどんどん増えるニュアンスで使われます。例えば、这个念头一旦滋生就势不可挡（zhè ge niàn tou yí dàn zī shēng jiù shì bù kě dǎng）（この思いが浮かんだとたん猛烈になる一方だった）。

Cさん：こういう言い方もありますよ。爱是春雨能滋生万物（ài shì chūn yǔ néng zī shēng wàn wù）（愛は万物に生命力を与える春雨のようなものである）。

Bさん：Cさんの愛情豊かな例文にいつも脱帽です。先生、春雨の春も滋生万物（chūn zī shēng wàn wù）というコアイメージを持っているから第一声で発音されると考えられますね。

先生：そうです。黄河文明と呼ばれている黄河中下流のエリアを考えれば、春になると、荒涼の大地に草が一気に生えてくる原風景が浮かびますね。

Aさん：春は、陽気な季節ではありますが、四季の中では生（shēng）のイメージのほうが圧倒的に強いわけですね。

先生：人間やほ乳類は生（shēng）、草木はさらに升（shēng）、出（chū）、気持ちや感情は滋（zī）、カビやコバエなどは孳（zī）も見ました。ずいぶん生（shēng）を見ましたね。

Bさん：先生、もう一つの生（shēng）がありました。魚や鳥の孵化（fū huà）（孵卵（fū）の孵（fū）です。ベンチャー企業や新技術を温めて育てる意味のインキュベーターは孵化器（fū huà qì）と言い、创业孵化器（chuàng yè fū huà qì）

とも言います。

先生：よく気づきましたね。それでは 生（shēng）のいろんな言い方は また続編をご覧ください。このセッションではとりあ えずここまでにしましょう。

☆ モノづくり意味の言葉を見よう

B さん：先生、生（shēng）という言葉は、どちらかというと生まれて くるほうから見る場合の表現ですね。

先生：オ！立派な場合分けですね。それで？

B さん：産むほうから見る場合は产（chǎn）（産）ですね。分娩室は产 房（chǎn fáng）とも言い、出産直前または直後の女性を产妇（chǎn fù）（産婦）と 言います。产（chǎn）は産むとしての言葉は一番古いかもしれ ませんね。

先生：第三声という声調のほかに、どんな根拠がありますか。

B さん：カバー範囲が広いからです。人間や動物の新しい生 命誕生の場面に限らず、土产（tǔ chǎn）（土産）、土特产（tǔ tè chǎn）（その土地の特 有の産物）のような土地の産物にも使えるし、生 产（shēngchǎn）（生産）、 制造（zhì zào）（製造）のような人工物にも使えます。产 生 想 法（chǎnshēngxiǎng fǎ）（ア イデアを生む）のように、考えを生み出すまで使えます。

A さん：前に出た 烧（shāo）が产（chǎn）の典型例ですね。

烧 窑 制 造 陶 瓷（shāo yáo zhì zào táo cí）（窯で焼いて陶磁器を作る）。

Bさん：Aさん、ものすごいスピードで吸収しています。

Aさん：調子に乗りますよ。沏茶（qī chá）と浇花（jiāo huā）も思い出しました。沏（qī）は、お茶という飲み物を作るプロセスですし、浇（jiāo）は花という植物を育てる行為ですね。

Dさん：なぜか烧窑（shāo yáo）から万里の長城を思い出しました。レンガの大量生産の場面を想像してしまいます。そう、万里の長城を造るは修长城（xiū cháng chéng）と言います。建築物を造る意味で、修はよく修建（xiū jiàn）、修筑（xiū zhù）と言い、人も修行（xiū xíng）をして悟りを開いて生まれ変わるので、はい、修（xiū）も一種の造り上げることで、产（chǎn）の仲間です。

Cさん：うんうん。鉄道を作るも修铁路（xiū tiě lù）または铺铁路（pū tiě lù）と言います。铺（pū）も作る意味がありますね。それから、家を建てるは、修房子（xiū fáng zi）のほかに盖房子（gài fáng zi）も言います。盖（gài）も建物を造る動詞です。

先生：レンガなどものを作る、家など建物を建てる、ほかに、作物も作りますね。

Cさん：はい、挙げます。作物づくりの第一歩は畑づくりです。耕地（gēng dì）（耕す）の耕（gēng）でしたね。第二歩は種撒きです。播种（zhǒng bō）の播（bō）です。はい、插秧（chā yāng）（田植え）の插（chā）、木や花の栽（zāi）（植栽する）です。いずれも、产（chǎn）の仲間なので、第一声です。

Bさん：先ほどの璞玉（pú yù）を思い出しました。宝玉（bǎo yù）は、璞玉（pú yù）を雕（diāo）

刻したりしてはじめて生まれるものですね。雕は彫刻
の意味ですが、一種の「作り出す」ですね。

Dさん：そうしましたら、镌刻はいかがですか。石碑のよう
　　　　な、石や金属などの堅いものに字を刻む意味ですが、全
　　　　く新しい鋳物の誕生ではない点で悩みますが、一種の
　　　　「作り出す」であることは間違いないような気がしま
　　　　す。书（書）も同じです。今ほとんど名詞で使われますが、
　　　　大昔は動詞でしたね。日本語の書くという字ですね。書
　　　　くことは、いまでも創作活動ですね。

先生：はい、皆さん、易の万物の生成変化法則の第四ステー
　　　　ジの分について、作る・造る漢字群も見ました。分も実
　　　　にいろいろなので、さらに見ましょう。

🚶　なぜ、八は第一声だろう？

先生：分と言えば、日本人も中国人も大好きな八を挙げまし
　　　　ょう。もっとも好きな理由は日本人と中国人とでは異
　　　　なりますね。日本人は「末広がり」の意匠を取っていま
　　　　すが、中国人は、易の八という記号が代表される分蘖（ぶ
　　　　んげつ）の意味を取っています。

Cさん：分蘖とは何ですか。蘖は初めて見た字です。

Bさん：なるほど、「植物の根元付近や切り株から伸びた新芽
　　　　を蘖と言うが、蘖が伸びて株が増える事を分蘖と言う」
　　　　と「ウィキペディア」が言っています。

Ｄさん：八は子孫繁栄の意味があると聞いたことがあります。

Ａさん：分と生はいろんな意味で近縁ですね。

先生：分をすれば、必ず何らかの新しい事象が生まれるからです。それでは、分の意味のある漢字を見てみましょう。

Ｂさん：早速ですが、筛选 (篩い分け) です。

Ｄさん：先ほどちらりと出た班を挙げます。班は、上下班(出退勤する)の形でよく使いますが、実は奥深いですね。

Ａさん：聞きたい。班は玉を二分にするという漢字の成り立ちなら知っていますが……。

Ｄさん：なぜ、玉を二分にするか、そこから話が深いです。中国の古代には玉文化がありましたね。瑞は信義の証として使われる玉石でした。瑞を二分にして、断面の噛み合わせ具合で真偽を判断していたと言われています。玉製の割符を作るために班(玉を二分に)にしたのですね。木製の契约书(契約書)の契と同じ発想です。

Ｃさん：瑞を二分にするのは班、お饅頭を手で割るのは掰又は掰开と、物を分ける場合は第一声ですが、是非・善悪を見分ける意味となりますと、辨と第四声になります。辨别(弁別)がその例です。そして、真偽や違いを分けるために、分析をし、「割って細かく見る」という解剖手

法を取る場合もあります。

先生：人類進化のプロセスは、同時に分のプロセスでもある
　　　ため、分にもいろんな意味を持つようになりました。具体
　　　的な場面に具体的な分の意味を表す言葉があるので、
　　　分の例はこのセッションでは一応ここまでにしましょ
　　　う。より多くの例は続編を待ちましょう。

✗ なぜ、飞は第一声だろう？

Ｃさん：先生、細胞分裂、お母さんの体から離れる、分蘖など
　　　を通して、生が分の一場面であることについてよく理
　　　解できました。うまく説明できませんが、飞散も分や生
　　　と共通項を持っているような気がします。

Ａさん：タンポポです。タンポポが典型例ですが、植物の多
　　　くは種子や花粉を風に乗せて飞散することで子孫を増
　　　やしています。

Ｂさん：確かに種子や花粉の飛散は植物の生殖と関係があり
　　　ますが、飞の第一声の説明にならないと思います。

Ｄさん：飞は、繁体字では二つの翼に分けられているのでは
　　　ありませんか。分と言えないでしょうか。

Ｃさん：うん、鳥の翼は、木の枝と見ることもできますし、人

間の四肢の肢とみることもできますね。

B さん：でも、飞_{fēi}は動詞ですよ。枝や肢_{zhī zhī}は名詞ですよ。それに、鳥の翼は翅膀_{chì bǎng}と言いますし、飞_{fēi}という動作自体は二つに分けていませんよ。

C さん：飞_{fēi}は、現在空を飛ぶイメージのほうが強いですが、よく考えてみれば、古の人たちが飞_{fēi}という言葉を必要とする場面と言えば、むしろ鳥が地面や枝などから飛び立つ時ではありませんか。捕まえようとしたとたんに飛んでしまう場面、捕った鳥がまた手から逃げてしまう場面のほうがよほど言葉を必要としていると思います。

B さん：うん、翼を広げて飛んでいく飞_{fēi}は、たしかに発散的なイメージがありますね。その目で見ますと、「広げる」「伸ばす」イメージのある動詞は第一声になっています。まず、伸_{shēn}、張_{zhāng}（広げる）、开_{kāi}（開く）です。张 开 双 臂_{zhāng kāi shuāng bì}（両腕を広げる）、伸出 双 手_{shēn chū shuāng shǒu}（両手を伸ばす）はその典型用法です。広げる、伸ばす、ほぐす意味の舒展_{shūzhǎn}、並べるように広げる摊开_{tānkāi}、押しのける意味の推开_{tuīkāi}は、いずれも外へ広げていくというコアイメージを持っていて、いずれも第一声ですね。

C さん：同じ発散的なイメージのある雲南省タイ族の泼水节_{pō shuǐ jié}（水掛祭）の泼_{pō}、火山喷火の喷_{pēn}（噴）、激流の激_{jī}（しぶきをあげる、激しい）も第一声です。

Ｂさん：薫も烟（煙）もそうですね。発散的ですね。

Ｃさん：投げる系の扔（投げ捨てる）、抛（斜め上へ投げる）、丢（下の方へ投げる）、摔（衝撃感のある方法で投げる）も第一声です。ちなみに、扔に対して、弃は、子供などの人間や夢まで「棄てる」対象になるためか、第四声ですね。

Ａさん：中へ入れるのも外へ出す・捨てる・投げるのも第一声ということですね。陰の属性はそれぞれですが、へえ、不思議！

Ｃさん：だから、伸と縮、推と拉のように、相反の意味の漢字なのに同じ第一声で発音されますね。

先生：はい、質問です。広がる・広げるについて、外の項において延や連（連）の話もありましたね。散るイメージのそれとどう違いますか。

Ｂさん：永遠と終結の違いですね。なるほど、発散とは結局いずれも消えていき、終わりというベクトルが下向く陰の属性を持っていますね。だから、第一声なのですね。

Ｃさん：だからというか、穀物の殻を取ること脱壳の脱、リンゴの皮を剥くこと削皮の削、蜜柑や落花生の皮を剥くこと剥皮または扒皮の剥と扒、機械など取り壊すこと拆除の拆、期限過ぎた掲示物などを撤去すること撕掉・揭掉の撕・揭、文章の要らない部分を削除するこ

と删除の删、失うこと失^{shī}は、いずれも第一声ですね。

A さん：同じイメージの、「髭を剃る」「髪の毛を切る」はどうなりますか。

C さん：はい、坊主頭にするのは剃头^{tì tóu}、カットだけなら剪发^{jiǎn fà}と言います。因みに、髭剃りは刮胡子^{guā hú zi}と言います。

A さん：納得！普通の髪切りは、第三声の剪^{jiǎn}ですが、丸刈りとなると、第四声の剃^{tì}になりましたね。

先生：はい、「鳥が飛ぶ」話に戻りますが、羽ばたいて空を旋回するは翱^{áo}、羽ばたかなく旋回するは翔^{xiáng}、身体を翻って飛ぶは翻^{fān}、軽く羽ばたいてほとんど水平に飛ぶは翩^{piān}です。

D さん：「空を飛ぶ」について、こんなにも細かく表現を分けていますね。こう見ますと、飞^{fēi}は、やはり「鳥が飛び立つ」場面の「飛ぶ」を表す言葉ですね。飛んで消えるので、第一声なのですね。

✖ なぜ、声^{shēng}と音^{yīn}は第一声だろう？

C さん：先生、「出る」「発散的」と言ったら、なぜか说话的^{shuōhuà de}声音^{shēngyīn}（話し声）を連想しました。声音^{shēngyīn}は、耳に入って初めて感じられるから、香^{xiāng}や光^{guāng}と同じで「内に入る」という陰の属性を持っているほか、口や物から出たら、「消

えていく」という陰の属性も同時に持っていますね。

先生：Cさん、すごく易^{えき}らしくなってきましたね。声音^{shēngyīn}を粒子の振動という物理的な目で見れば、「減衰して終わる」という陰の属性が現れてきますし、声音^{shēngyīn}を生物が感じるものだという生物の目で見れば、「内に入る」という陰の属性が現れてきます。易は、確かに難しいですが、どの切口から見ても本質が一つなので同じ結論にたどり着くというところも素晴らしい。

Bさん：そう言えば、先生、声^{shēng}と音^{yīn}は、日本語ははっきり使い分けていますが、中国語となると、声音^{shēngyīn}と二文字で曖昧にしていますね。

先生：曖昧と言えば曖昧かもしれませんね。中国語四声も、ランダムのものと言えばランダムのものになってしまいますが、しかし、皆さんなら、もう四声はランダムのものではないと自信を持って言えるようになりましたね。中国語の声^{shēng}と音^{yīn}の違いもよくよく見れば、ちゃんと使い分けられていますよ。

Bさん：へえ？！知りたい！

先生：その振り分け基準は今回の中国語四声とさほど関係がないので、ここでは四声に集中しましょう。

Cさん：たしかに、声^{shēng}であろうが音^{yīn}であろうが第一声であることは変わりませんね。はい、行きますよ。まず、がやがやしてやかましいイメージの喧囂^{xuānxiāo}と、炎天下のセミ

の鳴き声を連想させる聒噪（guō zào）を挙げます。それから、上機嫌で鼻歌をする嘴里哼着歌（zuǐ li hēng zhe gē）の哼（hēng）、痛くてウンウンうなるのも哼（hēng）ですが、呻吟（shēn yín）の呻（shēn）もそう言う意味を持っている言葉なので挙げます。

Dさん：そう言えば、口ずさみながら労働しているときの軽快な様子は欣（xīn）と言いますね。

Cさん：ワオ！声（shēng）であろうが音（yīn）であろうが第一声であることは変わらないので、擬声語はそろって第一声です。乒乒球（卓球）（pāng qiú）の乒乒（pīng pīng）（ピンポン）、雨哗啦啦地下（雨がザーザー降っている）（yǔ huā lā lā dì xià）の哗啦啦（雨や水などの擬声語）（huā lā lā）、小狗汪汪叫（ワンちゃんがワンワンと吠える）（xiǎo gǒu wāng wāng jiào）の汪汪（犬の吠え声の擬声語）（wāng wāng）、小鸟叽叽喳喳（鳥がジューイジューイ鳴く）（zhā zhā）の叽喳（鳥のさえずりの擬声語）（jī zhā）、说话铿锵有力（話方はリズム的で、声に張りがあり、力強い）（shuō huà kēng qiāng yǒu lì）の铿锵（リズム的で張りのある話方の擬声語）（kēng qiāng）……。

先生：はい、擬声語はほとんど第一声なので、より多くの例は続編に譲りましょう。

♁ なぜ、说（shuō）は第一声だろう？

先生：次、話す関連の言葉について声調関係なくよく使うものを挙げてください。

Bさん：はい、说（話す）（shuō）、讲（筋を立てて話す）（jiǎng）、谈（あることについて（tán）

話をすること)、聊(雑談する)、询(尋ねる)、问(問う)、论(道理を
のべる)、告(告げる)、诉(訴える)、述(述べる)。以上です。

Dさん：语(言う。語る)も挙げます。

先生：それでは、それぞれの声調感覚を見てみましょう。

Aさん：先にやらせてください。说です。我会说汉语(私は中国
語が話せます)の说です。口から出るという陰の属性を持
っているため第一声です。

Bさん：うん、说出去(言いふらす)、别说出去(他言無用です)。確
かに、出去と組合せる言葉は上のいろいろ話す動詞の
中では说と讲だけですね。「ルークする」「他言する」
という意味で使えるのも说と讲だけですね。

先生：说は元々どのような意味の言葉でしたか。

Dさん：『新華字典』を見ますと、说は、元々「解釈する」「説
明する」意味で、限定的でしたね。

Aさん：そうでしたか。つまり、说は、会話式ではなく、片
方から一方的に話すという「出っぱなし」イメージを持
つ漢字でしたね。

先生：はい、そのイメージでほかの漢字も見ましょう。例え
ば、称赞の称とか。

Cさん：はい、挙げます。宣布の宣、申诉の申と诉を挙げま

す。そう、そう。集合時間や場所を知らせるのによく使う<ruby>告诉<rt>gào su</rt></ruby>も挙げておきます。しかし、「訴える」意味となると、<ruby>告诉<rt>gào sù</rt></ruby>と言い、しっかりと第四声になります。

Bさん：先生、言いたいことを叫ぶ形で口に出す意味になりますが、<ruby>呼喊<rt>hū hǎn</rt></ruby>(叫ぶ)の呼と喊も<ruby>说<rt>hū hǎn shuō</rt></ruby>と同じイメージです。ほかに<ruby>吵嚷<rt>chǎo rǎng</rt></ruby>(騒ぐ)や<ruby>吼叫<rt>hǒu jiào</rt></ruby>(怒鳴る)もあります。

先生：<ruby>喧嚣<rt>xuān xiāo</rt></ruby>(喧騒)、<ruby>聒噪<rt>guō zào</rt></ruby>(喧しい)の第一声群と<ruby>呼喊<rt>hū hǎn</rt></ruby>、<ruby>吵嚷<rt>chǎo rǎng</rt></ruby>や<ruby>吼叫<rt>hǒu jiào</rt></ruby>の第三声群は感覚的にどう違いますか。

🚶 <ruby>讲<rt>jiǎng</rt></ruby>の第三声の響きを楽しもう

Dさん：時間差です。第三声群の<ruby>呼喊<rt>hū hǎn</rt></ruby>、<ruby>吵嚷<rt>chǎo rǎng</rt></ruby>や<ruby>吼叫<rt>hǒu jiào</rt></ruby>は一人でも出せるし、赤ちゃんも出せる言葉ですが、第一声群の<ruby>喧嚣<rt>xuān xiāo</rt></ruby>、<ruby>聒噪<rt>guō zào</rt></ruby>は、人の数がある程度集まらなければ、表れてこない現象です。なので、第三声の原始性と第一声の人類社会の成熟度との時間差を感じています。

先生：Dさん、ありがとう。それでは、古感たっぷりの第三声の話す漢字群を見ましょう。

Bさん：はい、<ruby>讲故事<rt>jiǎng gù shi</rt></ruby>(物語をして聞かせる)の<ruby>讲<rt>jiǎng</rt></ruby>です。これも一方的に話すイメージの強い言葉ですね。それから、<ruby>小孩子喜欢跟妈妈耳语<rt>xiǎo hái zi xǐ huan gēn mā mā ěr yǔ</rt></ruby>(子供はよくママに耳打ちをするものだ)の<ruby>语<rt>yǔ</rt></ruby>(語る。話す)です。「言語」という言葉があるように、かな

り早い時期の言葉と推測できます。

D さん：ほかに、許可（許可）、許下诺言（約束を承諾する）の許（許す）を挙げます。なんとなく許は古感がします。

先生：その勘が正しいです。許についていろんな解釈があります。私は「午の下で承諾したことは神様の前で約束したことになるから必ず守る」という意味と見ています。

A さん：先生、午は、上午（午前）、中午（正午）、下午（午後）の午と違う午ですか。

先生：いいえ、同じ午ですよ。詳しい話はまた別の機会にしますが、午は、大昔、時間を知るための棒のようなもので、まっすぐ立てて、影の長さや角度を利用して、午前、正午と午後、一日の大まかな時刻を知るための棒だと思います。

A さん：そうでしたか。午は一番原始的な時計でしたね。

先生：はい。そして正午になると太陽が棒の真上に来ます。その時、午の影も一番短くなり一日の中で太陽がもっとも地球に近い時刻になります。太陽崇拝の時代では、人々は太陽が自分たちのところに降りてきたと信じていたと思います。そこで、午の前での言葉だから神様の前での言葉になるので、許という字形ができたと思います。明の時代にできた紫禁城の午門の名前および働きがその名残だと思います。

A さん：許^{xǔ}はすごい文字ですね。

先生：そうです。はい、話す言葉の第三声漢字グループはとりあえずここまでにしましょう。次、第二声グループを見ましょう。

★ なぜ、聊^{liáo}は第二声だろう？

B さん：第二声の話す言葉としてよく使うのは談笑风生^{tán xiào fēng shēng}（話が盛り上がっている様）の談^{tán}と聊天^{liáo tiān}（おしゃべり）の聊^{liáo}、それから咨询^{zī xún}（相談する。諮問する）、询问^{xún wèn}（問合せ）の询^{xún}ですね。まず、談^{tán}も聊^{liáo}も询^{xún}も、二人以上、会話式という話す場面が浮かびます。それから、讨论^{tǎo lùn}（討論）、辩论^{biàn lùn}（弁論）、争论^{zhēng lùn}（論争）とは違って、平行線か真っ向からではなく建設的に話を重ねていく、繋げていくというイメージがしますね。

C さん：うんうん。谈恋爱^{tán liàn ài}（恋愛をする）の谈^{tán}ですね。二人で盛り上げていく、そのようなシーンが想像できますね。聊^{liáo}天^{tiān}（おしゃべり）の聊^{liáo}は、話が切れないように話すイメージですね。连^{lián}（連なる）という陽の属性も感じ取れますね。

A さん：では、询问^{xún wèn}（問合せ）の询^{xún}は、どのような陽の属性を持っていますか。

先生：人に何かを尋ねて、教えて頂くときの目線はどうなっていますか。

Ｃさん：見上げます。なるほど、询は上（<ruby>询<rt>xún</rt></ruby> <ruby>上<rt>shàng</rt></ruby>）という陽の属性を持っていますね。

先生：そうです。では、先ほどの吼叫の叫（<ruby>吼叫<rt>hǒu jiào</rt></ruby> <ruby>叫<rt>jiào</rt></ruby>）などの第四声グループを見ましょう。

✶　なぜ、<ruby>叫<rt>jiào</rt></ruby>は第四声だろう？

Ｃさん：上にＢさんが挙げてくれた第四声の言葉と吼叫の叫（<ruby>吼叫<rt>hǒu jiào</rt></ruby> <ruby>叫<rt>jiào</rt></ruby>）はいずれもただ話すのではなく、特定のシーンでの「話す」ですね。まず、叫（<ruby>叫<rt>jiào</rt></ruby>）ですが、例えば、ピンチの場面で、<ruby>大叫<rt>dà jiào</rt></ruby>"<ruby>不好啦<rt>bù hǎo la</rt></ruby>！<ruby>着火啦<rt>zháo huǒ la</rt></ruby>！"(大変だ、火事だと大声で叫ぶ)、または、<ruby>疼得直叫<rt>téng de zhí jiào</rt></ruby>(痛くて叫んでいる)と言い、大賛同の場面で、<ruby>他连声叫好<rt>tā lián shēng jiào hǎo</rt></ruby>(素晴らしいと彼は連呼した)と言いますね。

Ｂさん：そうですね、このような目で見れば、问（<ruby>问<rt>wèn</rt></ruby>）(問う)、告（<ruby>告<rt>gào</rt></ruby>）(告げる)、诉（<ruby>诉<rt>sù</rt></ruby>）(訴える)、述（<ruby>述<rt>shù</rt></ruby>）(述べる)、论（<ruby>论<rt>lùn</rt></ruby>）(道理をのべる)も、言いたいことを口にするという意味では说（<ruby>说<rt>shuō</rt></ruby>）と同じですが、いずれも単なる「話す」ではなく、強い目的意識を持って「話す」というイメージを持つ言葉です。

Ｄさん：良い例を見つけましたよ。<ruby>说明<rt>shuō míng</rt></ruby>(説明する)と<ruby>游说<rt>yóu shuì</rt></ruby>(遊説する)です。同じ说であっても、意見や主張を説いて歩きまわる<ruby>游说<rt>yóu shuì</rt></ruby>の場面となると第四声になります。

Ｃさん：こう見ると、第四声群の「話す」はけっこうきついも

のが多いですね。质问^{zhì wèn}(詰問する)、告诫^{gào jiè}(警告する。戒める)、
训斥^{xùn chì}(叱る)、诉讼^{sù sòng}(訴訟)など、ワッ！恐ろしい！

Bさん：そうですね。たとえきつくなくても、第四声は、それ
なりの重みが感じられるトーンですね。例えば、听从^{tīng cóng}
心灵的召唤^{xīn líng de zhào huàn}(心の声に従う)の召唤^{zhào huàn}(呼び寄せる)です。

Dさん：はい、主張の時も第四声ですね。例えば、议论^{yì lùn}(議論・
議論する)、辩论^{biàn lùn}(弁論・弁論する)、理论^{lǐ lùn}(理論・言い争う)です。
ところで、先生、質問です。論は、普通第四声で発音さ
れますが、論語^{ろんご}となると、论语^{lún yǔ}と言い、第二声になりま
す。なぜでしょうか。

先生：はい、それでは、その話に入る前に、话^{huà}(話、要件)も入れ
ていったん「話す」関連言葉をまとめましょう(詳しくは
続編をご覧ください)。

☆ なぜ、論語の论^{lún}は第二声だろう？

Dさん：先生、早速、论语^{lún yǔ}の论^{lún}ですが、特別扱いをしたい気持
ちはわかるけど、アクセントの強い第四声でもよさそ
うですが……。

先生：これについて、後漢の班固という歴史文学者が『漢書』
の中でこう書きましたよ。

論語者^{lún yǔ zhě}，孔子應答弟子^{kǒng zǐ yìng dá dì zǐ}、時人及弟子^{shí rén jí dì zǐ}相與言而接聞於夫子之語也^{xiāng yú yán ér jiēwén yú fū zǐ zhī yǔ yě}。
當時弟子各有所記^{dāngshí dì zǐ gè yǒusuǒ jì}。夫子既卒^{fū zǐ jì zú}，門人相與輯而論纂^{ménrénxiāng yú jí ér lùnzuǎn}，故謂之論語^{gù wèizhī lùn yǔ}。

D さん：なるほど、つまり、弟子たちがバラバラにメモした孔子の言葉や問答を一冊に集めた本が論語だと言っていますね。集めるは集と言い、阳の属性を持つので第二声なわけですね。そう言えば、確かに「論」の象形字も「札」がいっぱい集まっているイメージですね。

B さん：でも、第四声の议论、辩论、理论の论も同じ象形ですよ。2500 年も経って、论语の论だけ第二声に維持する理由は別にあると思いますよ。

A さん：シンプルに考えると、论语は日本にまでたくさんのファンがいるぐらいですから、中国本土なら、当初ずっとたくさんのファンがいたと思います。ファンたちは、それぞれが短冊状の書物で読むというより、むしろ聞いて覚える部分が大きかったのではないかと思います。第三声の言葉は大衆主導の言葉ですね。论语の论も孔子の弟子主導で论のままになっていると思います。

D さん：意外とそれが本当かもしれませんね。論語は、秦の焚書坑儒によって儒教関連の書物がほぼ全滅したわけで、论语も前漢までは書物ではなく言い伝えだけで伝えられていたと言われています。

先生：论语は不思議な本ですね。孔子が亡くなられてから作られ、秦の焚書坑儒があっても絶たれることなく、脈々と今日まで生き続いていますね。

Ｃさん：そうか！ 伝承(伝承する)です。论には、连(連なる)とい
う阳の属性を持っています。弟子たちは、何があっても
孔子という人の人となりや考えを、孔子と弟子たちと
の会話の形で後世に伝えようとしたのです。论语は、孔
子がいなくなった後で作られ、焚書坑儒があっても弟
子たちは口頭で伝えていたのですね。论の第二声には
このような、伝えよう、永遠に世のために役立てようと
いう願いが込められていますね。

先生：間違いないと思います。劉勰の『文心雕龍』によりま
すと、论语のような書籍に論の字を名付けるのは前例
がありませんでした。

Ｂさん：練りに練って思いを込めて论语と名付けたのですね。

先生：もう一つ、論語はいろんな角度から繰り返して語った
言葉があります。

一同：何ですか？

先生：仁です。

Ａさん：杏仁豆腐の仁ですね。果実の種の核で、芯ですね。

先生：はい、仁は、论语の核心となる概念で、対人関係の原
点です。

一同：陰陽の考えの原に当たります！だから、论语の论は頑
なに第二声を守って今日まで伝えられていますね。

7-6 第五ステージの初^{chū}の漢字群を見よう

先生：以上、万物の始まりは陽からという易の考えに従って、
原_{yuán}を見ました。易は、また陰が原_{yuán}を助けていると言っ
ています。それについて、私たちは人や動植物の生命の
誕生である妊娠_{rènshēn}、生産_{shēngchǎn}(生。産)のプロセスを見ました。
それでは、次、易の、原_{yuán}→交_{jiāo}→本_{běn}→分_{fēn}→初_{chū}→長_{zhǎng}→成_{chéng}→
衰_{shuāi}→帰_{guī}という生成変化法則における第五ステージの初^{chū}、
生命が誕生したばかりを表現する漢字を見ましょう。

Cさん：はい、ほ乳類で言えば、まだお乳を飲んでいる段階
の生命体ですね。人間で言うと嬰児_{yīngér}(赤ん坊。乳児)の嬰_{yīng}で
す。馬で言うと马驹_{mǎjū}(子馬)の驹_{jū}、羊で言うと羊羔_{yánggāo}(子羊)の
羔_{gāo}です。植物の稲で言うと秧苗_{yāngmiáo}(稲の苗)の秧_{yāng}です。初_{chū}の
段階における生命体の呼び名の第一声傾向が顕著です
ね。例を挙げながらも不思議に思っています。

先生：猪_{zhū}(ブタ)もお忘れなく入れておきましょう。

Cさん：へえ！猪_{zhū}は豚の赤ちゃんでしたか？

先生：はい、少なくとも『説文解字』の時代では、猪は、"豕_{zhū}
而三毛群居者_{érsānmáoqúnjūzhě}，豕子也_{shǐzǐyě}"とされ、子ブタの意味でした。
皆さん、考えてみて、もし自分たちが猪_{zhū}を最初に家畜化
するなら、大人の猪_{zhū}を捕まえてくるかそれとも赤ん坊

の猪を捕ってくるか、どちらにしますか。

Aさん：赤ん坊の猪を捕ります。

先生：因みに、家畜の猪は、紀元前 7000 年から紀元前 5000 年とされる裴李崗遺跡にすでに表れていました。

Bさん：それなら、狗・犬のように第三声の名前を持っていてもおかしくないと思いますけど。

Dさん：はい、大人のブタは豕と第三声でしたよ。

Aさん：なるほど、家に豕がいる！あの頃豕のいる家はきっと今の高級車のある家のようなイメージですよね。

Cさん：うん、豕の三毛群居の習性と繁殖能力を象徴として大家族を家と呼んでいたかもしれません。

Bさん：もしかしたら豕を家畜化できたという大成果と関連して、家という字が作られたのかもしれません。

先生：漢字の成り立ちは想像するだけで何通りもできますし、楽しいです。はい、四声に戻りましょう。猪の第一声は、子豚という初の意味のほか、イノシシはそもそも夜行性動物であることから来ています。

Aさん：猪はもう第一声で発音するしかないです。

先生：因みに、唐の時代までは大人のブタを豕（shǐ）と呼んでいま
したが、ブタの飼育が盛んな宋に入ってから、詩などに
登場するブタは猪（zhū）が使われるようになりました。

B さん：ということは、家畜化された動物は動
の属性を相対的に失われ、主に人間のお
腹に入るものになり、陰の属性が顕著に
なったとも言えますね。

D さん：そう言えば、鶏（jī）の鶏の繁体字に家畜
化の情報が残っていますね。縄で縛られている鳥が鶏
ですね。

B さん：先生、動物の初（chū）はよくわかりました。物事の初（chū）も見
たいです。中国では旧暦の月初めの 10 日間は初（chū）を付け
て言いますね。2 月 1 日は 2 月初一（chū yī）と言いますね。一（yī）の
第一声も偶然ではないですね。

先生：そうです。昔から一（yī）は初（chū）や本（běn）と理解されてきました。
ところで、月の初めの数日に初（chū）を付けて呼ぶ理由と
は？

D さん：旧暦の月だから、新月と関係がありますね。そうで
したか、新（xīn）も初（chū）の仲間です。はい、旅などのスタートは
出発（chū fā）、物事の最初は開端（kāi duān）、運動や革命など勢いよく現れ
てくるは興起（xīng qǐ）ですね。出（chū）、発（fā）、開（kāi）、端（duān）、新（xīn）、興（xīng）、起（qǐ）も
みんな初（chū）の仲間ですね。

先生：初(chū)の感覚をつかんだようで、次に行きましょう。

7-7 第六ステージの長(zhǎng)の漢字群を見よう

先生：さっきの猪(zhū)ですが、日本語となると豚(tún)と言います。中国語にも豚の言い方はあります。豕(shǐ)(ブタ)の子供だと辞書は説明しています。皆さんならどう思いますか。

Bさん：先生、ここに来るともう簡単に答えますよ。嬰(yīng)は人間の子供です。孩(hái)も童(tóng)も人間の子供です。猪(zhū)は豕(shǐ)の子供です、豚(tún)も豕(shǐ)の子供です。同じ理屈です。

Dさん：嬰(yīng)が離乳したら孩(hái)になり、家事手伝いができるようになったら童(tóng)になります。うんうん。二つ同時に存在している猪(zhū)と豚(tún)は決して呼び名の変遷ではなかったですね。猪(zhū)が豚(tún)の現在の名前と思った自分は漢字の奥義の理解がまだまだ不十分ですね。

Cさん：うんうん、嬰(yīng)、孩(hái)、童(tóng)、人(rén)は人間の成長段階に応じた呼び名ですね。猪(zhū)、豚(tún)、豕(shǐ)もブタの成長段階に応じた呼び名ですね。豕(shǐ)を食べるは吃豕(chī shǐ)になりますね。

Dさん：(笑い)Cさんったら！冗談を止しなさいよ！

Cさん：冗談ではないですよ。吃豕(chī shǐ)(ブタを食べる)は、吃屎(chī shǐ)(うん

こを食べる)に聞こえるから、結局、ブタの家という呼び名が消えるわけですね。

先生：人間の子供に関してはもう一つ、孺という漢字もあります。妇孺皆知(女と子供でさえも知っている)のように、孺は今ほとんど熟語の形でしか使われなくなりました。

Cさん：そして、孩と童より大きい若い女の子は娘と言います。娘の第二声は「若い」からなのですね。へえ！日本語は今日でもこの意味を限定的に使っていますが、聞こえがいいからか、現代中国語ではお母さんの意味まで広げていますね。

Dさん：若いと言えば、また豚の話に戻りますが、『新華辞書』が引用の『説文解字』によると、発育が盛んになる若いブタの意味です。祭祀にあがるブタは豚と言いますね。

先生：豚の豊かな脂肪分と成長期の阳のパワーが狙いと考えられます。それでは、易的に长の段階にいる・ある物事の関連漢字をもう少し見ましょう。

Bさん：はい、牛犊(牛の子)の犊です。初生牛犊不怕虎(若者などが怖いもの知らずである)の犊です。それから、鳥の子は雏でしたね。

Cさん：はい、蚕です。糸を吐き出す段階のカイコです。その後茧(まゆ)、蛹、蛾と順に呼び名が変わっていきます。蚕の第二声もやはり成長期にあるからですね。

Aさん：茧の第三声は歴史の古い養蚕業を物語っていますね。

Dさん：第三声と言えば、人間も含め動物全般に子として使われている仔と崽を挙げます。

先生：崽は家畜や子供を罵るときに使う言葉です。仔は人間専用で、年齢的には、どちらかというと、家事を手伝える児童からまだ親になっていない成年男性までカバーする儿子(息子)の意味です。

Cさん：牛仔はカウボーイの意味です。牛仔が穿いているズボンは牛仔裤(ジーンズ)と言います。

Dさん：はい、玉関連の動詞を挙げます。玉を芸術品に仕上げる過程の動作は琢と磨です。そして、決めるまでの考えるプロセスは琢磨とも言います。例を挙げます。你是怎么琢磨出来的(どうやって考え出したのですか)。はい、動作だから動という陽の属性からも説明できますが、考えの形成中というとらえ方もできるかと思います。

Cさん：植物で行きます。樹の苗は苗と言います。枝になる前は芽と言います。草木が勢いよく成長する様子は茁と言います。人間も含め、動植物が元気に成長することを茁壮成长と言います。

Dさん：先生、人才、才能の才も木になる前段階の木で、成長中の木ですよね。

A さん：へえ！？日本語は人材、中国語は人才^{rén cái}ですか。材と才はどう違いますか。

先生：才^{cái}について、D さんの言う通りです。材^{cái}については後程。以上は、人のライフサイクルの関連名詞で易における長^{zhǎng}の第二声を見てきました。ライフサイクルと関係なく、動詞一般の長^{zhǎng}のイメージを続編にまとめたいので、このセッションはいったんここまでにしましょう。

7-8 第七ステージの成^{chéng}の漢字群を見よう

✖ なぜ、成^{chéng}は第二声だろう？

先生：それでは、易の生成変化法則における第七ステージの成^{chéng}について具体的に見ましょう。

D さん：先生、成^{chéng}という漢字の成り立ちを調べました。

先生：何か感じましたね。

D さん：はい。文^{wén}から字^{zì}へと徐々に変化しているのがすごく感じました。最初の頃（❶）は、単純に斧头^{fǔ tou}（斧）と木楔^{mù xiē}（楔）か钉子^{dīng zi}（釘）の道具がパーツでしたが、徐々に（❷）厂^{chǎng}つまり房屋^{fáng wū}（家屋）と

いう成果の形が現れ、さらに❸房屋_{fáng wū}を作る働き盛りの丁_{dīng}という人間の要素も取り入られ、今日の成_{chéng}❹になりました。(❶、❷と❹は『国学大師ネット』より、❸は『新華字典ネット』より)

B さん：なるほど！成_{chéng}は、モノづくりの思いがギュウと詰まった漢字ですね。楼_{lóu}、房_{fáng}、桥_{qiáo}(橋)、渠_{qú}(人工水路)など建築物の第二声のわけは、よく考えてみれば「外」という陽の属性だけによるものではないですね。人間の知力の成果だから、成_{chéng}の要素もかなり入っているからですね。

先生：そのとおりです。はい、人間の知力の成果として、建築物だけではないですよね。人々の生活に役に立つ人工物であれば、どれも人類の知恵の結集物ですからね。

A さん：前にも出ましたが、绳_{shéng}(縄)、陶_{táo}や瓷_{cí}(陶磁器)、盐_{yán}(塩)、糖_{táng}、钱_{qián}、陵_{líng}、坟_{fén}、衣裳_{yī shang}の裳_{sháng}、裙子_{qún zi}(スカート)の裙_{qún}、旗袍_{qí páo}(チャイナドレス)の袍_{páo}(ほう)なども人の知恵の結集ですね。

D さん：繰り返しになりますが、裙_{qún}や袍_{páo}は着飾るという楽しい一面も現れてきたと、第一声と第二声が教えてくれましたね。

C さん：全く同感です。はい、生活をもっと楽しくしようと、象棋_{xiàng qí}(将棋)や围棋_{wéi qí}(囲碁)の棋_{qí}、弦楽器だけでなく楽器全般を表す琴_{qín}、ラッパを除いた管楽器を表す笛_{dí}といった知恵の凝结物_{níng jié wù}(凝縮されるもの)も現れてきました。

Dさん：はい、凝結の結、結縄の結です。文字が生まれる前
の人類は普遍的に結縄（縄の結び）して事件を記録する方
法を取っていたと言われています。結縄で
記録を取る方法は今で言えばAI級のもの
だと思います。

Cさん：やっとわかりました。中国結（中国結び）の
人気なわけがやっとわかりました。遺伝子
的に結（結び）に対する特別な思いがあるか
らですね。

Bさん：織物も第二声のオンパレードです。絹類は、
帛と言います。美しい絹製品を綾、羅、綢、緞と言い
ます。

先生：モノづくり系の漢字をだいぶ見ました。大自然の生成
物も見ましょう。

Dさん：はい、植物ですね。禾です。穂が頭を垂れ、刈りを待
つ稲や粟の象形字です。刈りを待つ成熟した麦の象形
字は牟です。それから、年です。稲や麦を含め、刈りを
待つ成熟した五穀の象形字という説もあります。それ
から木です。成長中の木は才で、材料になる木は材です。

Aさん：ワオ！わかりました。人才は、成長中の木なので、そ
の将来性に重点が置かれ、人材は何ができるか、より具
体的な能力に焦点を当てていますね。

B さん：なるほど！人材なら有能力（能力がある）、人材は有用
（役に立つ）つまり何に使えるかという違いがありますね。

C さん：だからではないけれども、日本語は適材適所と言い、
中国語は人尽其才物尽其用（人はその能力を十分に発揮し、物は
その役目を十分に発揮する）と言いますね。

B さん：だからではないけれども、学校教育のあるべき姿を
考えると、高校までの学校教育は子供の成才（能力形成）
を、専門学校は成材（人材形成）を、大学は……。

先生：はい、それなら、才をもう少しみましょう。

★ なぜ、钱と财は第二声だろう？

先生：皆さん、いろいろ陰陽の属性、さらに易における生命
の生成変化法則である原→交→本→分→初→长→成
→衰→归を見てきました。そろそろ、钱（お金）と财产（财
产）の财はなぜ第二声かの質問に答えを考えましょうか。

B さん：はい、まず、钱ですが、人類が最初に作ったバーチ
ャル世界かもしれませんね。人類の知力を濃縮した代
表物なので、陶、瓷、糖と盐（塩）などと同じで易の成の
考えに従って第二声です。それから、财（财）ですが、易
的に財産に対する人々の思いを考える場合、財産をす
でに持っている場合と、まだ持っていない場合に分け

ることができます。持っていない場合、病気などに備えるために、少しずつ蓄えて、少しずつ増やしていくことは、易的に見ればまさに長(成長)です。

D さん：財の右側の才は、易の生成変化法則である長の意味合いを持っているということですね。財の字を作った大昔の人は、財を単純にそこにあって停止状態の実物である宝や物と見ているのではなく、その成長を期待して才を付けたとBさんは言いたいですね。

A さん：深い！

B さん：そして、ある程度、財産ができたら、今度はさらに増やすために、資金運用をしますね。

A さん：お金を動かすのですね。動という陽の属性を持ちますね。

B さん：こうして、うまくいけば、財産が集まってきます。

C さん：集聚ですね。人材も人才も当然集まってきます。

B さん：とうとう大資産家になります。成です。そして、将来に備えるためか、ビジネスチャンスを狙うためか、または単に盗まれないために、財産を隠します。

C さん：藏ですね。一見するとじっとして動いていないため、静にも見えますが、次の機会など目的を持つ静です。能動的な静なのでやはり陽の属性を持ちますね。

D さん：蛇などの動物が春の再来を待つための冬眠には、藏

の代わりに蟄(蟄)を使いますね。入蟄(冬眠に入る)、冬蟄(冬眠する)、蟄伏(潜伏する)がその例です。

Bさん：ということで、財产の財は、才、动(動)、藏に通じるそれぞれの陽の属性を持っているため、もう第二声で発音するしかありません。

7-9 その他

✿ なぜ、花は第一声だろう？

Aさん：ふと思いましたが、先生、花の第一声も、ここまで来ますと、もう第一声しかないと思います。

先生：そうですか。話してみてください。

Aさん：はい、花のライフサイクルに従って話します。中国語は先輩たちよろしくお願いします。はい、つぼみの状態から言いますね。

Cさん：つぼみは花蕾、花苞と言います。確かに、つぼみの状態は包のイメージそのものですし、人間の胎児の胎と同じステージですね。陰の第一声です。

Aさん：そして、花が咲きます。

Cさん：はい、开花と言います。咲くは开(開)です。花瓣张开了(花弁が開いた)とも言います。

Ａさん：そして、受粉します。自家受粉か他家受粉かは別と
して、受粉します。

Ｂさん：受粉は授粉と言いますが、精子と卵子の交わりなの
で、交_{jiāo}です。

Ａさん：花弁は少しずつ散っていきます。

Ｃさん：谢_{xiè}または凋谢_{diāo xiè}と言います。

Ａさん：散った花弁がひらひら風に漂います。

Ｂさん：花瓣随风 飘散_{huā bàn suí fēng piāo sàn}と言います。凋_{diāo}、谢_{xiè}と飘散_{piāo sàn}の飘_{piāo}はいず
れもベクトルは下に向いています。

先生：飘散_{piāo sàn}の散_{sàn}は、典型的な四声別义_{sì shēngbié yì}(音変)の漢字です。今_{jīn}
天有点儿懒散_{tiānyǒudiǎn er lǎn sǎn}(今日はちょっとだらけている)の第三声の散_{sǎn}は
元の声調です。詳しくは続編を見ましょう。はい、続け
てください。

Ａさん：その後、種や実がなります。

Ｂさん：长出种子_{zhǎng chū zhǒng zi}または结出果子_{jiē chū guǒ zi}と言います。

Ｃさん：花の一生の言葉は第一声のオンパレードですね。

Ｄさん：よく考えてみれば、植物にとっての花_{huā}は、易の生成
変化法則の第二、三、四ステージの交_{jiāo}→本_{běn}→分_{fēn}に当たる
ので、第一声になるのも当然と言えば当然ですね。

Ａさん：ということで、花_{huā}はもう第一声で発音するしかない
のです。

先生：はい、花落帰泥_{huā luò guī ní}(花弁が地面に落ち、土に戻る)。実る花も実らない花も、ついには散って花の一生を全うしますね。

B さん：なるほど、花は散っていくものですね。下という陰の属性も宿命的に持っていますね。

先生：花如人生_{huā rú rén shēng}，人生如花_{rén shēng rú huā}(花は人生の如し、人生は花の如し)。最盛期の成_{chéng}を超えた人間も、また花弁がひらひら落ちていくように、大地に帰る旅が始まりますね。

　死後の世界が暗いとか、いろいろ言い方はありますが、易的には、もしかしたら、すごくシンプルに見ているかもしれませんね。

一同：そうか、日がまた昇るんだ！

	阴 yīn	→	阳 yáng	→	阴 yīn	→
太陽	东 dōng		南 nán		西 xī	
人	生 shēng		成 chéng		终 zhōng	

8　中国語四声法則を横断してみよう

先生：以上、陰陽の考えについて、語学的に5つの属性を見てきました。みなさん、感覚的にだいぶこなせるようになりましたね。この感覚をより確実なものにするために、西周発祥地、水、女性、動植物、建造物の五つのジャンルから、横断的に四声法則を再確認しましょう。

8‑1　西周発祥地の地名物語

先生：さっき、陰陽の考えにおける上 ^{shàng}と下 ^{xià}のセッション（P281をご覧ください）において、山の関連で岩、峰 ^{yán fēng}や巒 ^{luán}（連峰）を見ました。連峰の巒 ^{luán}と反対のイメージを持つ山と言ったら……。

Dさん：はい、崛 ^{jué}です。崛 ^{jué}は、独立の独 ^{dú lì dú}も連想させる、平地に立ち、裾野がなくて「いきなり起き上がる高い山」の意味です。

先生：歴史上、崛山 ^{jué shān}という山があります。周王朝の創始者は武王ですが、『岐山県民国志』は、周の崛起 ^{jué qǐ}が崛山 ^{jué shān}という山から始まったとしています。

Cさん：周の崛起 ^{jué qǐ}と崛山 ^{jué shān}との重なりが面白いですね。

先生：面白いのはこの後ですよ。武王の曽祖父はのち周太王と呼ばれますが、周の発祥地に行く前に崛山 ^{jué shān}というところでいったんその先の進出地を占い、半年ほど崛山 ^{jué shān}で待機したほうがいいという占い結果が出たため、そ

れに従い、静かに体制を整えながら半年待って周原（zhōu yuán）という周の発祥地に出ました。

周原（zhōu yuán）の地で武王の父親で、周太王の三男の息子である文王が生まれました。文王が周太王の期待の星になり、そのため、周太王はその地位を異例に三男、つまり武王の祖父に継がせました。ここまでの話はよく知られています。

因みに、この頃の周は後に西周と呼ばれ、都の名前は凤雏（fèng chú）(鳳凰の雛)と、近くの山は岐山（qí shān）と呼ばれています。

Cさん：岐阜の岐も岐山（qí shān）の岐（qí）から来ていると言われています。

Dさん：そこです。先生、岐山（qí shān）の岐（qí）ですが、右は支（zhī）になっていますし、辞書にも峰二つに分かれているから岐山（qí shān）と呼ぶと解説しています。陰陽の考えからすれば、岐（qí）は第一声で発音されるはずですが、第一声でなく第二声になる理由とはなんでしょうか。

先生：Dさんはなぜ疑問に思ったのですか。

Dさん：周の崛起は崛（jué qǐ）山（jué shān）から始まったと、二つの崛（jué）の重なりが奇妙だとCさんも感じましたね。崛起（jué qǐ）とは多数の中から頭角を現す意味です。これは当初すでに周の実力の写実かそれとも武王の曽祖父の願いかわかりませんが、崛山（jué shān）の名前は偶然ではないような気がします。それから、周の都の凤雏（fèng chú）という名前ですが、鳳凰の雛の意味ですね。これが紛れなく周太王が武王の父親である

文王への期待から付けた名前だと私は思います。さらに、周原という地名を考えれば、岐にも同じぐらい深い意味があるのではないかと思いました。

先生：ピンポン。『新華字典』が引用の『康熙字典』では、『詩経』大雅・生民の克岐克嶷の岐を峻也（峻なり。抜きん出ている人）と、岐嶷について、『朱傳』の峻茂之貌（抜きん出ていて才徳のある様）の解説を引用しています。また、『精選版 日本国語大辞典』も「克岐克嶷」を「子どもが聡明で待望できること。幼少で知恵の優れていること」と解説しています。

D さん：やはり！両方の辞書を総合しますと、岐は易のライフサイクルの才と重ねますね。岐とは優れて期待できる少年の意味でしたね。だから岐は陰陽的に第二声になりますね。岐山の名前はいつ付けられたのかわりませんが、周太王があれだけ三男の子供に周の未来を託したことからすれば、子供の頃の文王は才子であって将来国を支える材になる少年でしたね。間違いないですよね。岐山というのは少年の文王のことでしたね。

先生：ちなみに、才という将来の可能性を示す第二声の陽に、支というささえの堅実さを持つ陰を兼ね合わせる岐は実に陰陽バランスの良い文字ですよ。

D さん：ということで、周太王は、崛山、凤雏、岐山、周原

をキーワードに周の物語を大地に描いたのですね。こうなります。

　　頭角を現した周の先祖である周太王は、崛山(jué shān)でタイミングを待ったのち、歴史に残る大地にやってきて中国有史以来初の仁政を施す王として理想郷の営みを始めた。

　　理想郷がどんどん現実になったところ、孫、のちの文王が生まれた。たいそう聡明で健気な孫を見て、周太王は周の理想郷のモデルのさらなる成功を予感したのだろうか、都を凤雏(fèngchú)(鳳凰の雛)と名づけ、所在地を周原(zhōu yuán)と名を改めた。

　　孫の文王は、周太王の期待通りに岐山(qí shān)の岐(qí)のような知恵の豊かな頼もしい少年へと成長し、とうとう周太王の地位と志を受け継ぎ、有史以来二番目の仁王になった。

　　文王は、周の字の如く、周囲の人の知恵をどんどん吸収し、周りの国の協力を得て、良い国づくりに励んでいた。その後、強い周を恐れる商に監禁され自由の身でなくなったのだが、今度は夏や商の時代から伝わってきた易の考え方を黙々と『周易』に進展させ、それと同時に周の未来図を完成させた。

　　そして、文王の子、有史以来三人目の仁王に育てられた武王が文王から周の未来図を受け継いでそれを実現させた。

　　殷までの中国文化を受け継いだ文王の『周易』は、その後、儒教、道教、中医学など中国文化の原(yuán)となった。

B さん：すごい！周はこうやって自分の歴史を大地に刻み込んだのですね。周の字はよく周密(zhōu mì)、周到(zhōu dào)の形で使われますが、周原の大地の名前を改めて見て、三代にわたった夢実現を考えれば、その周密(zhōu mì)さに驚きました。

先生：すこし補足しますね。周太王は、なぜ崛山（jué shān）に来たのか、それについて、「ウィキペディア」の古公亶父の項にこう書いてあります。

> 史記によれば……古公は「民が君を立てるのは民の利益のためで……民が戦うのは私のためで人の父子を殺して恨まれれば君主であることはできない」と、自分の一族を率いて岐山の麓に逃れた。

Dさん：そうか、「民の利益のため」「民を犠牲にしない」ことが太王の国を治める原（yuán）（原点）でしたね。

一同：周原（zhōu yuán）の名には西周の思いが込められていたのだ！

先生：考えてみれば、周が作り上げた中国最古の哲学である『周易』は、『易経』という形で今でも中国で生きています。たとえ『易経』と無関係な人でも、中国語四声の第一声と第二声を通じてその影響を受けています。

一同：ぞっとします。周のすごさに言葉を失います。

8-2 水を横断的に見よう

先生：はい、『周易』を感謝しながら、今まで身に付いた四声法則の感覚を生かして、水を陰陽的に二元的に見ましょう。

Cさん：はい、水には、河（hé）のようなよく動いている动（dòng）（動）の水、つまり活水（huóshuǐ）もあれば、湾（wān）のような動きはあまり感じら

れない水もあります。

Bさん：同じ動きのない水であっても、防御などのために、意図的に溜められる池水_{chíshuǐ}もあれば、雨の後の路面に自然にできた一灘水_{yìtānshuǐ}（水溜まり）のような水もあります。

Aさん：なるほど、活水_{huóshuǐ}と湾_{wān}は动_{dòng}と静_{jìng}、池水_{chíshuǐ}と一灘水_{yìtānshuǐ}は有意_{yǒuyì}识_{shi}（意識的に）と无意识_{wúyìshí}（無意識的に）、それぞれ陰陽の属性の対になりますね。それから、雨_{yǔ}と水_{shuǐ}は庶民リードの言葉の代表ですね。

先生：はい、この感じでまず陰の水を見ましょう。

✿ なぜ、湿_{shī}は第一声なのか

Bさん：先生、湿ったところはたいてい日照の弱いところなので、どちらかというと陰ですね。湿_{shī}（湿る、濡れる）を挙げます。そして、湿の原因として、津水_{jīnshuǐ}（水浸し）、沾水_{zhānshuǐ}（水濡れ）、趟／蹚水_{tāng・tāngshuǐ}（歩いて川を渡る）、滴水_{dīshuǐ}（水が滴る）、淹水_{yānshuǐ}（水没）が考えられます。それから、凹陷_{āoxiàn}（窪む）、洼地_{wādì}（くぼみ）や水坑_{shuǐkēng}（水穴）の場所は水はけという动も悪くなるので、凹_{āo}、洼_{wā}と坑_{kēng}はいずれも第一声です。

Dさん：はい、捞_{lāo}（掬い上げる・掬い取る）を挙げます。水中からがコアイメージでしたね。打捞沉船_{dǎlāochénchuán}（沈没の船を引き上げる）は

その用例です。それから、お盆や桶で水を力いっぱい撒くは泼水（pō shuǐ）です。やる気に水を差すは泼冷水（pō lěngshuǐ）と言います。

はい、ほこりを鎮めるため手で優しく水を撒くは撩水（liāo shuǐ）と言います。ベクトルは下へ向いています。因みに、同じ"撩"でも、第二声の撩（liáo）となると、「巻き上げる。その気にさせる」意味になり、ベクトルも上向きになります。

C さん：はい、她的动作很撩人（tā de dòng zuò hěn liáo rén）（彼女のしぐさは人をウキウキさせる）がその用例です。

B さん：はい、水浸しではないが、液体に浸るは腌（yān）と言います。先生は京都の腌咸菜（yān xián cài）(漬物)が好きですね。

先生：はい、大好きです。お菓子のように食べます。特に腌牛蒡（yān niú bàng）（ごぼうの漬物）です。ちなみに、腌（yān）は漬物専用の「浸す」意味の漢字ですが、もっと広く使える第四声の「浸す」イメージの漢字は？

C さん：泡（pào）です。泡方便面（pào fāng biàn miàn）（インスタントラーメンを作る）がその用例です。ちなみに、女の子にいろいろうまい言葉を浴びせる・浸せるは泡妞（pào niū）（ナンパする）と言います。

B さん：はい、浇水（jiāo shuǐ）（植物に水をやる）の浇（jiāo）を挙げます。もちろん、浇（jiāo）の第一声は、植物を育てるという生（shēng）のコアイメージからも説明できます。

C さん：はい、水汪汪的大眼睛（shuǐ wāng wāng de dà yǎn jīng）（ウルウルしている大きな目）の水汪汪（shuǐ wāng wāng）（うるうるする）を挙げます。

B さん：適度の水分を持っているは潤（潤ぅ）と言います。利潤
　　　（利益）の意味まで持つようになったためか第四声です。

A さん：そう言えば水に浸っているなら、お茶を淹れるのもそ
　　　ういうイメージですね。それから、茶殻は？

C さん：はい、お茶を淹れるは沏茶でしたね。沏も浇 水の浇
　　　に通じて、生 成 の 生 の一場面ですね。それから、茶
　　　殻ですが、茶底や叶底と言います。茶渣とも言います。
　　　茶底は上品に響きますが、液体の下に沈むもの全般を
　　　言う場合、渣は応用が利きます。復習になりますが、川
　　　や海などの水中の岩・隆起部は礁石と言い、川や海の底
　　　に沈んでいる砂で、砂時計用の細かい砂は沙子と言い、
　　　コンクリートに使う砂利は砂子と言いますね。

A さん：礁と岩は陰陽の対になりますね。それに、渣、沙と砂
　　　も湿っているし、下へと沈む属性を持っているため第
　　　一声ですね。じゃ、サンゴ礁のサンゴは？

C さん：珊瑚と言います。

B さん：珊は本来のサンゴの意味で、海底にしか見られない生
　　　物です。瑚は、最初、玉製の祭器の名前でした。

A さん：さらに聞きますよ。野菜をボイルするは？水も熱も使
　　　いますよ。

B さん：<ruby>焯<rt>chāo</rt></ruby>です。<ruby>熬白菜<rt>āo bái cài</rt></ruby>(白菜と肉の水炊き)の<ruby>熬<rt>āo</rt></ruby>(水で煮込む)と同じで、水をたっぷり使う調理法です。

C さん：油をたっぷり使う油揚げやフライの調理法は<ruby>炸<rt>zhá</rt></ruby>と言います。例えば、<ruby>炸鸡块<rt>zhá jī kuài</rt></ruby>(鳥のから揚げ)、<ruby>炸大虾<rt>zhá dà xiā</rt></ruby>(エビフライ)です。そうか、<ruby>焯<rt>chāo</rt></ruby>・<ruby>熬<rt>āo</rt></ruby>と<ruby>炸<rt>zhá</rt></ruby>は陰陽の対ですね。

A さん：調理法の名前まで陰陽的に分けられていますね。

先生：そうです。宮廷料理があるように、調理法は陰陽の考えをより忍ばせやすい分野と思います。

✿ なぜ、<ruby>粥<rt>zhōu</rt></ruby>は第一声なのか

C さん：なるほど、だから、熱利用であっても、水がたっぷりの<ruby>粥<rt>zhōu</rt></ruby>は第一声ですね。<ruby>稀粥<rt>xī zhōu</rt></ruby>とも言いますね。僕の中国出張では朝はホテルのお粥が楽しみの一つです。

先生：C さん、ホテルの食事もいいけれど、偶に街に出て、朝の<ruby>豆浆<rt>dòu jiāng</rt></ruby>(豆乳)と<ruby>油条<rt>yóutiáo</rt></ruby>(中国の揚げパン)を食べてください。結構おいしいよ。

C さん：なるほど、<ruby>豆浆<rt>dòu jiāng</rt></ruby>は<ruby>豆奶<rt>dòu nǎi</rt></ruby>とも言いますね。<ruby>浆<rt>jiāng</rt></ruby>は液体なので第一声ですね。<ruby>油条<rt>yóu tiáo</rt></ruby>の<ruby>油<rt>yóu</rt></ruby>は、全く水分がないし、<ruby>陶瓷<rt>táo cí</rt></ruby>や<ruby>盐<rt>yán</rt></ruby>(塩)と同じで、人間の知恵の生成物ですね。

A さん：じゃ、スープは？お汁は？

Cさん：もちろん第一声ですよ。スープは汤（tāng）と言い、庶民的な
スープと言えば酸辣汤（suān là tāng）です。それから、汁は汁（zhī）と言い、
橘汁（jú zhī）（オレンジジュース）、果汁（guǒ zhī）（果実ジュース）がその例です。

Aさん：ポタージュは？

Cさん：第一声ですよ。羹（gēng）と言います。因みに、茶わん蒸しは
鸡蛋膏（jī dàn gāo）と言います。スープに近いとろりとした茶碗蒸
しは蛋羹（dàn gēng）という人もいます。水の加減によって呼び名
を変えていますね。糕（gāo）（ガオ）も中国の饼（bǐng）（ビン）の中で、水
気が多くてふわふわ感のあるものを指します。ケーキ
は蛋糕（dàn gāo）と言います。はい、ほかに聞きたいのは？

Aさん：もうないわ！日常考えられるスープ類はきれいに第
一声にそろっていますね。

✖ **なぜ、枯（kū）は第一声だろうか？**

Bさん：先生、物の「水分を取る、取られる」系の言葉は、「中
身」という内（nèi）と水（shuǐ）に注目しているので、陰の属性をダブ
ル持ちになりますね。第一声で発音されますよね。

先生：では、検証しましょう。

Bさん：まず、前に出た衣服干了（yī fu gān le）（服が乾いた）の干（gān）（乾く）、砖头（zhuān tóu）（レ
ンガ）の砖（zhuān）、花枯了（huā kū le）（花が枯れた）の枯（kū）、花蔫了（huā niān le）（花が萎えた）の

蔫_{niān}(萎える)を挙げます。

C さん：はい、烘烤^{hōng kǎo}(乾かすように焼く)、烘焙^{hōng bèi}(あぶる)の烘^{hōng}(熱で乾かす)です。 中国の町では烘焙学校^{hōng bèi xué xiào}(製パン・製菓学校)の看板が結構見かけます。

D さん：煎 饺子^{jiān jiǎo zi}(焼き餃子)の煎^{jiān}を挙げます。現在、焼き餃子のような薄く油を敷いて焼く料理法となっていて、文字どおり「焼く」意味になりますが、日本語の煎茶があるように、煎^{jiān}は、もともと「加熱して汁を飛ばす」を表現するための漢字でした。

A さん：卵焼きの焼きもこの煎^{jiān}になりますか。

C さん：そうですよ。煎鸡蛋^{jiān jī dàn}と言います。

D さん：昔も挙げます。昔、冬越しに保存食として干し肉が作られていました。昔^{xī}はそれを表す原字でした。

A さん：これもまた大勉強になりました。昔^{xī}には干し肉の意味もありましたか。水分が抜ける系の漢字となると第二声がきれいに消えましたね。

✦ 江、河と川の違いとは？^{jiāng　hé　chuān}

先生：流れのない水を陰陽的に見てきました。それでは、流れのある水についても陰陽二元的に見てみましょう。

B さん：はい、流水^{liú shuǐ}というか活水^{huó shuǐ}(源泉のある水、流れている水)とい

う水と言えば、前に話が出た河流（hé liú）を挙げます。これに対して、動きがあまり感じられない川は江（jiāng）という話もありましたね。そこで、河川の川は河（chuān hé）なのにどうして第一声なのか、ぼくなりに考えてみました。川（chuān）という字は、遠い昔の中国人が俯瞰的に大地を見るときに作ったと思うようになりました。俯瞰的に見れば、川（chuān）はまるで大地の筋（jīn）(皮膚の表面に浮き上がってみえる血管)です。あまり動きが感じられない存在です。因みに、川（chuān）は峡谷から潜り出したり、森を通り抜けたりしますが、峡谷から潜り出すは钻出峡（zuān chū xiá）

谷（gǔ）と言い、钻（zuān）は潜る意味です。山林を通り抜けるは穿（chuān）过山林（guò shān lín）と言い、穿（chuān）は抜ける意味です。

Ｃさん：なるほど、江（jiāng）と河（hé）は近距離で感じた静と動、川（chuān）は河（hé）を遠くから眺める時感じた静、それぞれきちんとコアイメージを持っていて、それぞれ明確な役割を持っていますね。中国語原人の遠近法的な物の見方に脱帽します！

先生：はい、皆さん、江（jiāng）にはもう一つ……。

Ｃさん：忘れるところでした。江（jiāng）には、舜の時代では治水、秦の始皇帝から暫く国家管理下の水路という陰の属性もあります。

波
✿ 波、浪、瀾、涛は何が違うのか

先生：活水（流れている水）を続けてください。

Cさん：はい、潮流を挙げます。そして、河流は時々水量が膨れ上がり、濁流になります。洪水と言います。洪水の波は瀾（瀾）と言います。推波助瀾（あおり立てる）の言葉にあるように、波の大きさがどんどんエスカレートしていくのが瀾なのです。しかし、先生、中国の波は実にいろいろ言い方がありますね。波浪の波と浪、浪涛の涛はどちらも「なみ」ですね。

先生：四声法則で整理してみましょう。

Cさん：はい、波は、風のほとんどない時の穏やかに凹凸している水面で、凪です。浪は、飛沫を生じるほどの大波です。浪花（波の飛沫）がその用例です。

Bさん：涛ですが、『新華字典』の解説をまとめると、音を立てる高い波は涛になります。大しけや猛烈にしけるときの大波がそのイメージです。音が注目される波ですね。松に吹く風の音を松涛と言いますね。

先生：その通りです。涛は音がキーワードです。

Cさん：オ！涛は声音の仲間ですね。

Dさん：涛のパーツを見ますと、命と関係のある字と解釈でき

ますね。大しけは人の命をさらうもののイメージのほうが強かったでしょうか。

先生：優しく生き物を育むのも水ですが、凶暴になって命を奪うのも水ですね。海嘯_(hǎi xiào)(津波)が起きた時、海岸に近い沖合では波涛汹涌_(bō tāo xiōng yǒng)(猛威にうねる)、海岸に近づくと滔天巨浪_(tāo tiān jù làng)(天に届くほどの巨大な波)になり、上陸したら一種の洪流_(hóng liú)になり、すべてを冲走_(chōng zǒu)(流してしまう)のですね。

Aさん：ワ！凶_(xiōng)のイメージが目に焼きつきます。川や海面で暴れる程度ならまだ澜_(lán)ですが、音を立てるまでとなると、たぶんもう川が氾濫したり、海水が上陸したりして近くにやってきたのでしょう。だから、涛は第二声でなくなりますね。

Cさん：波一つで、波_(bō)、浪_(làng)、澜_(lán)、涛_(tāo)と四つも使い分けていますね。細かい！繊細！

Dさん：はい、水の流れは人工物の渠_(qú)にも見られます。2018年に世界最古の灵渠_(líng qú)が世界遺産になりました。紀元前214年秦の始皇帝の時代に作られたと言われています。2200年前のものをリアルに見ることができますよ。ちなみに、渠_(qú)と似て非なる沟_(gōu)(溝)は、元々畑の中の溝でしたが、今は主に排水溝の意味になり、陰そのものですね。

先生：溪流_(xī liú)の溪_(xī)も第一声ですよ。

Cさん：うん、『新華字典』によると、山の中にあって外と繋

がっていない小川と言っています。なるほど、内という陰の属性を持っていますね。

A さん:同じ第一声であっても、沟(gōu)は水が溜まっているだけで流れが感じられないため第一声、溪(xī)は山の中にあって外と繋がっていないため第一声、それぞれ違いますね。

先生:良くまとめてくれました。水全体を指す水(shuǐ)は第三声ですが、よく動く河(hé)と穏やかな湾(wān)、水を送る渠(qú)と水がたまる用沟(gōu)、高さを増していく澜(lán)と穏やかな波(bō)など、具体的な水を見てきましたね。水はまだまだいろいろありますので、続けてみましょう。

潭(tán)と渊(yuān)の違いとは?

D さん:河川の話があったら、湖、沼や池の話もしたい、先生!

先生:そうしましょう。

D さん:はい、それぞれ湖(hú)、沼泽(zhǎo zé)(沼)、池(chí)と塘(táng)と言います。

C さん:湖(hú)と沼(zhǎo)は区別がつきますが、池(chí)と塘(táng)の違いは分かっているようで分かっていないです。

D さん:塘(táng)はもっぱら水を溜めるためのものでした。池(chí)は観賞用にも使われています。ですので、その周りの囲いとして、塘(táng)の場合、水止めに必要な堤(dī)がありますが、池(chí)にはそのような構造物は必ずしもありません。

先生：因みに、火を一定の場所に止めるものも塘（táng）と呼んでいます。囲炉裏は火塘（huǒ táng）と言います。ところで、湖（hú）や池（chí）は、河でもないし動いている感じもしないのに、なぜ、第二声ですか。

Cさん：先ほどの渠（qú）もそうですが、池（chí）や塘（táng）は人工物で水利灌漑などに利用するためのものなので、目的意識から動という陽の属性、人間の知力の成果という易の成の属性を持っているからです。

先生：素晴らしい！では、湖（hú）や沢（zé）は？

Cさん：調べましたよ。水利の外に、湖（hú）は、河と繋がっているので、連（連なる）の外という陽の属性を持っています。沢（zé）は、草などの植物がたくさん生えている動という陽の属性を持っているからです。

Bさん：ところで、先生、潭（tán）と渕（yuān）の違いとは何でしょうか。

先生：そもそも潭（tán）と渕（yuān）はそれぞれどんなものでしょうか。川の途中にある滝つぼを思い出してください。そこに滝水が入ってきて、溢れた水は

下流に流れていく、これが潭（tán）のイメージですね。

Aさん：流れているので、潭（tán）は第二声ですね。

Dさん：なるほど、渕（yuān）は、水は地下で出入りしますが、河の形

で出入りはしないものですね(『管子』度地)。

Aさん:水が静止している状態になるから淵(yuān)は第一声ですね。

先生:日本にも淵(yuān)はありますよ。非常に有名な場所ですが。

Bさん:え？どこですか。

先生:摩周湖です。注ぎ込む川も流れ出る川もないし、深いし、『管子』度地によれば、ずばりと淵(yuān)になりますよ。

✿ 水を利用する動作の陰陽感覚を掴もう！

Bさん:先生、淋雨(lín yǔ)(雨に降られる)、淋浴(lín yù)(シャワーを浴びる)の淋、洗涤(xǐ dí)(洗って汚れを落とす)の涤、清洁(qīng jié)(掃除などして清潔にする)の洁は全部第二声ですね。意識的な動作ですからね。

Aさん:じゃ、「米を研ぐ」の研ぐは？

Cさん:淘米(táo mǐ)と言います。目的的に動く涤(dí)・淋(lín)・洁(jié)の仲間です。

先生:もっとも、淘米(táo mǐ)は砂などを取るための動作ですが、日本ではもう、そのような動作は無用になり、在日中国人は多分もう淘米(táo mǐ)と言わず、洗米(xǐ mǐ)と言うと思います。

Cさん:不要なものを落とすための水利用ではありませんが、何かの目的のために、水上や水中を動く場合の関連動詞を挙げます。泅水(qiú shuǐ)(泳いで川などの水を渡る)、游泳(yóu yǒng)(泳ぐ)、

潜 水_{qián shuǐ}(水中に潜る)を挙げます。

Bさん：この系ならこんなものもありますよ。划 船_{huá chuán}(船を漕ぐ)の划_{huá}(漕ぐ)、泊岸_{bó àn}(船を岸に寄せる)の泊_{bó}(岸に寄せる)、沉下去_{chén xià qù}(沈んでいく)の沉_{chén}(沈む)です。

先生：沉_{chén}の第二声にはもっと深い理由がありましたね。はい、水の四声を見てきました。皆さんの四声法則の感覚が素晴らしかった。この感じで、次、女性関連の言葉を見ましょう。

8-3 女性関連漢字を横断的に見よう

♂ 易の陰陽の考えにおける男と女とは？

Cさん：先生、中国では、女人是水做的_{nǚ rén shì shuǐ zuò de}(女は水でできているんだ)という言い方がありますね。水の関連漢字のあとは、「女性」関連漢字を見たいです。

Bさん：陰陽的に男女がどのように見られているのかをネットで調べました。男は陽、女は陰の言い方が定説みたいですね。男らしく女らしくというところに行きつくのもほとんどですが、女性として、先生はどう思いますか。

先生：Bさん、誘導尋問ですね。いきなり、私を儒教の陰と陽に引きずり込もうとしていますね。そうですね。この授業は陰陽の考えと深くかかわっている以上、易の陰と陽の考え、儒教の陰と陽の考え、占いの陰と陽の考え

等々、はっきりと意識したほうがいいかもしれません。

Aさん：陰陽と言ってもこんなにありますね。

先生：そうですよ。おおもとは易の考えですが、それを具体的な分野に当てはめる過程において、その分野に都合のいいように独自の解釈が加えられるから、いろんな陰陽のニュアンスが生まれました。生まれたて頃の儒教はどのような男女観だったのか詳しい研究が必要ですが、今日の儒教の陰と陽は易のそれとはかなり隔たりが存在していると私は思います。儒教の性別陰陽論は、易の考えから得た儒教的な結論です。当然、イコール易の陰陽世界観ではありません。

Bさん：だから、先生は『周易』と『易経』を使い分けていますね。先生、具体的に、儒教の性別陰陽論と易のそれとどう違いますか。

先生：そうですね。易の陰陽の考えは、陰陽機能のバランスを取ることに注目しています。一方、儒教の陰陽の考えは、陰陽機能の役割を男と女に振り分け、それぞれ固定化しています。これが両者の大きな違いと思います。

Aさん：そうか！陰陽のバランスを取ることが重要で、誰が取る、どのように取るかは、易的に決めていないということですね。これに対して、儒教はそれを「陽は男の役目で、陰は女の役目だ」と具体化と言うか定型化していますね。

Cさん：しかも、「女らしく、男らしく」があるように、純粋な陰、純粋な陽を求めていますね。

Dさん：易は、陰の中に陽があり、陽の中に陰もあると言っていますね。純粋な陰と純粋な陽などはないはずです。原子だってさらに陰陽的に分けることができ、量子だってさらに有形な部分と無形な部分にわけることができるからですね。

先生：はい、易がいう陰陽はイコール性別的な男女ではありません。最たる例は龙 凤图(龍鳳図)です。龙(龍)と凤(鳳)はどちらもオスです。

Bさん：本当だ！『新華字典』にも書いてあります。

先生：龙 凤图は易の陰陽の考えがかなり熟している西周の時代にすでにありました。龍と鳳の組合せの本当の意味は、また別途話しましょう。

✶ なぜ、中国語は姓名、日本語は氏名だろう？

先生：男は陽、女は陰という図式は、易的な陰陽の考えの予期しない内容であることは皆さんもう理解しましたね。しかし、実際には、儒教の影響は甚大なものです。

Cさん：わかります。儒教の陰陽男女観が中国語四声にも大きな影響を及ぼしていると先生は言いたいですね。女性に使う言葉だから第一声のような現象も起きますね。

先生：具体的に見ましょう。

Bさん：はい、女性に使う言葉ですが、第一声でない姓を挙げます。でも、先生、なぜ中国語は姓 名と言い、日本

語は氏名と言いますか。中国語四声と関係がないと言われましたら閉口しますが、知りたいです。

先生：では、まず、なぜ、姓（xìng）という言葉が生まれたかを考えてみましょう。

Dさん：多分、母系社会かまたはそれより前の社会で、すでに血液の濃い子供は健康的でない確率が高いことに気づいたと思います。そこで血液が濃くならないように血縁関係にしるしを付けたいわけです。しかし母系社会までは血縁関係が女系しかわからないので、女性に血縁記号を付けることになります。そこで姓（xìng）という言葉が生まれたと考えられます。

Aさん：なるほどね、同じ女が生んだ子供は同じ姓（xìng）を持つというのが姓の漢字の成り立ちですね。

Cさん：移動性の高い遊牧民族には姓（xìng）に当たるものがないわけはそこにありましたか。そもそも血が濃くならないからですね。

先生：はい、血が濃くならないように、最初の頃は、同姓同士の子作りを避けるという姓（xìng）のシステムがうまく機能していたと思います。しかし、血が濃くなる原因は根本的に解決されていません。そうこうしているうちに、父系社会が徐々に形成され、男性にもいろんな意味でしるしを付けるようになったと考えられます。それが氏（shì）の起源でした。最初の氏（shì）はトーテムのようなものかもしれませんが、古代国家の形成につれて、主に役職名や

領地名を使うようになったと言われています。こうして、自然と同じ男性の血を引く子は同姓と同氏になり、氏による父系血統の明確化システムも出来上がりました。

Bさん：姓で母系が分かる、氏で父系が分かる。良いシステムですね。姓＋氏＋名ならわかりますけど、今は姓名と言いますね。

先生：氏は主に采地や役職由来のもので、すべての人が持つわけではありません。普通の人は普通に姓＋名、氏を持つ人は姓＋氏、氏＋名、または丁寧に言う場合というか正統派は姓＋氏＋名と、呼び方が乱立していたようです。

Bさん：へえ、じゃ、日本にやってきた最初の弥生人は、当初すでに貴族か諸侯で、氏＋名を持っていたのですね。だから、日本では、氏名と言いますね。

先生：そうだと思います。同じ現象が中国にも起きています。今日、中国人の姓に、諸侯国名がよく見られるのもそのためだと思います。

Bさん：なるほど、姓は、中国で一部氏にすり替えられ、途中で父系の血筋と身分や地位を表すようになったのですね。

Aさん：うんうん。姓は母系血縁関係から父系血縁関係を表

すようになり、氏は、最初から父系血縁関係や地位身分を表しています。いずれも重要なしるしを果たす漢字ですね。姓と氏は第四声なわけですね。

先生：姓と氏の第四声の気持ちがわかりましたら、第三声の血が血縁や血液型を表すとなると、血縁、血型のように、つよく第四声に変わる気持ちもわかりますね。

一同：はい、もう血と血の声調迷いはしません。

Dさん：へえ、中国語の姓名という言葉からものすごく長い母系社会の存在が感じられますね。

Cさん：日本語の氏名という言葉から父系社会の確立をすごく感じました。

Bさん：言葉って生きている化石ですね。姓名と氏名の違いは、中国と日本の古代社会形成時期の違いを表していますね。

先生：はい、陰陽の考えに従うという点からしても、血が濃くならないようにするという現実的な必要からにしても、内と外、その延長線上の血筋について、ここまで曖昧さが嫌いな古代の中国人は、姓と氏のほかにも血筋に白黒のしるしをつけているはずですね。

Dさん：親戚の呼び名です！ 同じ祖父であっても、中国語は、呼び名だけで父方の祖父か母方の祖父か、わかります。親戚の呼び名も同じです。呼び名だけで父系・男系の親戚か母系・女系の親戚かわかります。こうなります。

親族呼び名一覧

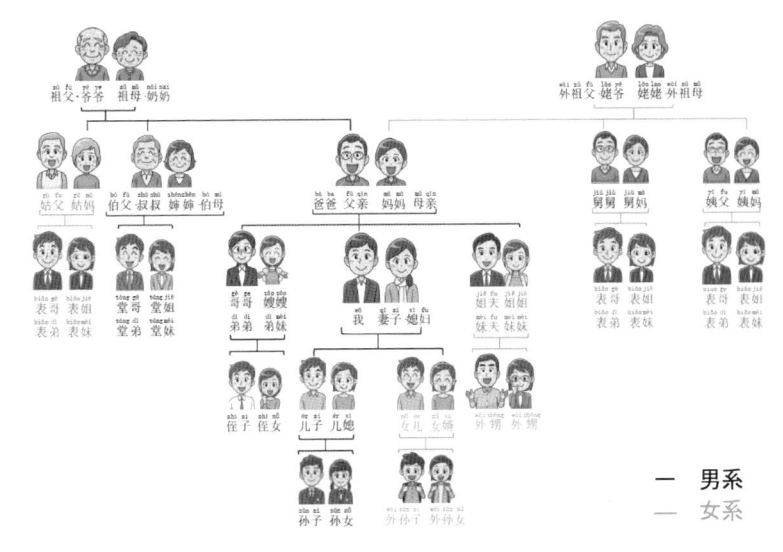

人物写真の出所：イラスト素材図鑑ネット

Ｃさん：複雑と言えば複雑で、シンプルと言えばシンプルです。はっきりと言えばはっきりしていますね。不思議な感触です。中国語は本当に不思議ですね。その不思議さは、なるほど、易からのものでした！

✗　女性関連の漢字を見よう

先生：それでは、女がつく字を見ましょう。

Ｄさん：母系社会の影が強い姜_{jiōng}、姫_{jī}を挙げます。どちらも最古の姓_{xíng}と言われています。それから、古代中国の伝説に

登場する人物で、人類だけでなく万物を創造したとされる女帝の名前は女娲です。

Cさん：今でもよく使う漢字で、皇妃の妃を挙げます。それから、姿势优美(身体の動きが綺麗である)の姿も第一声です。もっとも、今では姿は女性限定でなくなっています。男子の颯爽とした姿を颯爽英姿と言い、人に寛容的な態度を取ることは、做出高姿态と言いますね。それから娇です。女性が親などに甘えるは耍娇と言います。もっとも、ぶりっ子をするのは发嗲と言います。

Aさん：Cさん、変な単語も覚えていますね。

Cさん：まだまだありますよ。化妆(化粧)の妆です。淑女、贤淑(心根が優しい)の淑です。女はつかないですが、女性専用文字です。それから、宽恕(容赦する)の恕です。かなり度量が必要なので第四声です。

先生：女性は美しい対象として謳歌される一方、悪いものにもされましたね。

Bさん：はい、奸(よこしま)や妖(あやしい)です。奸は現在男性にも使います。妖から、妖精や妖怪を連想します。妖精は精霊の意味はなく魔性の女、小悪魔の意味です。

Cさん：嫉妒も女性を悪者にする言葉の一つです。妒は前にも出ましたが、女性が夫を嫉妒するのを表す漢字です。

妒から往々にして怒り爆発へと発展します。はい、发怒
(怒る)の怒を挙げます。ちなみに、嫉は自分より才徳や
地位が上の人に向かうものでしたね。

A さん：そうか、嫉は外と上、陽の属性を二つ持っています。

B さん：女性に使う第二声の温柔(優しい)の柔(しなやか)を挙げ
ます。柔は第一声ではないですね。意外でした。

D さん：柔の形を見てください。木のパーツがついています
よ。はい、植物と関係があるからと思います。ついでに、
前に出た 娘 (かつて若い女性の意味、現在はお母さんの意味)と娃
(小さい女の子)、泡妞(ナンパする)の妞(女の子)、それから、参
政権が響く妇人(婦人)の妇も挙げておきます。

C さん：ところで、先ほど、親族の名称にも女のつく漢字が
たくさん出ましたね。はい、奶奶(父方の祖母)、姥姥(母方
の祖母)、妈妈(お母さん)、姑姑(父方のおばさん)、姨妈(母方のお
ばさん)、婶婶(叔父さんの嫁)、嫂嫂(兄の嫁)、姐姐(姉)、妹妹、
母、女です。

A さん：姨妈の第二声は陰陽の考えにおける外の響きがすご
くします。妈妈の第一声ですが、姑妈、姨妈のように、
妈は総称です。包み込み・内という陰の属性から来てい
ますね。それから、姑ですが、日本語に 姑 という意味

があるように、かつて、今もそうかもしれませんが、威圧的な存在なので、静（jìng）という陰の属性を持っています。それにしても、男系の呼び名と対照的に、女性の呼び名の第三声が目立ちます。これも母系社会の名残、大衆リードの結果、女性の社会進出無さを物語っていますね。

先生：A さんの四声法則習得の速さに感心します。はい、女のつく漢字の例として婚姻（hūn yīn）も入れて一応ここまでにしましょう。

✱ なぜ、婚姻（hūn yīn）は第一声だろう？

C さん：先生、僕はずっと不思議に思ったのですが、結婚というおめでたいことなのに、どうして婚姻（hūn yīn）の婚（hūn）に昏（hūn）というパーツが付くのですか。

D さん：はい、僕が答えましょう。女性を陰と見ているからだと思います。陰の女性を迎え入れる時刻も陰の時刻である夕方のほうが良いとされたため、慣習になったと言われています。

C さん：そうでしたか。昏（hūn）のうちに顔がぼやけてしか見られないからみんな美人に見えるとか、愛得昏天黑地（ài dé hūn tiān hēi dì）（天と地の方向感でさえ失うほど愛している）になって結婚に至るとかと思っていたのですよ。

先生：Cさんったら！ところで、ちょっと古い話になりますが、儒教が盛んな後漢では、女子の結婚を归（guī）（帰る）と言

い、その归処(帰る先)は新郎の家です。また『説文解字』
によると、嫁の実家は婚と言い、婿の家は姻と言います。

B さん：なるほど、归は言うまでもないですが、姻は、因の音
だけでなく、因果関係の「インプット」の意味もありま
すね。結婚は、入という陰の属性を持っているから、婚
姻も第一声になるわけですね。

C さん：ふと思いましたが、自然体の太古の中国人は、そも
そも子作りは夕方以降にしていたのではないかと思い
ます。何万年もの因習によって、結婚という儀式ができ
てからも、暫く昼は食べ物などの獲得、夕方になってか
ら男女の営みというスタイルが続けられていたと思い
ます。略奪婚ならなおさら暗闇が好都合です。ですので、
結婚は暗闇の中ですること自体は、女性が陰だからと
無関係と思います。

先生：女性が陰だから結婚も夕方にする説は強引かもしれま
せん。易的には、陰陽のバランスが大事なので、女性が
陰だからさらに陰を重ねること自体、もう易の陰陽の
考えでなくなったと思います。それに、結婚は男性とい
う陽の要素の無視できない存在があるのに、ここばか
り陰を強調するのも不自然ですね。そう言えば、結婚は
男性が主役だと物語っている漢字がありますね。

D さん：はい、娶(娶る)です。

先生：婚姻はなぜ第一声か、易のライフサイクルを見てきた
皆さんならもうわかりますね。

Ａさん：交です。

先生：ピンポン。玉の輿に乗る意味の第四声の嫁も思い出してくださいね。はい、女性関連の言葉はほかにもたくさんありますので、詳しくは続編をご覧ください。

第一声		第三声	第四声
昏 hūn、黒 hēi			
因 yīn			
婚 hūn、姻 yīn、归 guī（帰る）、交 jiāo		娶 qǔ	嫁 jià

8-4 生命体の四声を見よう

Ｃさん：先生、干支に出てくる動物の名前を見ましたら、鼠、牛、虎、兔、龙、蛇、马、羊、猴、鸡、狗、猪と、第一声から第四声まで揃っています。四声法則の検証に持ってこいですね。

先生：Ｃさん、自信満々ですね。それなら動物名称で横断的に四声法則の感覚を固めましょう。

8-4-1 動物の名前を見よう

☗ なぜ、狼は第二声だろう？

先生：生命体だから、生きている限り、動という陽の属性を

持つと、易は見ています。従って、人も動物も植物も陽の属性に従って第二声になります。しかし、これはあくまでも人、動物と植物という層ならではの話です。動物の世界を具体的に見る場合、そこにはさらに陰陽の対が存在していることを十分意識して、動物の名称を見ていきましょう。

Ｃさん：はい、干支の中で一番多い第二声動物の牛（niú）、龙（lóng）（龍）、蛇（shé）、羊（yáng）、猴（hóu）（猿）から行きます。ここまで来ますと、同じ第二声と言っても、陰陽の属性が必ずしも同じでないことはわかっています。それから単純に動という陽の属性を持つ豺（chái）（山イヌ）、狼（láng）、狐（hú）、狸（lí）、猿（yuán）、熊（xióng）を挙げます。

先生：熊（xióng）ですが、黄帝（huáng dì）の部族と周の時代に既に存在していた楚（chǔ）の王族・宗族は、熊（xióng）を氏に使っていたようです。

Ｄさん：なるほど、今の普通の動物の中に、かつてトーテムがあったかもしれませんね。熊の話に戻りますが、私たち中国語学習者を苦しめる能（néng）という漢字も熊（xióng）の一種と言われています。たぶんですが、地面におりて木登りが下手になった人間からすれば、木登り上手で、素手で魚を獲る熊（xióng）や能（néng）がすごく有能に見え、能（néng）という字で「できる」「やり手」を表現したのかもしれませんね。

Ｂさん：はい、単純に動の属性によって第二声で発音される驴（lú）（ロバ）と骡（luó）（ラバ。ロバと馬の交配子）も挙げておきます。

Ｄさん：はい、以上見た動物はいずれも地上を走る動物で、

兽(獣)や畜(家畜)の部類のものです。さらに、空を飛ぶ鳥(鳥)・禽类(鳥類)、地上を這う爬虫に代表される虫という種類もあります。兽や畜の第四声はもう説明は要らないと思います。それから、人類より歴史がはるかに長い鸟、動物としていち早く人間と仲良く暮らす狗・犬の第三声は大衆主導と合致しますし、エリート主導の禽はやはり陰陽の考えに従って第二声ですね。

A さん：わかりやすい！はい、蚕、蚕の成虫の蛾、セミの蝉(蝉)、蝶々の蝴蝶も思い出しました。

先生：皆さん、良く挙げてくれました。動という陽の属性を持つ動物はとりあえずここまでにしましょう。次、動以外の陽の属性を持つ動物を見ましょう。

☆　龙凤の声調違いを楽しもう

先生：一般の動物を見てきましたが、それでは、歴史上特別扱いをされてきた動物を見ましょう。

D さん：はい、まず、干支の動物から行きます。祭祀によく用いられていたのは牛、羊です。ほかに身近な動物として、豚と鱼です。年年有余・鱼(余裕のある年でありますように)ですね。鱼は本来水中の動物なので、虾のように第一声で発音されてもおかしくありませんね。

Ｃさん：うんうん！はい、犠牲獣ではないが、龙(龍)を挙げます。神様級の動物なんですからね。

Ｂさん：はい、先生の名前の凤(鳳)です。凤は第四声ですが、凤の仲間とされる朋 友(友達)の朋、鵬 程 万里(前途洋々)の鵬もやはり第二声です。こう見ますと、凤の第四声は周の文王との関係でよくわかります。しかし、龙は第二声のままですね。不思議です。天子の意味もあり、どうして第四声にならなかったのですか。

先生：大まかに言うと、陰陽の考えの形成は、秦より前に完成していると思います。一方、帝王のシンボルとしての龙は劉邦から現れたと言われています。

Ｃさん：そうか、龙の天神のイメージは秦より前にすでに庶民化されてしまい、声調も第四声へと変調ができなくなったのですね。

Ｄさん：なるほど、龙も凤も最初はエリート主導の言葉でしたが、いったん庶民化となるともう庶民のものになってしまいますね。ところで、龙と凤の力関係の消長から古代中国の変化を感じ取れます。凤が空を優雅に舞う穏やかな西周の時代から、激動の戦国、秦の時代への転換に伴って、龙も徐々に霊獣から風雲をかき混ぜる魔力を持つ神獣へと変身したわけですね。

Ｂさん：はい、キリンビールの麒麟も神獣です。それから、崇

拝までではありませんが、飛行距離の長さと高さが羨ましがられ、熟語によく出てくる動物として鴻鵠大志（hóng hú dà zhì）(大空を羽ばたく大志)の鴻(hóng)(大雁)と鵠(hú)(白鳥)、一琴一鶴(yī qín yī hè)(清廉潔白な役人のたとえ)の鶴(hè)(鶴)を挙げます。

Ｃさん：鹿(lù)も挙げます。神の使者とされている動物ですから、第四声です。

先生：それは鹿(しか)ですよ。中国語の鹿(lù)にそのような意味はありませんよ。ただし、鹿(lù)にまつわる話が綺麗ですよ。

Ａさん：あ！綺麗の麗の下半分が鹿じゃありませんか。

先生：そうですよ。鹿(lù)の皮が古代では重宝され、婚約したら男性のほうから鹿の皮を女性の家に届ける風習もあったと言われています。結为伉俪(jié wéi kàng lì)(夫婦になる)の俪(麗)もこの習慣から来た文字と考えられます。

Ａさん：鹿(lù)の第四声のわけがここにありましたね。

Ｂさん：はい、神獣系の動物にはもう一つあります。龟(guī)(亀)です。龙(lóng)(龍)、凤(fèng)(鳳)、麒麟(qí lín)(キリン)は伝説の動物ですが、亀だけ現実の動物で第一声です。その第一声のわけとは何でしょうか？

☆ なぜ、猫(māo)は第一声だろう？

Ａさん：亀(guī)の第一声は水を好んでいるからと思います。

Cさん：うん！亀の仲間の鱉(スッポン)も第一声です。

先生：もう少し深堀りしましょう。なぜ、亀が霊獣なのでしょうか。

Dさん：亀の甲が占いにも使われていたから、神意や祖先の意向を知る力を持つ動物とされていたからです。はい、亀の第一声は、内へ入れる知という陰の属性によるものです。同じく、知時兽とも呼ばれる鸡(鷄)も第一声です。

Bさん：でも、それは当初亀が第一声で発音されることを説明できても、なぜ、龙、麒麟のように第二声へと変調しないのかは説明できませんよ。

先生：それについて、深い話がありますが、それは後程(P402をご覧ください)。はい、陰の視点で続けて動物を見てください。

Cさん：水関連で挙げます。鸥の鸥(鷗)、青蛙(蛙)、鸭(アヒル)を挙げます。

Bさん：ハトの鸽を挙げます。優れた帰巣本能である归(帰)という陰の属性を持っている鳥です。乌鸦(カラス)も言うまでもなく黑という陰の属性を持っているからです。それから、鋭いくちばしと爪という陰の属性を持つ雕(ワシ)と鷹(たか)も挙げておきます。

A さん：動物でありながら第一声もそれなりにありますね。動物だから第二声と機械的に見てはいけませんね。

先生：その通りです。四声はその漢字の持つ陰陽の属性を具体的に理解して覚えたら覚えやすい。はい、黒という属性で第一声のカラスが出ました。それでは、夜行動物ならどうでしょうか。

A さん：陰の第一声になるはずですね。

C さん：はい、猫_{māo}と獅子_{shī zi}(獅子)です。同じネコ科で夜間活動する動物です。家猫はいま夜行性が曖昧になりましたが、猫_{māo}という言葉ができた当初では獅子と同じではっきりと夜行性があったと思います。

B さん：はい、夜行性と言えば、サソリの蝎子_{xiē zi}です。それに、夜行性だけでなく、湿気好き、光嫌い、同居好きのほかに、帰巣性とじっとする習性の持ち主です。そう！陰の属性が難しいと思うなら、蝎子_{xiē zi}の習性を覚えたらいいかもしれませんね。

A さん：怖いサソリになんでこんなにも詳しいの？

B さん：男の子にとって虫は面白いだけで怖いなんてことはないよ。やっと僕の虫知識の出番になりました。身近な夜行性の虫と言ったら、蟋蟀_{xī shuài}(コオロギ)です。それから、夜行性ではないけれども、光が嫌いな蜘蛛_{zhī zhū}や虱子_{shī zi}(シラミ)を挙げます。特に蜘蛛_{zhī zhū}ですが、網の真ん中に鎮座して

一日中じっとして獲物を待つのですね。それから、蜂^{fēng}です。針を持っていますし、人を死なせる危険もありますし、凶^{xiōng}という陰の属性をしっかり持っています。

A さん：今更ですが、四声法則と漢字のパーツの意味が分かっていれば、大抵の漢字が読めるような気がします。

先生：手ごたえを感じたようですね。それでは、陰の属性を持つゆえに第一声で発音される動物の漢字は、ここまでにしましょう。

8-4-2 植物その他の生物の四声を見よう

✵ なぜ、菌^{jūn}は第二声だろう？

C さん：先生、いよいよ植物の四声になりますね。

先生：はい、便宜上、菌やカビなども一緒に見ましょう。

C さん：はい、ばい菌は細菌^{xì jūn}と言い、カビは霉^{méi}と言います。植物^{wù}は、一見すると物静かですけれども、生きている限り、生成変化をしており、自然界という層では、人間や動物と同じで、动^{dòng}という陽の属性に従います。それから、霉^{méi}ですが、長い間植物として扱われてきたためか第二声です。

B さん：菌^{jūn}の第一声のわけはいまいちわかりません。

D さん：知ってるよ。朝菌不知晦朔^{cháo jūn bù zhī huì shuò}（朝菌は晦朔を知らず）という言

葉があるように、『荘子』の時代で、すでに菌は日光を浴びると死ぬ、と短命なものと認識されていました。なにより、菌は生命体ではありますが、ほかのものに寄生して太陽を頼らないので、紛れもない陰です。

先生：Ｄさん、ありがとう。菌の第一声の理由はもう一つ、細菌やカビの総称である包という陰の属性を持っているからです。このように、人、动物、植物は、易的に自然界という層で見る場合、生命体であり陽の属性により第二声で発音されます。しかし、それぞれのカテゴリーの中という層で見る場合、さらに陰と陽に分けられます。はい、次、同じ要領で、植物の四声を見ましょう。

☆ なぜ、桃は第二声だろう？

先生：それでは、木のファミリーをまず見ましょう。

Ｃさん：はい、やります。いっぱいあります。まず果物の木から挙げます。苹果树（リンゴの木）、桃树（桃の木）、梨树（梨の木）、梅树（梅の木）、橘・桔子树（橘の木）、柠檬树（レモンの木）、橙子树（ダイダイの木）と柑子树（蜜柑の木）です。はい、先生、柑橘類の中、柑子だけ第一声ですね。

先生：日本語の蜜柑という名前が秘密を教えてくれますよ。

Ｂさん：甘いからです。ほかの柑橘類は昔酸っぱかったと思

います。橙子（chéng zi）が今でも主にお酢の製造に使われるほど
すっぱいです。

Dさん：はい、第三声の甘酸っぱい棗（zǎo）(棗)も挙げます。日本で
はいま果物としてあまり見かけませんが、中国では養
生用の定番ですね。それから、歴史が特に古い、中国原
産の李子（lǐ zi）(スモモ)も挙げておきます。そう、果物ではあり
ませんが、お茶の木は茶樹（chá shù）と言います。

Cさん：第四声のものとして、杏子（xìng zi）と柿子（shì zi）を挙げます。また、
果物かどうかは別として、古代では大切な食べ物であ
った栗の木の栗樹（lì shù）も挙げておきます。

先生：杏子（xìng zi）と柿子（shì zi）の第四声ですが、日本語にも杏林（きょうりん）という言
葉があります。医者の美称ですね。それから、柿子（shì zi）の第
四声ですが、もしかしたら染料としても古くから利用
されているからかもしれませんね。

Dさん：へえ？『新華字典』によると、『説文解字』の時代で
は柿（shì）は第三声でした。

Aさん：柿子（shì zi）が遅くとも紀元 121 年以降、人々の生活の中で
より重要視されるようになったということですね。

先生：A さん、良いことを言っています。漢字の四声のビフ
ォーとアフターで社会を比較して見るのも面白いかも
しれませんね。

　　　はい、果物の木は、ほかにもありますが、とりあえず

ここまでにしましょう。次、普通の木に移りましょう。

♈ 樹木の四声を横断的に見よう

B さん：先生、早速ですが、樹木は、樹も木も第四声で、両方
とも強調される発音となっていますね。そもそも樹と
木の違いとは何かはわかりません。習慣的に使い分け
ているだけです。

先生：それなら、樹の意味を確認しましょう。

C さん：へえ、樹とは何か？調べたことはないなあ。馴染み
すぎて……なに？！「木を植える」のが原義でした。そ
うでしたか？漢字は一般的に簡略のほうへ変化してい
く中で、どうして後にできた樹が一般的になったのか
不思議に思いましたよ。

B さん：なるほど、木を植えるとき、苗を立てながら植えま
すね。だから、樹と竪は同じ発音ですね。

A さん：樹を植えるということは稲を育てるのと同じぐらい
ビッグ発明でしたね。樹は木そのものだけではなく、自
分の周りの自然環境を作り直す最初の一歩かもしれま
せんね。樹には素晴らしい古代中国人の歴史があった
のですね。樹を第四声で発音したい気持ちはよくわか
ります。

先生：はい、昔、樹（shù）は木を植える意味でした。これで樹（shù）が持つ「生きている木」の意味も理解しやすくなりますね。

はい、木を植える意味の樹には名句もありますね。

Dさん：十年樹木（shí nián shù mù），百年樹人（bǎi nián shù rén）。「木は十年、人材は百年かけてはじめて育つ」ことから、人材養成は気長にやることだという意味を表しています。

先生：ありがとう。はい、樹（shù）という言葉が生まれる前、木（mù）という言葉で「生きている木」と「木材などになった木」と、木の全般を表現していたと考えられます。

Dさん：先生、木（mù）も第三声でした。『新華字典』が言っています。『説文解字』は勿論、『唐韻』も！なんと、明の『正韻』(1375年著書)も木が第三声と記しています。つい644年前、木（mù）は第三声で発音されていましたよ。すごい！

水（shuǐ）、火（huǒ）、木（mù）、土（tǔ）、人々の生活に最も密着している文字ですよ。やっぱり、第三声は最古の声調で、第三声の言葉は大衆主導の言葉ですね。

先生：感想の共有ありがとう！はい、樹木（shù mù）に戻りましょう。

Cさん：はい先生の故郷、大連の名木である槐樹（huái shù）（アカシア）、それから楊貴妃（yáng guì fēi）（楊貴妃）の楊（yáng）（楊）で、楊柳（yáng liǔ）（柳）を挙げます。

Dさん：僕は、水逐桃花去（shuǐ zhú táo huā qù），春随楊柳帰（chūn suí yáng liǔ guī）（費昶（ひ ちょう））の句が大好きです。桃の花（春）が水に持っていかれたかと思いきや、柳は春を連れ戻してくれたとの意味です。

Ａさん：いいなあ、水、花、木、そして春が濃くなっていくときの詩人のわくわく感が目の前に浮かびますね。こういうのを中国語で言えるなんて！

Ｃさん：はい、梧桐（ウ゚トン）（アオギリ）を挙げます。鳳凰に好まれる吉兆の木とされています。それから、榕樹（ロ゚ンシュ）（カジュマル）、榆树（ユ゚シュ）（ニレ）、檀树（タ゚ンシュ）（檀樹）です。杨柳とは別に杨树（ヤ゚ンシュ）（ポプラ）も挙げておきます。

Ｂさん：木の中にも第三声のものも少なくないですね。身近な木としてヒノキを挙げます。柏树（バ゚イシュ）と言います。そこで質問です。先生、松柏（ソ゚ンバイ）は仲間としてよく並列されるのに、どうして、松（ソ゚ン）は第一声ですか。

先生：はい、どうして松（ソ゚ン）は第一声かという質問に答える前に、もう少し、木の延長線上の物である木材、つまり木（ム゚）を見ましょう。はい、家で言いますと、屋根を支える柱は？

一同：柱子（ジュ゚ツ）と言います。

先生：はい、さっきも出た梁（はり）は？それから床梁（ゆかばり）、または貫（ぬき）は？格子を組むような長い木の枝は？

一同：梁（リ゚アン）は梁、床梁は横（ペン）、格子を組む長い木は格（ゲ゚）です。

Ｃさん：うん！柱（ジュ゚）以外は全部第二声ですね。一文字で括ると材（ツ゚ァイ）です。まさに易の成（チ゚ェン）で、陽の第二声ですね。

先生：はい、植物の大きなファミリーである木及び木からで

きた材（<ruby>材<rt>cái</rt></ruby>）の一部の四声を横断的に見ました。ここに来ると、皆さんも徐々に「淡々と」なってきましたね。良いことです。では、B さんが気になる松柏（<ruby>松柏<rt>sōngbǎi</rt></ruby>）の松（<ruby>松<rt>sōng</rt></ruby>）の第一声の謎を迫りましょう。

� なぜ、松（<ruby>松<rt>sōng</rt></ruby>）は第一声だろう？

先生：陰の属性をいろいろ見てきました。それの応用になりますが、松（<ruby>松<rt>sōng</rt></ruby>）はなぜ第一声なのか、まず外形から行きましょう。松の葉っぱは？

B さん：針葉樹なので針状です。そうか、針（<ruby>針<rt>zhēn</rt></ruby>）と同じグループですね。凶（<ruby>凶<rt>xiōng</rt></ruby>）という陰の属性を持っていますね。

C さん：イメージは合わないよ。中国でも日本でも松が親しまれていますし……凶（<ruby>凶<rt>xiōng</rt></ruby>）としての松（<ruby>松<rt>sōng</rt></ruby>）は考えにくいですね。

先生：それはそうですね。

B さん：松の樹脂道と関係ないですかね。実は、針葉樹の大きな特徴ですが、木の組織にたくさんの樹脂の通路が絡んでいます。松（<ruby>松<rt>sōng</rt></ruby>）には、どうして粗鬆の意味があるか、不思議に思ったので調べました。樹脂道は大きいものなら肉眼でも穴として見ることができますよ。

D さん：B さんはなかなかの研究家ですけど、それは、松（<ruby>松<rt>sōng</rt></ruby>）の粗鬆の意味と関係があるかもしれませんが、松の第一

声とは関係なさそうです。なぜかと言うと、松の親戚である杉には樹脂道はないけれども、第一声ですよ。

Ｃさん：たとえ樹脂道は松の第一声と無関係であっても、松の香りと関係があります。香りは収^{shōu}という陰の属性を持っていますね。

Ａさん：確かに、松香^{sōngxiāng}に対して独特な感情を持つ人が多いようです。今でも入浴剤として大人気ですからね。

Ｂさん：松^{sōng}の第一声は松香^{sōngxiāng}と関係ありそう！杉^{shān}も薫るから説明がつきます。

先生：四声勉強という点ではここまで理解できたらもう十分かと思います。あえて質問しますね。松は日本でも中国でも親しまれているとＣさんは言いましたね。それはなぜでしょうか？

Ｄさん：不老長寿のイメージがあるからです。

Ａさん：黄山の松を思い出しました。仙人のいそうなところに生えていますね。

Ｃさん：不老長寿の松^{sōng}、不老不死の仙人^{xiānrén}・真人^{zhēnrén}、イメージはばっちり合いますね。松香^{sōngxiāng}は勿論松の第一声の強いキーワードだと思いますが、それよりも強いのが易の生成変化の生^{shēng}の属性を持っているからです。

Ｄさん：見て！松（sōng）の声調の変遷です。松（sōng）は、『説文解字』(121
　　　　年著書)、『唐韻』(751 年著書)の頃はまだ第二声でしたが、
　　　　『集韻』(1039 年著書)で第一声となりました。

Ｂさん：松（sōng）は、1039 年あたり第二声の普通の木から第一声の
　　　　特別な木に昇格したということですね。四声法則の効
　　　　用はもう語学勉強の域を超えています。漢字の四声の
　　　　変遷からその時の社会の様子が伺えますね。

Ｃさん：杉（shān）も、松（sōng）に一歩遅れて、明の『正韻』(1375 年著書)に
　　　　第一声と記録されています。それより前の諸辞典には
　　　　第二声でした。

Ｂさん：亀(龜)（guī）は霊獣でありながら、なぜ龙(龍)（lóng）、凤(鳳)（fèng）、麒麟（qí lín）
　　　　(キリン)のように変調しなかったのか、わかりましたよ。
　　　　植物なら松（sōng）、動物なら亀（guī）、人間なら仙（xiān）、それぞれその
　　　　カテゴリーの不老不死的な存在ですからね。

先生：皆さん、良くできました。四声を横断的に見ると、別
　　　の楽しさが現れてきますね。それでは、松（sōng）の第一声には
　　　いろんな陰の属性が絡んでいる点を押さえて、次、第一
　　　声・第一声のはずの木の典型をいくつか見ましょう。

🏃　なぜ、檀（tán）は第一声だろう？

Ｃさん：先生、早速ですが、薫る木から見ますね。まず、山（shān）
　　　　椒（jiāo）、胡椒（hú jiāo）の椒（jiāo）です。それから、樟 树（zhāng shù）(クスノキ)です。衣
　　　　類の虫よけは樟 脑（zhāng nǎo）と言います。それから，枫树（fēng shù）(カエデ)

です。カナダ名物の枫 糖(フェン タン)(メープルシロップ)は甘くていい
香りですね。

Ｄさん：はい、食べると言いましたら、香 椿(シアンチュン)(シャンチン、セン
ダン科)です。春に大連で食べたことがあります。香 椿(シアンチュン)
炒鸡蛋(チャオ ジー ダン)(シャンチン玉子炒め)です。香 椿(シアンチュン)の独特な香りは病
みつきです。

先生：子供の頃、北国大連の春先にやってくるのが香 椿(シアンチュン)の芽(ヤー)
でした。それに、香 椿(シアンチュン)の芽(ヤー)はあっという間に旬が過ぎ
てしまうので、来年の春が待ち遠しい思いが常に残る
一皿でした。

Ｂさん：先生、思い出に浸っているところ、すみませんが、質
問です。薫る木というか家具用木材の代表格を持つ紫(ズ)
檀(タン)の檀(タン)は第二声です。それはなぜでしょうか。

先生：それでは、Ｂさん、なぜ、紫檀(ズ タン)が代表になったのかを考
えましょう。

Ｂさん：紫檀(ズ タン)は色もいいし、模様もキレイで、材質的にも優
れた硬さを持っており、香りがするし、虫に食われない
ので長持ちし、とにかく木の良いことを一身に集めた
木です。木の中のトップクラスというより頂点に立つ
木です。

Ｃさん：Ｂさん、自分で答えを出したよ。紫檀(ズ タン)は木の頂点に立
つ木ですって。檀(タン)の第二声はこのような神級の木なの

で、第一声への変化を邪魔したかもしれませんね。

先生：檀^{tán}は歴史上仏教とも密な関係があったようです。お守りとして今でも人気があります。これが檀の第二声で言い続けられる理由かもしれません。それから、檀はほとんど皇室ご用達だったため、一般世間では幻の木材となっています。そのためか、薫らない偽物の檀もいくつか出回っています。

Ｂさん：なるほど、檀と言っても必ずしも薫るわけではないですね。これも本物の薫る檀まで第一声になれない原因の一つかもしれません。

Ａさん：きれいに四声法則に合致している漢字も良いですけれども、檀のように時々こういう四声法則からちょっとだけ逸脱しているように見える漢字も良いですね。バックにある物語が楽しいですね。

★　なぜ、桑^{sāng}は第一声だろう？

Ｄさん：先生、薫る木は主に第一声とよくわかりました。ほかに第一声で発音する木としては、なんといっても桑^{sāng}ですね。桑は蚕の餌に必要な木なので、世界のロマンであるシルクロードができる前に、すでに大量栽培があったと想像できます。一説では、孔子の両親のデートサイトが桑の林でした。

Ｃさん：Ｄさんも、ワイドショー的ですね！

Ｄさん：ほかにも数人の聖人級の歴史人物は桑林^{sāng lín}とゆかりが

あると言われていますよ。殷あたりでは桑の林が男女の愛し合う場所でしたよ。

Ｂさん：なるほど、桑（sāng）の第一声はそこにありますね。男女の交（jiāo）の喜びは欢（huān）と言い、男女の交（jiāo）の地は桑林（sānglín）ですね。

先生：もしかして桑（sāng）の第一声はもっと現実的な事情から生まれたのかもしれませんよ。

Ｃさん：そうか、男女がちやほやする以前に生活がありますね。桑は生活の基盤そのものになっていたかもしれません。桑は、葉っぱが蚕の餌になり、そこから寒さをしのぐ服が生まれ、桑の実は実に美味しく、お腹はそれで凌げます。桑の木材も家を建てる好材料ですね。桑は遠い昔では人々の生活基盤となっていましたね。

Ｄさん：そう、そう。家乡（jiā xiāng）(故郷)のことを桑梓之地（sāng zǐ zhǐ dì）とも呼ばれています。梓（zǐ）は照明用の蝋を取るための木です。

先生：桑は母なる木でしたね。葉っぱは取られてもすぐ生えてくるし、しかも、桑の原産地は中国山東省という東に位置する大地ですよ。

Ｄさん：なぜか、扶桑（fú sāng）の桑（sāng）を連想しますが、現在では扶桑（fú sāng）と桑（sāng）は別物とされていますが、不老不死、太陽が昇る木などの点でイメージが重なりますね。

Ａさん：うんうん。桑（sāng）の第一声にすごく厚みがありますね。

✖ なぜ、梅兰竹菊は第二声だろう？

Aさん：先生、木の話の次は草や花などになりますね。まず、薫る草類の復習をさせてください。葷(臭気の強い野菜や肉)とされるものとして、葱(長ネギ)、蒜(ニンニク)、韭菜(ニラ)、姜(ショウガ)、香菜(パクチー)が出ましたね。韭の第三声は、原産地が中国だからですね。強い匂いがまだ塩など調味料の発達していない時代ではきっと重宝されていたと思います。そう言えば、先生、針灸に使われているよもぎは何と言いますか。

先生：艾蒿または艾、蒿と言います。

Bさん：先生、艾と蒿その声調違いはなぜでしょうか。

先生：はい、調べましょう。

Cさん：長い！艾の意味はいっぱいありますね。方兴未艾(今盛んに行われているところ、発展の最中)のような四字熟語まであります。反対に、蒿は草の意味しかないです。うん！艾と蒿の立ち位置は確かに違います。

Dさん：薫ると言ったら、灵芝(霊芝)と兰花(蘭)です。先生、「ホウメイ中国語」も、僕たちにとって如入芝兰之室(善人と居るは芝蘭の室に入るが如し)です。

先生：恐縮です。目指します。

Bさん：先生、質問ばかりですみません。芝兰(芝蘭)はどうし

て声調が違うか、知りたいです。芝は蘑菇(zhī mó gu)(キノコ)の一種で第二声のはずですが、もし薫るから第一声になったという理屈であれば、兰(lán)も第一声になるはずですね。

C さん：調べましたよ。灵芝(líng zhī)は万年茸(wàn nián róng)(マンネンタケ)という名前も持っています。万年とは長生きということですね。

先生：古代中国では、灵芝(líng zhī)は、不老不死のキノコとして皇帝、貴族に独占的に愛用されていた歴史があります。

A さん：芝(zhī)も不老長寿の仙(xiān)、真(zhēn)、松(sōng)と亀(guī)の仲間ですね。

先生：それでは、芝兰之室(zhī lán zhī shì)の兰(lán)はなぜ第一声にならないのかと言いますと、これは孔子と関係があるらしい。

D さん：はい、孔子は、兰(lán)の第一愛好家とされています。失意の時も蘭に言葉を掛けます。兰当为王者香(lán dāng wéi wáng zhě xiāng)！つまり、蘭よ、あなたの香りは王者に相応しいのにねと言ったらしいです。王者香(wáng zhě xiāng)の言葉がのちの蘭好きに大いに活かされ、蘭が香りの王様とまで上げられました。

A さん：うんうん！王(wáng)も第二声ですね。兰(lán)は、王者香(wáng zhě xiāng)の座を示すために、第二声であり続けているのですね。

先生：はい、梅(méi)、兰(lán)、竹(zhú)、菊(jú)は、中国で古くから気品の高い美しさのゆえに特別視されてきた草木です。

A さん：他の草木より高く見られる存在ですね。動物の世界では、龙(lóng)(龍)、凤(fèng)(鳳)と麒麟(qí lín)にあたり、人間社会では哲(zhé)

人、賢(賢人)や豪杰(豪傑)にあたりますね。だから、梅や兰は香りますが、同じく第一声へ変化せず、第二声のままですね。やっぱり、四声に矛盾を感じたら調べるものですね。そこにきっと物語が待っていますね。

先生：良いですね。はい、蘑菇(キノコ類)ですが、蘑と菇をすこし細かく見ましょう。

Bさん：菇は第一声ですね。香菇炖鸡(鶏肉と干し椎茸の煮込み)がおいしかったです。中国東北の家庭料理ですね。菇の独特な香りが印象に残ります。

先生：草木の四声を見てきました。植物は、つねに生成変化しているため、植物という層では動という陽の属性を持っています。従って、草木の多くは第二声で発音されます。さらに、植物カテゴリーの中を見ると、陽の中に薫るという收、不老長寿という生などの陰の属性を持つものも存在しています。松がその例です。薫る系の草木をさらに二分して見ると、憧れるなど上という陽の属性を持つものもあることがわかります。梅、兰、竹、菊、紫檀がその例です。それから大衆主導の第三声の韭(ニラ)、第四声の艾蒿(よもぎ)の艾の例も見てきました。くどいけれども、陰陽の考えで乱雑な草木の四声がちゃんと四列になったことを実感できたでしょうか。

一同：はい、実感できました。

　☆　なぜ、来（lái）は第二声だろう？

Cさん：はい、花の続きをしますが、荷花（ハス）（hé huā）、蓮花（水蓮）（lián huā）です。それから、旅先など、偶然の出逢いの喩えである萍水相逢（píng shuǐ xiāng féng）の萍（水草）（píng）です。そして、ヒマワリは葵で、向日葵（xiàng rì kuí）（kuí）は一般的な言い方です。身近なバラも挙げます。玫瑰（méi gui）と言います。瑰（guī）はそもそも植物ではありません。

先生：はい、瑰（guī）は少々複雑です。『説文解字』は丸くて美しい玉として第二声と記していますが、『唐韻』では第一声になり、『康熙字典』になると丸くて良い珠（zhū）とされています。

Cさん：瑰（guī）も第二声から第一声へと変遷してきましたね。

Bさん：Cさんは花に詳しいですね。僕は、日本人の名前に出てくる芦苇（ヨシ）（lú wěi）の芦（lú）と苇（wěi）と三菱（sān líng）の菱（líng）、それから葛藤（gé téng）の藤（téng）を挙げます。

先生：ちなみに、芦（蘆）（lú）と苇（葦）（wěi）は同じ植物ですが、時々水に浸って高く伸びるものは苇（wěi）で、水辺の乾いたところが好きで背の低いものは芦（lú）です。

Cさん：なるほど、使い物になるのが背の高い苇（wěi）なので、庶民主導の第三声になていますね。はい、食べ物系の物を挙げます。粮食（食糧）（liáng shí）です。植物の种子（zhǒng zi）からできている

からか、人間の知恵の生成物だからか第二声です。

Dさん：そうそう、苔です。京都の苔寺の苔は苔（こけ/tái）と言います。しかし、舌苔（ぜったい/shé tāi）となると、舌苔と第一声に変わります。

Aさん：植物の苔（tái）と、舌を覆う・包むという陰の属性を持つ苔（tāi）の対ですね。四声って本当にリアルです。

Cさん：はい、身体を包む衣服の材料になる植物を言います。綿花は棉（mián）または棉花（mián huā）と言い、麻は麻（má）と言います。

Bさん：糧食系の植物に戻りますが、稲子（dào zi）、麦子（mài zi）です。饭（ご飯/fàn）菜（おかず/cài）と同じで第四声で発音される気持ちはよくわかります。

先生：麦子（mài zi）の麦（mài）の成り立ちをDさん、調べてください。

Dさん：はい、加藤道理先生の『字源物語』(1999　明治書院)がヒットしました！麦は、天から賜ったものなので、来牟（lái móu）と呼ばれていたと加藤先生が言います。加藤先生によりますと、来(來/lái)は実って穂の垂れた麦(麥)の象形で麦の原字でした。その後、来は来る意味として用いられるようになったため、別途に足を付けた麥という文字が作られたのです。

Bさん：へえ！来（lái）は外来種の穂の垂れた麦でしたか。だから第二声なのですね。「来る」という現代の意味からすれ

ば、内へ入る収の第一声のはずですね。

先生：草木はまだまだたくさん残っていますが、続編に譲りますので、草木の例はここまでにしましょう。

8-5 建造物の四声を見よう

先生：それでは、今まで見てきた陰陽の感覚、第三声の大衆主導感、第四声の意思・主張感を駆使して、建造物の名前を横断的に見ましょう。

✿ 空(kōng)の第一声を楽しもう

Dさん：先生、建造物とは、定義によりますと、家屋、倉庫、橋、船舶などになりますが、人類が原人時代からしばらく頼っていた洞窟を入れてもよろしいですか。

先生：洞穴(dòngxué)(洞窟)は確かに通常の建造物とは言えませんが、Dさんは何か話したいのですね。入れましょう。

Dさん：ありがとうございます。まず、洞穴(dòngxué)の四声ですが、穴(xué)は、複数の巣が地下で繋がっている動物の巣穴の出入り口なので、连(lián)(連なる)と外(wài)という陽の属性で第二声になっていると思います。

Aさん：針灸のツボの漢字も確か穴(xué)ですね。生命エネルギーの皮膚での開口部と言われていますね。物理的な穴で

なくても、皮膚に開口しているから外^{wài}ですね。

D さん：そして、洞^{dòng}ですが、今は、別有洞天^{bié yǒu dòng tiān}(特別な優れた景色や魅力がある)や洞若観火^{dòng ruò guān huǒ}(物事の観察が透徹であることの喩え)の熟語があるように、洞^{dòng}の意味はどんどん抽象化されています。大切な住処だったということからもその第四声の気持ちが分かります。

C さん：動物も洞窟を利用しています。中華料理の名前にもなっている燕窩^{yàn wō}(燕の巣)や、捅马蜂窝^{tǒng mǎ fēng wō}(ハチの巣をつつくような厄介なことをおこす喩え)の窝^{wō}、ウサギの巣穴の窟^{kū}を挙げます。動物の巣穴なので、休む、寝る、隠れる、つまり静という陰の属性を持っているため第一声です。ちなみに、僕は酒窩^{jiǔ wō}・笑窩^{xiào wō}(えくぼ)が好きです。

D さん：C さんの中国語を楽しむツボは特別ですね。洞穴^{dòngxué}の話に戻りますが、古の人達は洞窟を単に利用するだけでなく工夫もしましたね。『史記』の本紀によると、舜の時代に土木工事を司る役職は司空^{sī kōng}と呼ばれていました。空^{kōng}は穴に工具の工^{gōng jù}^{gōng}を加えた文字ですね。洞窟を何とかして住みやすくする名残ですね。

C さん：そういえば、黄土高原の窰洞^{yáo dòng}はいまも現役中です。なるほど、空^{kōng}は最古の建築の響きがしますし、江^{jiāng}は最古の治水の響きがしますね。

D さん：ちなみに、防衛に重要な役割を果たす馬の管理は殷

の時代では司马（sī mǎ）と呼んでいました。

Aさん：へえ！舜の時代では住む場所の課題から、司空（sī kōng）という言葉が生まれ、殷の時代では土地の奪い合いが始まって、司马（sī mǎ）という言葉が生まれ、現代では移動手段の大革命からか司机（sī jī）(新幹線・自動車の運転手)という言葉が生まれたのですね。司（sī）は物事をコントロール下に置くから、下への力という陰の属性に従って第一声ですね。

先生：はい、空（kōng）をまとめましょう。

Aさん：はい、空（kōng）は、古の中国人の住処で、休んだり寝たりする場所なので、窝（wō）と同じ、内（nèi）、静（jìng）という陰の属性に従って第一声です。

☆ 住居の四声物語

Dさん：はい、住居の四声物語の始まり、始まりです。まず、屋（wū）です。屋（wū）の最初頃の意味は、『淮南子』によりますと、竪穴式住居の屋根の意味でした。しばらくの間、こういった簡素な住居の意味として使われていたようです。

Bさん：確かに、小さい一軒家は小屋（xiǎo wū）という言葉とリンクしやすいですね。古感のあるコーヒー屋は日本語も屋を使いますし中国語も咖啡屋（kā fēi wū）と言いますね。

Dさん：はい、屋（wū）は徐々にしっかりしていき、屋（wū）の中に、物が

充足して家族もいっぱいいるようになったら室(shì)と呼ばれるようになります。

先生：易経の『繋辞伝』や『尓雅』の関連記述から、まだ野宿が普通の時代に、室(shì)に住める人は普通の人でなかったことが伺えます。

D さん：室(shì)は第四声なわけですね。はい、時代は、普通の人もなんとか屋(wū)に住めるようになり、猪(ブタ)も屋(wū)や室(shì)にやってきました。

A さん：こうして屋(wū)や室(shì)が家(jiā)になりますね。屋と家は人々の休む場所ですし、動かないから静という陰の属性により第一声になります。

D さん：建物としての家(jiā)は、徐々に人間と家畜を分けるように機能分化していきます。もっとも人間のいる部屋は、室(shì)と呼び続けています。

C さん：人間の営む場所は室(shì)ですね。会社で言えば社長室ですね。中国の企業も必ずと言えるほど社長室があります。総 经理办公室(zǒng jīng lǐ bàn gōng shì)と言います。

先生：もっともその頃の室(shì)はまだ第三声でした。『集韻』(1375年著書)の頃になっても第三声と第四声が混在している状態でした。室(shì)の第三声現象は、繰り返しになりますが、現在でも北京や瀋陽あたりで耳にすることができます。

C さん：はい。時代がさらに進んで、経済的余力のある家は、

正妻以外にも女性を迎え入れるようになり、室の隣に建てられ名前も室と区別するため房（fáng）と呼ばれます。

Ｂさん：へえ？房（fáng）は側室が住む部屋なの？

先生：詳しくはまた後程（P420をご覧ください）。房（fáng）まで持つ家なら子供もたくさんいるはずですね。

Ｄさん：はい、子供が大きくなり、結婚したら同じ敷地内の東側や西側に所有地を囲む形で家を建てます。その建物は厢（xiāng）または厢房（xiāng fáng）と言います。北京の四合院（sì hé yuàn）がその典型例です。

Ｃさん：厢（xiāng）は、敷地の周边（zhōu biān）に位置するので、边（biān）と同じく内（nèi）という陰の属性に従っています。ちなみに一厢情愿（yì xiāng qíng yuàn）（片思い）の一厢（yì xiāng）は、片方、片側の意味です。

Ｄさん：そして、同じ敷地内に収まらなくなったら、財力のある家は新しい住居を作ります。適当に作るわけにはいかないので、新しい住居をどこに置くかは神様に決めてもらいます。それが宅（zhái）です（『釈名』）。神様の意思を仰ぐ住居なので第二声です。

Ａさん：財力があるから、宅（zhái）は通常擁壁を高くして大きく作られますね。日本語の宅にも、そういうイメージですね。

Ｃさん：一番財力のある皇帝の住居となると宫（gōng）と言います。最上級の住居なので神様と仙人の住居も宫（gōng）と言います。

今はよく宮殿（gōngdiàn）という熟語で言いますが、殿（diàn）は、もともと皇帝の仕事場や神様などを祀る場所です。

Dさん：はい、豪族の住居は宅（zhái）、皇族の住居は宮（gōng）ですが、貴族や官僚の住居は府（fǔ）と言います。以上の屋、家（wū jiā）、宮（gōng）、房（fáng）、宅（zhái）、府（fǔ）、室（shì）を一文字で括ると居（jū）と言います。新居（xīn jū）、皇居（huáng jū）、故居（gù jū）がその用例です。

先生：はい、大きい家ゆえに第四声で発音される厦（shà）も入れて、住居物語はここまでにしましょう。

✗　宿泊施設の名称を見よう

先生：定住の場所として屋、家（wū jiā）、宮（gōng）を見てきました。それでは、一時的に休む・寝る場所の宿泊施設も見ましょう。

Cさん：はい、まず宾馆（賓館）（bīn guǎn）・旅馆（旅館）（lǚ guǎn）の馆（館）（guǎn）を挙げます。

先生：馆（guǎn）は、周の時代に皇室が設けた来訪諸侯が旅の途中で利用できる食事付きの宿泊施設でした。ちなみに、来訪諸侯が都で利用する執務用の宿泊施設は邸（dǐ）と言います。

Aさん：首相官邸の官邸はここから来たのですね。邸は公的執務ための施設ですね。

Cさん：馆（guǎn）も邸（dǐ）も第三声ですね。この場合、諸侯との関係で四声の変調ができなかったと考えられますね。別の意味での大衆主導ですね。はい、酒店・饭店（ホテル）（jiǔ diàn fàn diàn）の店（diàn）

（ホテル、店）を挙げます。

先生：店の店（diàn）としての意味はそれなりに歴史が長いですが、ホテルとしての意味は明に入ってからのことと言われています。

Aさん：店（diàn）の第四声が分かるような気がします。商売やお金のやり取りとの関連が強いからです。

Dさん：饭店（fàn diàn）より、古くから広く使われていたのは客栈（kè zhàn）（宿屋）です。荷物も一緒に扱ってくれる宿泊施設です。そして、客栈（kè zhàn）よりも古いのは驿站（yì zhàn）（宿場）です。殷の時代に現れた逓信用の宿場兼馬の乗り換える場所です。今で言えば、车站（chē zhàn）（駅）ですね。

Cさん：鉄道会社が駅の上でホテルを立てる発想は、きっと驿站（yì zhàn）からのヒントですね。人間の営みは、3000年前と今、仕組み的にさほど変わっていませんね。

Bさん：同感です。ほら、昔も今もお金持ちは相変わらず墅（shù）（別荘）が好きですよね。

Dさん：はい、宿舍（sù shè）の舍（shè）を挙げます。名詞の舍（shè）は、市場の出現に伴って現れてきた仮宿の意味ですが、のちに学校の宿舍、軍隊の宿舍、いろんな集団生活に必須な施設となったためか第四声です。一方、動詞の舍（shè）（捨てる）は第三声のままです。

Cさん：宿舍（sù shè）の次は寮（liáo）を挙げます。寮（liáo）の第二声は房子（fáng zi）の房（fáng）と

　　通じるところがあると推測できます。

先生：その通りです。寮は寄宿舎の一種ですが、母屋などの
　　　メインの建物の存在が意識される建物ですからね。

Ｄさん：忘れそうでしたが、宿泊施設と言えばもう一つあり
　　　　ます。外国の官僚、貴族や諸侯のために用意されていた
　　　　宿泊場所は寓と言います。いまは公寓（マンション）という
　　　　組み合わせで使われていますね。

Ａさん：外出先の宿泊施設になったとたん、内という陰の属
　　　　性を持つ第一声がきれいさっぱり消えましたね。

Ｃさん：外出先の宿泊施設だからこそ、第四声の色もものす
　　　　ごく濃くなりましたね。

先生：皆さんの四声の感覚がどんどん鋭くなってきましたね。
　　　はい、質問です。

✖　我的屋子と我的房間との違いとは？

Ｂさん：先生、房と室の違いを調べました。房の第二声は、
　　　　室との主从（主従）関係の从の立場、それから、室との位
　　　　置関係の邻（隣）・旁（脇）など外という阳の属性から来て
　　　　いるのがすごくわかりました。この目で見ますと、心房
　　　　と心室の名づけも実に絶妙ですね。

先生：そうです。心室は血液を送り出すポンプのような場所
　　　で、心房は血液を受けて心室に引き渡すホッパーのよ

うな場所です。

A さん：つまり、心室は心臓のメイン機能を果たす場所で、だから社長室と同じで室（shì）と呼ばれ、房（fáng）は、心臓のポンプ機能を補助するサブ的な存在で、だから第二声で発音されますね。

B さん：うんうん！いま、官房長官の「官房」も調べました。官房について、「ウィキペディア」は「ドイツの領邦国家において、君主の側近が執務した部屋のことを指した Kammer という言葉の訳語であり」と説明しています。室（shì）ではなく、房（fáng）を選んだ訳者に感心しました！

C さん：なるほど。「自分の部屋」を自分が主と思えば、我的（wǒ de）屋子（wū zi）と、親などのメイン部屋を意識しながら自分の部屋を言う場合は、我的房間（wǒ de fáng jiān）と言います。家ではどちらの言い方もいいけれども、ホテルの自分の部屋となると、我的房間（wǒ de fáng jiān）と言い、我的屋子（wǒ de wū zi）と言わない中国人の気持ちがようやくわかりました。それぞれの言葉が響いた安らぎ感や内外感が違うからですね。

B さん：屋（wū）は、生活の基盤のイメージがあり、静（jìng）のほかに内（nèi）という阴（yīn）という陰の属性を持っているからですね。ホテルの部屋はあくまでも外で、あくまでも临时（lín shí）（一時的な）場所ですからね。日本語の家（いえ）には建物の家と家庭の家の両方の意味を持っていますが、中国語は、それを家（家庭）（jiā）と房（fáng）

子(建物)とはっきりと分けていますね。

Ａ さん：うん、家の絆は硬いものですが、房子は地震や火事
で消えるのも容易いからですね。陰と陽の対になって
いますね。

Ｂ さん：家を買うのを买房子と言うのもすごく厳密です。中
国の房子は土地所有権がなく、国の土地所有権という
メインのものにくっついている一時的な物ですからね。

先生：いや、いや。房子はあくまでも身外物(身外の物。人生の二
の次的な存在)ですから。

はい、常住の場所と臨時の宿泊施設を見てきました。
人にはもう一つ住処がありますね。

☆ なぜ、陵と坟は第二声だろう？

Ｃ さん：人の死後の住処ですね。墓と坟を挙げます。清明節
などのお墓参りは扫墓・上坟と言います。それから、
陵です。皇族専用のお墓です。北京の明十三陵、瀋陽
の东陵、西陵がその例です。ほかに、陵ほど立派では
ありませんが、それなりに立派なお墓もあります。冢
と言います。王侯貴族のお墓でした。陵、冢、墓、坟
の順でお墓の立派さが減っていきます。

Ｄ さん：はい、聖人のお墓は林とも言います。孔子のお墓は

孔林(kǒng lín)で、関羽のお墓は关林(guān lín)です。それから、塔(tǎ)も最初は仏舎利を供養するお墓でした。

A さん：お墓系は、意外と第一声がないですね。

D さん：どうやら死ぬことと死んだ後のこととは別に考えているようですね。陵(líng)と坟(fén)の第二声は、人間の知恵による生成物であるという易の成(chéng)の視点によるものである話がありましたね。もしかしたら、古代に普遍的にあった轮回(lún huí)(輪廻)の考えと関係があるかもしれません。

先生：それについてまた別の機会で話しましょう。墓(mù)の第四声ですが、烈士墓(liè shì mù)に代表されるように、特別な記念にも用いられるお墓です。坟(fén)には、そのような用法はないところか、無縁仏も含めた広く一般的なお墓を指します。

A さん：なぜか、お墓関係の言葉に第一声の欠落がすごく気になります。

先生：その気持ちはわかりますよ。死への関心と関係しているからですね。宗教はまさに、人々が死を意識するところに着目するものですからね。はい、建物を続けてみていきましょう。

观(guān)と观(guàn)の気持ちを楽しもう

D さん：先ほどの宫殿(gōng diàn)の殿(diàn)ですが、皇帝の執務場所以外に、

大雄 宝殿（dà xióng bǎo diàn）のような神様と仏様をまつわる場所も殿（diàn）と呼ぶものもあります。はい、宗教儀式を行う建築物を挙げます。土地神を祀る社（shè）、先祖を祀る廟（miào）、信仰の場所兼出家者の住む場所の寺（sì）は、いずれも第四声です。

Aさん：人の重要な活動場所だからこその第四声ですね。

Cさん：はい、尼が住む庵（ān）、畑の番小屋に代表される一時期の仮住まいの茅庐（草庵）（máo lú）の庐（lú）、庐山（lú shān）の庐（lú）を挙げます。

先生：庵（ān）は最初の頃書斎の意味でしたが、のちに中国では尼の住む場所になりました。ちなみに、书斎（shū zhāi）の斎（zhāi）、物忌みの斎（zhāi）も第一声です。

Aさん：書斎にしても、尼の住む場所にしても、外とのつながりを好ましくない静かな場所なので、両方とも第一声ですね。

Dさん：庐（lú）の第二声ですが、離れたところで作られた小屋なので、外という陽の属性と仮住まいなので流動的という陽の属性をダブル持ちですね。それから、社、庙と寺（shè miào sì）が出ましたら観も挙げます。観には動詞と名詞の二つの用法があります。動詞として天象や星座を含め周りを観察して情報を仕入れる意味を表すので收（shōu）という陰の属性に従って第一声の観（guān）になり、天象星座観察用の建造物となりますと、第四声の観（guàn）となります。

先生：天象星座の観察は、暦法と関係するし、天子の運命を読むことにもなるから、かなり長い間朝廷の専属事項でした。ちなみに、天子や諸侯が法的な号令を出す前に、まず天意を伺っていたのでしょうか、大昔号令を出す場所も观（guàn）という名前で呼ばれていました。

Ｃさん：天象星座を観察する道教だからその施設も观（guàn）と言いますね。北京の白云观（bái yún guàn）（白雲観）に行ったことがあります。

Ａさん：观（guàn）の第一声の気持ちと观（guàn）の第四声の気持ちはよくわかりました。今度、白云观（bái yún guàn）に行ったら、絶対に目を凝らしてじっくり观（guàn）をします。

Ｄさん：もう一つ挙げます。刹です。ブレーキをかけるなど停止する意味として使う場合、静という陰の属性から刹（shā）と言います。例えば、刹车（shā chē）（車のブレーキをかける）、刹不住车（shā bú zhù chē）（ブレーキが効かない）です。しかし、仏教の建物を括って言う場合は、刹（chà）と第四声になります。古刹（gǔ chà）とも言います。

Ａさん：自然崇拝の社（shè）、先祖や聖人の霊を祭る庙（miào）、仏教の寺（sì）と刹（chà）、道教の观（guàn）、信仰系の建物は第四声パワー全開です。

先生：ちなみに、祖先や聖人などの霊を祭る場所として、影響力の大きいほうは庙（miào）で、例えば孔庙（kǒng miào）（孔子廟）ですが、普通の規模のものは祠（cí）と言います。普通の生成物だから、普通に第二声になります。四川の武侯祠（wǔ hóu cí）がその用例

です。最初は諸葛明を祀るために作られたものです。

Bさん：史跡のことで思い出しましたが、北京の天坛（天壇）と
地坛（地壇）です。坛（壇）は、皇帝が神様にお願いする専用
の台なので、上という陽の属性に従って第二声ですね。

先生：天坛は、明の時代に陰陽の考えがかなり支配的な地位
にあったことを物語っています。『中原音韻』を思い出
してください。元の終わる頃にできた辞書ですね。中国
語の声調を陰平と陽平、今で言う第一声と第二声を最
初に言い出したのがこの頃で、この辞書でした。

Dさん：先生、先ほどから気になっていましたが、中国語の
韻の変化もこの頃に落ち着いたと王力先生がおっしゃ
いましたね。それが、この時期の陰陽の考えの盛り上が
りと関係はありませんか。

先生：大いに関係があると思います。清濁の変化、入声の消
失は、陰陽の考えによる声調の調整と大きく関係して
いると確信しています。また別の機会に話しましょう。

✿ なぜ、厅と堂の声調が異なるだろう？

先生：人が集まる建物を見ましょう。

Dさん：はい、殿は皇帝の仕事の場でしたが、厅は役所のヒ
アリング・ホールでした。現在、ヒアリングは、正式な
場面なら听证と言い、意見の聞き取りのような柔らか
い場面では、听取意见と言います。ちなみに、厅の繁

体字は「廳」で、唐の時代に作られたそうです。

Aさん：「広く聴く」という意味ですね。听(聴く)と同じパーツを持っていますね。

Bさん：一方、堂という広間もあります。儀式の場として使う場合、教堂(教会)や殿堂があります。コンサートや会議の場として使う場合は礼堂と言います。授業中の教室は课堂と言います。家で家族団欒などの場所であるリビングルームも昔は堂と呼んでいました。欢聚一堂はリビングルームのような場所に楽しく集う場面を言っています。堂は人が集まってきて何かをする広い部屋のことですね。

Aさん：なるほど、厅と堂は、広い部屋という部分は共通ですが、意見を聞き入れるという陰とそこで何かの活動をするという陽の一対ですね。

Bさん：课堂の関連用語をざっとまとめます。教室は教室と言い、教育の重要な場なので第四声です。授業中という活動の場面となると课堂と言い第二声になります。そして、昔学校のような場所は塾と呼んでいました。学ぶ場を、第二声の塾で発音するとやはり何かを習得する、つまり学、习、得の響きがしますが、第四声の学校で発音すると、教、育の響きがしますね。

先生：B さん、ありがとう。住居用以外の建物をとりあえず
　　　このぐらいにしましょう。先ほどの住居用の建物と比
　　　べると、気づいたことは？

A さん：住居用の建物は主に第一声でした。第三声のものも
　　　残っていました。それと対照的に、非居住用建物の名前
　　　は、第二声と第四声が印象的でした。それに大衆主導の
　　　第三声の影も薄くなりましたね。再度、第三声の古典性
　　　を実感できました。

✘　なぜ、窗〔chuāng〕は第一声だろう？

先生：建物を、まず住居・宿泊施設・お墓、それから人々の
　　　集いの場所という切口で見てきました。それでは、建物
　　　というメインに対して、付属部分を見てみましょう。

D さん：はい、挙げます。階段です。復習になりますが、正門
　　　前・坂道に設けた階段は、台阶〔tái jiē〕と言います。建物の階と
　　　階の間の階段は、楼梯〔lóu tī〕と言います。阶〔jiē〕と梯〔tī〕はいずれも上
　　　下するためのもので、しかも力が下に向かっているた
　　　め、蹬〔dēng〕と同じく陰の属性に従って第一声です。しかし、
　　　宮殿〔gōng diàn〕の階段となりますと陛〔bì〕、第四声になります。同じ
　　　く王宮の門の前にある眺望用の台〔tái〕も専用の第四声の阙〔què〕
　　　で呼ばれます。それから、帝王用として、囲いをして植
　　　物を植えたり鳥獣の放し飼いをしたりする所は苑〔yuàn〕と呼
　　　ばれています。普通なら園〔yuán〕と言います。

Aさん：公园(公園)、花园(花園)の园(園)ですね。

Dさん：はい、院を挙げます。普通の庭は庭ですが、重要な何かを守るため垣根を巡らせたものは院と言います。日本も中国もお役所の名前や権威のある機構の名前の後ろによく院がつけられていますね。

Aさん：日本美術院や〇〇研究院の院ですね。

Dさん：院は、最初から垣根のある特別な庭という意味から、こういう権力・権威を持つ機構の意味に変わったためか、もう第四声の発音しかないという感じですね。

Cさん：僕にも第四声で発音するしかないと感じるものがあります。厕所(トイレ)の厕と金庫の库(庫)と钥匙(カギ)です。いずれも建物の付属部分ですが、その役割は決して蔑ろできないですね。

Bさん：厨房(台所)を挙げます。厕所(トイレ)は、どんなお偉い様であっても避けられない言葉ですし、しばしば緊急を要する言葉ですが、厨房は、必ずしもそうでないためか第二声のままです。それから、厨房と言いましたら、烟囱(煙突)を思い出しました。囱はなんとなく高に通じる発想が感じられますし、囲まれて暖を取る風景を想像すれば、煙突は最初のころ、きっと家の真ん中にあったと思います。凹凸の凸と共通のイメージを持っているので、中と共通の陰の属性により第一声になってい

ると思います。

先生：ついでに 窗 (窓) も挙げておきましょう。最初の頃の窓
　　　は、できた家の壁に穴をあけるという形で作られたと
　　　考えられます。ケガして皮膚に開いた穴は 創 で、炎症
　　　で皮膚に開いた穴は 疮 (瘡) です。

Ａさん：だから 窗 は第一声ですね。外との開口部だと第二声
　　　と思われがちですが、それは現代の発想ですね。皮膚の
　　　穴であっても、それが傷口なら、第一声となり、穴位(中
　　　医学のツボ)のように、内外部の連絡通路となると第二声
　　　になります。穴一つも陰陽的に分けられていますね。

先生：徹底しています。はい、家という建物の付属部分は一
　　　通りに見ました。次、視線を庭先に伸ばしましょう。

✖　なぜ、亭台楼阁は第二声だろう？

Ｃさん：まず、亭、台、楼、阁(閣)を挙げます。そろって第二
　　　声ですが、亭は、主建築物から離れて作られるものなの
　　　で外と、台、楼、阁はいずれも建物の上部構造なので上
　　　と、それぞれ陽の属性を持っています。勿論、知恵によ
　　　る生成物という視点で見ても第二声です。

Ｂさん：はい、榭です。よく水面や崖から乗り出して景色観
　　　賞に作られる特殊な亭なので、第四声ですね。

C さん：庭園と言ったら桥(橋)や廊も言わなくちゃ！はい、桥や廊の第二声は、连(連。つなぐ)という陽の属性から来ています。桥はもう説明は要りませんね。つなぐという连が橋の役割ですからね。廊も、建物と建物、亭や榭などをつなぐためのものです。

B さん：四声法則でもう一度漢字を見ますと、すごく面白くなりますね。门(門)もまさにその例ですね。门の第二声は外という陽の属性から来ていると以前先生は話しましたね。そして普通の家のドアは门と言いますが、王宮の門は楼の形に作られ城楼とも言い、立派な門なら门楼と呼ばれます。豪華な門なら、牌楼と言います(『百度百科』牌楼)。

先生：日光東照宮の陰陽門は牌楼の典型例ですね。

9 終章

C さん：はい、水門は閘門（zhámén）、ブレーカーは電闸（diànzhá）ですね。出入り口、オン・オフのような門類はやはり第二声ですね。

A さん：はい、これからの中国語勉強にはまだいろいろ関門をくぐらなければならないと思いますが、四声の法則で、私は幾重の門をくぐる自信が持てるようになりました。そして、第二声という阳（yáng）の調子で学习汉语（xué xí hàn yǔ）(中国語を習う)。必ず中国語をマスターします！

C さん：中国語で言いますと、我一定要把汉语学 成 了（wǒ yí dìng yào bǎ hàn yǔ xué chéng le）。確かに、四声法則があれば、四声が軽く覚えられる上に意味の理解も深くなりますね。

B さん：特に多音字が面白くなりますね。それにものの見方まで分析的になり多面的、横断的になりそうです。

D さん：漢字の部首に四声の法則を！これで、ある程度漢字の発音まで推測できてしまいますね。

B さん：しかし、やはり不思議に思います。易の考えが中国語四声に忍んでいるなんて、中国の 3 千年もの文化にいったいまだどれだけの秘密が潜んでいるのか、思わず唸ってしまいます。

C さん：3 千年ではないですよ。文字記録からカウントするなら確かに 3 千年ぐらいですが、しかし、ただいまから、この時刻から、中国文化は中国語四声という音声記録による新しいカウント法が生まれたと思います。

Ｄさん：少なくとも、易の考えをしっかり反映している中国
語第一声と第二声は、中国文化が新石器時代からすで
に始まったと物語っていると言えます。

先生：皆さん、もう締めようとしていますね。動植物の名前
あたりから、特に建造物の名前を通じて、みなさんの四
声感覚がしっかりできていることを実感しました。こ
れからの皆さんの中国語のさらなる上達を楽しみにし
ています。

では、下図を少し印象に残して今回のガヤガヤ四声
法則の授業をここまでにしましょう。次回は、中国語四
声の秘密に劣らないほどもう一つ大きな中国語の秘密
について話しましょう。それでは、次回の「中国語ワイ
ワイガヤガヤ」をお楽しみに！

図5　中国語四声の成り立ち

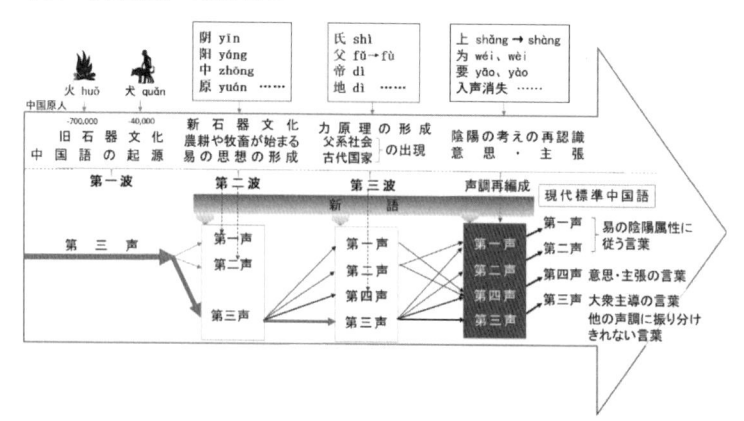

あとがき

　私の欠点は何をしてもすぐ夢中になってしまうところです。中国全国試験を突破し日本へ医学勉強のために来たのに、傍らに中国語を教えたら、中国語世界にぞっこんになってしまいました。

　なぜ医学の道から逸れ、中国語を教える道へ入り込んだのか、長い間、自分でもよくわかりませんでした。すべて中国語四声の法則を見つけるためだったのか、いまでも、自分でも不思議に思っています。

　　もし、中国語を教えなかったら、そもそも中国語四声を考えるきっかけもなかったと思います。

　　もし、通訳業務を通じて「改善」の習慣を身に付けていなければ、果たして、中国語四声の学習現状を疑問に思えたでしょうか。

　　疑問視はできても、もし、医学博士が持つ科学的思考・視点を身に付けていなければ、中国語四声の法則の存在に気づき、全体として理路整然に整理することができたでしょうか。

　　もし……

　「人生に何一つ無駄はない」とつくづく感じました。

　感じたことはもう一つあります。仕事をやる以上、その仕事を愛することです。無我夢中でやることです。最善を尽くすことです。

　仕事に最善を尽くすことには、何一つ無駄はありません。あとから必ず新発見につながる無形の何か、または形を変え

た有形の何かが人生のご褒美として得られるからです。

　そして、原稿が出来上がりましたが、出版の実績がないかつ中国語という分野なので、出版の道を思い倦ねていました。この時、「ホウメイ中国語」に 1998 年 11 月 17 日入学された武藤浩さんが自費出版の後押しをしてくださいました。武藤さんはこう言いました「さあ、あなたの夢の実現を手伝いましょう」。

　日本語に未熟の私を助けるために、武藤さんはさらに 2000 年 12 月 9 日「ホウメイ中国語」に入学された田辺吉彦さんと、莫大な時間を割いて、数度変更した原稿を、嫌な顔一つせずチェックしてくださいました。

　同じ「ホウメイ中国語」の生徒である児玉洋さんと片山良治さんは、自分のことのように、出版社の情報を集め、温かいメッセージを送り続けてくださいました。

　本の出版を聞いて喜んで下さって、可能な限りの受講という形を以って私の生活基盤を支え、執筆活動を支援してくださる生徒さんも大勢いました。

　感無量です。

　「ホウメイ中国語」の生徒さんだけでなく、徳川泰久さん、善利友一さん、池口祥司さん、そして、中小企業同友会の鈴木世津さんにも多大なお力添えを頂きました。

　私にご縁を下さった多くの皆様に心から感謝申し上げます。

2019 年　秋

■著者プロフィール

陳　鳳 鳴（チン ホウメイ）

ホウメイ中国語　　塾長
中国大連出身

1980年　　大連第八高校卒
1985年　　中国医科大学医学部卒
1988年　　同 大学院眼科学研究科　　医学修士号取得
1992年　　第10期笹川医学奨学生として来日
　　　　　中部労災病院眼科にて研修
1997年　　名古屋大学 大学院医学眼科学研究科
　　　　　医学博士号取得
1997年　　ホウメイ有限会社を設立

創意工夫を心がけながら以下の活動をしています。

中国語関連業務
・1997年4月スタートのホウメイ中国語塾の講師として、資格
　取得者には効率的な勉強法の開拓に、「語」楽者には常に面
　白く身につく授業構成に励んでいます。その成果の一つは
　本書です。
・1997年4月スタートのホウメイ通翻訳業務の運営者として、
　常に必要な時、必要な人数の必要な質の通翻訳者の提供を
　実践しています。

業務改善コンサルティング業務
・2012年スタートの本業務は、主に人材育成の面で中国市場
　進出の日本企業を手伝っています。

健康関連
・患者自身が自分で治せる段階の「未病」に注目し、「健康自
　助」をキーワードに商品開発を行っています。その成果の
　一つとして、特許出願中です。

中国語　四声の法則

発 行 日　　2019 年 9 月 5 日

著　者　陳　　鳳　鳴

発 行 所　一　粒　書　房

〒475-0837 愛知県半田市有楽町7-148-1
TEL (0569) 21-2130
http://www.syobou.com/

印刷・製本　有限会社一粒社
ISBN978-4-86431-821-1 C1087